JN437108

전통사찰총서

21

제주의 사찰과 불교문화

寺刹文化研究院

제주시 관음사 내경

관음사 야경

관음사 대웅전 목조보살좌상

제주시 보덕사 내경

제주시 불탑사 내경

제주시 월정사 소조여래좌상

제주시 제석사 내경

제주시 천왕사 대웅전 삼존불

천왕사 대웅전

서귀포시 법화사 내경

법화사 대웅전 삼존불

법화사 대웅전

법화사 내경

서귀포시 선광사 내경

선광사 대웅전 석가여래좌상

제주시 월성사 내경

월성사 대웅전 삼존불

제주시 월영사 내경

월영사 여래좌상

제주시 원당사 내경

제주시 문강사 내경

제주시 보림사 관음보살좌상

제주시 사라사 내경

제주시 원명선원 대웅보전 삼존불

제주시 용화사 법당 내부

제주시 석굴암 굴법당 내부

제주시 화천사 오불석

서귀포시 광명사 대웅전 내부

서귀포시 남국선원 대웅전 삼존불

서귀포시 봉림사 대웅전 삼존불

서귀포시 선덕사 대적광전

서귀포시 약천사 내경

서귀포시 월라사 대웅전 삼존불

서귀포시 존자암 세존사리탑

서귀포시 혜관정사

서귀포시 관통사 내경

서귀포시 기원정사 내경

서귀포시 동암사에서 바라다본 성산 일출봉

서귀포시 산방굴사 굴법당 내부

제주시 고관사 대웅전 삼존불

제주시 금붕사 내경

제주시 불사리탑사 내경

불사리탑사 법당

전통사찰총서

간행의 말

사찰 문화 이해의 길잡이

한반도에 불교가 전래된 지 천육백여 년, 불교는 고대 국가의 찬란한 문화를 선도하고 수많은 고승 대덕을 배출하여 실로 한민족의 문화적 · 정신적 바탕이 되어왔다. 일찍이 불교 문화를 꽃피웠던 신라시대의 경주 거리는 '사사성장탑탑안행(寺寺星張塔塔雁行)'이라 표현하여 곳곳에 절과 절이 맞닿아 있고 탑과 탑이 기러기처럼 줄을 잇고 있었다고 하였다. 그야말로 불국토의 장엄한 세계를 신라 사회에 그대로 옮겨 놓은 불연(佛緣) 깊은 나라였다.

고려시대에는 온 국민이 하나가 되어 팔관회와 연등회 같은 불교 행사가 성행하였고, 이러한 불심(佛心)은 마침내 불력(佛力)으로 국가적 재난을 막아내고자 하는 팔만대장경불사로 이어졌다. 그러나 조선시대에는 다소 침체의 길을 걷는 등 변화하는 역사 속에서 불교는 성쇠를 거듭해 왔다.

오늘날의 불교는 다종교의 홍수 속에서도 한민족의 전통 사상으로 굳건히 자리하고 있음은 주지의 사실이다. 그러나 선조들의 빛나는 문화 업적과 소중한 사찰 문화재는 옛 모습을 잃고 조금씩 변화해 가며, 때로는 유실되고 있는 실정이다.

그리하여 사찰 문화의 보전과 현대적 계승이라는 취지에 뜻을 같이 하는 몇몇 사람들이 모여 원을 세웠다. 불교 문화의 참뜻을 찾아 한데 모으고 다듬어 때를 벗겨 정리함으로써, 이 시대의 사람들과 뒷 세대들로 하여금 재창조와 도약의 발판으로 삼을 수 있도록 하자는 것이었다. 이러한 원을 실현하기 위하여 사찰문화연구원을 설립하고 그 첫 번째 사업으로 『전통사찰총서』를 간행하게 된 것이다.

우리의 사찰은 불교의 참정신이 깃들어 있는 곳이요, 고승들의 발자취가 서려있는 곳이며, 몸과 마음을 맑힐 수 있는 신행의 요람처이다. 따라서 『전통사찰총서』의 집필에는 외형적이고 피상적인 사실의 설명에서 한 걸음 더 나아가 사찰이 간직하고 있는 정신 세계와 본질을 규명하는 데 초점을 맞추었다. 곧 사찰의 연혁에서부터 소중히 보존해야 할 문화재, 하나하나의 성보(聖寶)에 깃들어 있는 의미, 그 절이 지니는 신앙의 성격, 그리고 관련 설화까지 소상하게 밝혀 놓았다.

이 책이 사찰 문화의 진수를 이해하는 데 조그마한 길잡이가 될 수 있었으면 하는 바람이다. 끝으로 이 책을 간행하는 데 협력하여 주신 문화관광부, 그리고 각 사찰의 스님들께 깊은 감사를 드린다.

특히 이 책 『제주의 사찰과 불교문화』에는 제주의 불교와 문화를 알고 싶어 하는 사람들을 위하여 좀 더 많은 정보를 담았다. 그래서 제Ⅰ부에 전통사찰을, 제Ⅱ부에 전통사찰 외에 나름대로 역사성이 있는 사찰을 선정하여 수록하였다. 제Ⅲ부 제주불교사, 제Ⅳ부 제주의 불교인물, 제Ⅴ부 제주의 절터 등과 더불어 제주불교의 어제와 오늘을 이해하는 데 많은 도움을 줄 수 있을 것으로 기대한다. 원고 집필에 힘써 주신 제주불교사연구회 여러분께 감사를 드린다.

寺刹文化硏究院

차례

차례

4 제주의 불교인물

5 제주의 절터

제Ⅰ부 제주의 전통사찰

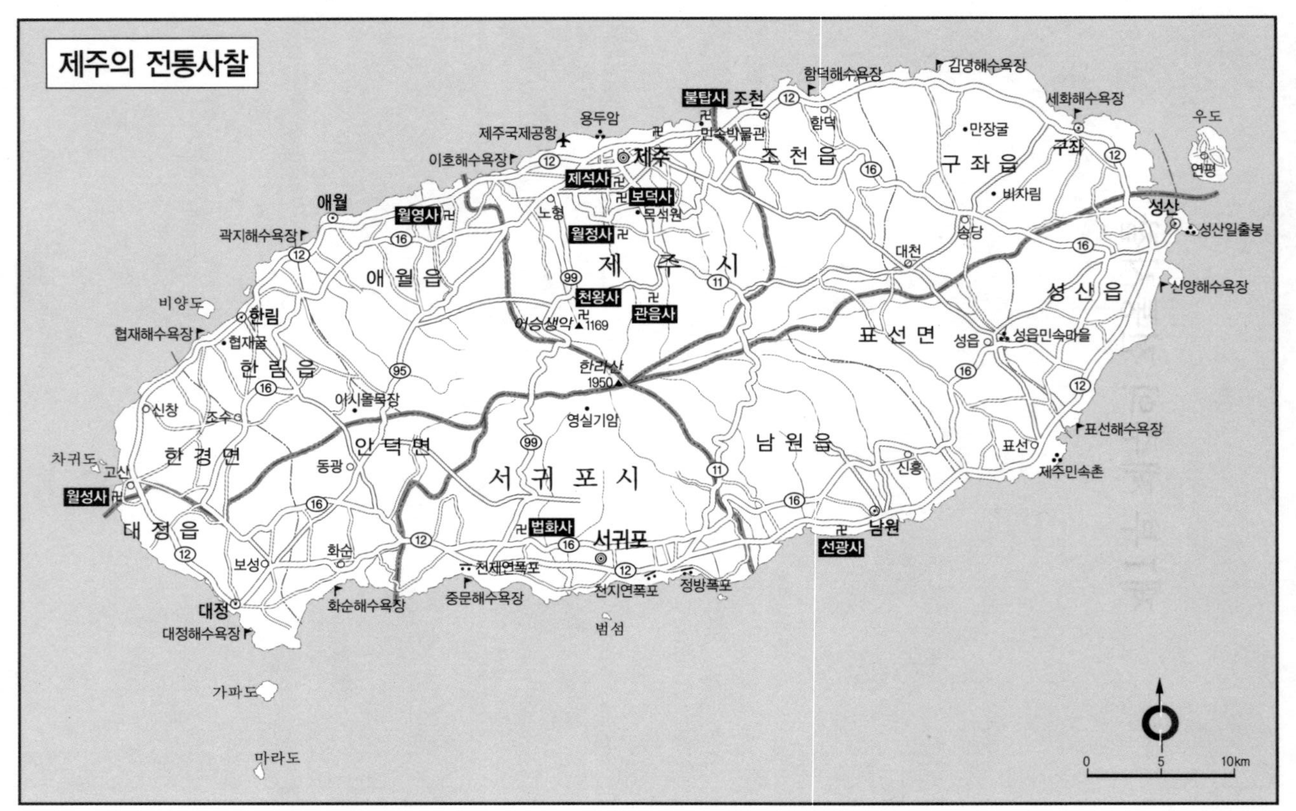
제주의 전통사찰
제주
서귀포
제주시
서귀포시
애월읍
한림읍
한경면
대정읍
안덕면
조천읍
구좌읍
성산읍
표선면
남원읍
불탑사
제석사
보덕사
월정사
월영사
천왕사
관음사
월성사
법화사
선광사
한라산
1950
어승생악
1169
영실기암
제주국제공항
용두암
민속박물관
목석원
노형
애월
한림
협재굴
비양도
차귀도
고산
신창
조수
대정
보성
화순
동광
아시올목장
가파도
마라도
범섬
천제연폭포
천지연폭포
정방폭포
조천
함덕
만장굴
비자림
구좌
송당
대천
성산
성산일출봉
우도
연평
성읍
성읍민속마을
표선
제주민속촌
신흥
남원
이호해수욕장
곽지해수욕장
협재해수욕장
대정해수욕장
화순해수욕장
중문해수욕장
함덕해수욕장
김녕해수욕장
세화해수욕장
신양해수욕장
표선해수욕장
0
5
10km

제주도의 자연과 역사

제주도(濟州道)는 총면적 1,848.2㎢의 우리나라 최대의 섬으로, 러시아 및 중국 대륙과 일본 및 동남아 해양을 연결하는 요충지이자 천혜의 자연 경관이 수려한 세계적 휴양 관광지다.

동물은 한대성 · 열대성 동물이 함께 서식하고 있는데, 포유류 77종, 조류 198종 등을 비롯하여 파충류 · 양서류가 각각 8종, 곤충류 873종, 거미류 74종 등이 있다. 식물은 한라산을 중심으로 하여 아열대 · 온대 · 한대 식물 등이 수직으로 분포하고 있다. 그 종류는 2,001종에 달해 가히 식물의 보고라 할 만하다. 이 중에는 8종의 천연기념물이 포함되어 있으며, 한라산 일대는 국립공원으로 지정되어 있다.

제주도 역사의 기원은 석기시대로까지 거슬러 올라간다. 이 시대 사람들은 동굴이나 바위 그늘 주거지에서 생활하였으며, 당시의 유물로 타제석기(打製石器), 골각기(骨刻器) 등이 발견되고 있다. 또한 청동기와 철기시대의 유물 유적인 고인돌 · 마제석기 · 토기 · 옹관묘(甕棺墓) 등이 도내 전역에 분포되고 있어 제주도 역사의 기원을 더듬어 볼 수 있는 소중한 자료가 되고 있다.

제주는 도이(島夷) · 동영주(東瀛洲) · 섭라(涉羅) · 탐모라(耽牟羅) · 탁라(乇羅) 등 여러 다른 이름으로 불려왔다. 이 가운데 동영주를 제외하고는 모두 '섬나라' 라는 뜻이다.

제주도의 개벽신화인 삼성(三姓)신화에 의하면 태고에 고을나(高乙那) · 양을나(良乙那) · 부을나(夫乙那) 등의 삼신인(三神人)이 한라산 북쪽 모흥혈(毛興穴, 현재의 삼성혈)이라는 땅 속에서 솟아나와 가죽옷을 입고 사냥을 하며 살고 있었다. 이들 삼신인들은 '벽랑국(碧浪國)' 에서 오곡의 씨앗과 송아지와 망아지 등을 싣고 나무배[木艦]를 타고 제주도 동쪽 해상으로 들어온 세 명의 공주를 맞아 혼례를 올렸다. 이때부터 이들은 오곡의 씨앗으로 농사를 짓고 소와 말을 기르며 살기 시작했다고 한다. 그 뒤 고을나의 15대 후손 삼형제(후 · 청 · 계)가 신라에 입조(入朝)하여 탐라(耽羅)라는 국호를 갖게 되었다.

기록에 의하면 이 탐라국은 고구려 · 백제 · 신라의 이른바 삼국시대에 이들 세 나라들과 독자적으로, 혹은 그에 예속되어 있으면서 외교관계를 맺어왔음을 알 수 있다.

이러한 관계는 그 뒤 고려시대에도 이어지면서 탐라국만의 독특한 문화와 역사의 맥을 유지해왔다. 고려 건국 직후인 938년(태조 21)에 탐라의 태자인 고말로가 고려에 입조했고, 1105년(숙종 10)에는 탐라국이 폐지되고 탐라군이라는 이름으로 고려의 행정구역 안으로 귀속되었으나, 왕자의 지위는 그대로 존속되어 실질적인 탐라의 통치자 역할을 하였다. 고종대(1192~1259년)에 탐라군이 제주로 개편되었다가 1275년(충렬왕 1) 탐라국이라는 명칭을 회복하고 총관부가 설치되었다. 그러나 1294년 다시 고려에 속해지고 제주로 불렸다.

조선시대에 와서는 초기부터 제주목(濟州牧)이 되었고 1416년(태종 16)에 정의현과 대정현이 설치되었다. 이어서 1895년에 제주부(濟州府)로 개편되어 관찰사를 두었다. 그 뒤 1906년 목사를 폐지하고 군수를 두었다가 1910년 정의군 · 대정군을 제주군에 합하였다. 일제강점기와 해방직후에 이르기까지 2군 1읍 12면으로 유지되었고, 1955년 9월 1일 제주읍시 제주시로 승격되었다. 1981년 서귀읍과 중문면이 통합되어 서귀포시로 승격되었다. 2006년 7월 1일 제주특별자치도가 되어 외교 · 국방을 제외한 여러 부문에서 제주의 실정에 맞는 행정권을 수행할 수 있는 자치권을 지니게 되었으며, 친환경 국제 관광도시로서의 위상을 다져나가고 있다.

행정구역 개편도 이루어져 북제주군은 제주시에, 남제주군은 서귀포시에 각각 통합되었다.

1. 제주시의 전통사찰

관음사

■**위치와 자연환경**

관음사(觀音寺)는 제주시 아라동 387번지 한라산(漢拏山)에 자리한 대한불교조계종 제23교구 본사다.

해발 650m 지점에서 관음사를 감싸고 있는 한라산은 면적 약 92㎢, 높이 1,950m의 휴화산으로, 가히 제주의 심장이라 할 만한 우리나라 3대 영

관음사 내경

산 중의 하나다. 과거에는 영주산(瀛州山) · 부라산(浮羅山) · 두무악(頭無岳) 등 여러 이름으로도 불려왔다. 현재의 '한라' 라는 이름은, "운한(雲漢)을 끌어당긴다."라는 뜻에서 유래한 것인데 운한은 곧 은하수를 말한다. 그 이름만큼이나 아름다운 이 한라산의 신령스러움은 중국의 사서 『사기』와 『삼국지』 · 『후한서』 등에 나오는 서복(徐福)의 출해동도(出海東渡)와 관련된 내용에서도 잘 드러난다.

일명 서불(徐芾)로도 알려진 방사(方士) 서복은 진시황의 허락을 받고 불로초를 구하기 위해 동남동녀 수천 명과 함께 길을 떠났다. 당시 불로초를 구하기 위해 그들이 택한 행선지는 봉래산 · 방장산 · 영주산 등 삼신산(三神山)이었다. 이 가운데 영주산은 바로 오늘날의 한라산을 가리킨다. 이곳에서 서복은 불로불사의 신비한 영약이라 불리는 시로미를 구하여 중국으로 돌아갔다. 서복 등이 불로초라 여긴 시로미(학명 Crowberry)는 우리나라에서는 한라산과 백두산의 정상에서만 자라는 상록 소관목이다. 봄에는 잎의 겨드랑이에서 자주색 꽃이 피고 여름에는 상큼한 맛을 내는 검은빛 둥근 열매가 열린다.

■창건

근대 제주불교의 모태라 할 수 있는 관음사는 이처럼 신비로운 영산 한라산의 동쪽 기슭 아미봉(蛾眉峰)에서 처음 태동하였다. 관음사는 1908년 10월 안봉려관(安蓬廬觀) 스님에 의해 창건되었는데, 스님은 1900년을 전후해 불교에 귀의한 후 1907년 해남 대흥사의 유장 스님을 은사로 출가한 분이다. 안봉려관 스님은 출가한 이듬해인 1908년 봄 제주시 화북으로 돌아와 불사를 계획하였다. 같은 해 10월에는 지금의 관음사 내에 있는 해월굴에 터를 잡고 백 일간 관음기도를 시작하였다. 그리고 1909년 음력 4월 8일, 초가로 된 법당과 요사를 완공하였다. 관음사에 있는 스님의 비문에는 다음과 같이 창건 당시의 상황이 기록되어 있다.

창건주 안봉려관 스님

"이때 한 노인이 나타나서 말하기를, '너는 산천단에 가면 좋은 인연이 있으리라.' 하였다. 그러나 까마귀가 주둥이로 옷을 물어서 나뭇가지 사이에 올려놓았기 때문에 옷이 찢어져서 다른 옷이 없고 또 꿰맬 수도 없었으므로 매우 난처하였다. 이러할 때 운 대사라고 하는 분이 나타나서 말하기를, '내가 너를 오랫동안 기다렸다. 오늘은 참 잘 만났구나.' 하면서 가사 한 벌을 내주었으니, 이게 어떻게 된 일이냐. 이듬해 봄 한라산에 절을 지었다."

비문에 나타난 바와 같이 봉려관 스님은 1908년 5월 단오를 맞아 운 대사에게서 가사를 전수받았다. 그리고 본격적인 관음사 창건 불사의 원력을 세우고 관음기도에 들어갔던 것이다.

운 대사란 1909년 제주 항일의병 운동의 주동자로 널리 알려진 김석윤 스님으로 추정되고 있다. 김석윤 스님의 법명은 상운으로 1893년 완주 위봉사의 말사인 죽림사에서 박만하 스님을 은사로 출가한 분이다. 김석윤 스님이 출가할 당시 제주의 정세는 외세의 침탈과 관리들의 부패로 인해 고통이 날로 심해가는 상황이었다. 뿐만 아니라 도내의 불교 활동 역시 매우 보잘 것 없었다. 이에 도내 상황을 지켜보던 김석윤 스님은 승려의 신분으로 의병활동을 주도하였다. 그러나 거사가 실패로 돌아가면서 스님은 일제에 체포되어 대구 공소원에 수감되었다. 이후 부친과 제주 벗들의 노력으로 풀려나기는 하였으나 일본경찰의 감시로 외부활동은 더욱 어렵게 되었으므로 봉려관 스님을 전면에 내세워 불교 활동을 적극 지원하며 활동의 끈을 놓지 않았다.

이렇게 창건 초기 관음사는 숱한 어려움에 직면해 있었으나 각계의 지원을 받으며 점차 근대 제주불교의 구심점으로 성장하였다. 그 결과 1910년에는 경상남도 통영 용화사에서 용봉 화상과 안도월 스님이 불상과 각 탱화를 이운해와 관음사에 봉안하였다. 그리고 이듬해인 1911년 일본 오사카에서 금종을 갖고 오기도 하였다. 1917년 무렵에 지은 김형식의 시문집 『혁암산고』에는 당시의 상황이 다음과 같이 잘 나타나 있다.

"탐라에 사찰이 많은데 우리 조선에 이르러 없애서 한 곳도 남아 있는 곳이 없다. 어떤 이는 이형상 목사(牧使)가 되어 모두 없앴다 하나 읍지를 살펴보면 자세치 않다.

한라산 동북쪽에 아미산이 있고 아미산 밑에 관음사가 있다. 곧 여승 봉려관이 창건한 것이다. 정사년(1917년) 여름 일찍 일어나 행장을 단속하니…중략…곧 떠나 관음사에 이르렀다. 초가집 수십 칸이 씻은 듯 말끔하여 속세의 생각이 없어졌다. 잠시 뒤에 늙은 비구니가 차를 내어왔다.

'당신이 이 절을 창건한 분입니까? 출가한 지는 몇 년이 됐으며 속성은 누구며 본래 어느 곳에서 살았습니까?'

대답하기를,

'속성은 안씨, 법명은 봉려관, 화북리에 살았으며 불문에 귀의하여 고행걸식으로 촌락을 돌아다녔는데, 부처의 복력으로 인도하여 5~6년 간에 수백 인의 시주를 얻어 기유년(1909) 봄에 이 절을 창건하였습니다. 경술년(1910)에 통영군 용화사에 가서 불상을 모셔다 법당에 앉혔고 병진년(1911)에 서울에서 불경 수백 권을 구입하여 왔고, 또 일본 대판에서 금종을 사온 뒤에 일체의 병발이 대략 완비되었습니다. 전후에 소요된 금액은 8,000~9,000원이나 아직도 불전이 널찍하지 못합니다.'

하였다. 내가 듣고 말하기를,

'당신은 진실로 대단한 여걸입니다.'

라고 하였다. 도량을 두루 둘러보고 다시 산문을 나섰다. 걸어서 몇 장 되는 곳에 동천(洞泉)이 있는데 곤곤히 흐르는 물에 말끔한 돌이 반질반질하고 들꽃이 다투어 피었고 꾀꼬리가 우짖었다."

■창건 이후의 연혁

1911년 사찰령, 1915년 포교규칙이 선포되었는데 이때 제주불교 역시 변화를 맞게 되었다. 한국 불교 전체가 일제의 보다 치밀한 감시 하에 들어가게 된 것이다. 이 포교 규칙에 따라 행정 구역상 전라남도에 속해있던 제주 관음사는 1918년 6월 11일 대흥사 말사로 등록되어 설치 허가를 받게 되었다. 그리고 7월 19일에는 대흥사 주지 이화담 스님의 명의로 계출을 허가 받았다. 이후 1920년 중반까지 대흥사 주지였던 이화담 스님과 백취운 스님이 관음사 포교담당자로 등록되어 있었다. 그러나 제주불교의 자생력으로 일어선 관음사에 이들이 어떠한 영향을 미쳤는지는 자세히 드러나지 않고 있다.

이러한 미묘한 변화 속에서도 1920년 중반 이후 관음사는 제주불교의 구심체로 급성장한다. 사세 또한 크게 확장되었다. 관음사가 이처럼 짧은 기간에 크게 성장할 수 있었던 배경에는 특히 조선불교 포교사 이회명(李晦明, 1866~1952) 스님의 포교활동의 영향이 컸다. 회명 스님은 당시 포교사로서 전국적인 명성을 얻고 있던 분이다. 회명 스님이 관음사를 기반

창건 직후 관음사 발전에 공헌한 회명 일승 스님비

으로 제주 지역 포교에 나서면서 근대 제주불교는 새로운 도약기에 접어들게 된 것이다.

이처럼 관음사 창건 이후 급성장한 제주불교의 힘은 1924년 음력 4월 8일에 있었던 관음사 중창 낙성식에서 확실히 나타난다. 이 행사는 근대 제주불교 역사에 있어서 한 획을 그어 놓은 일대 사건이었다. 당시 회명 스님은 관음사 낙성식에 앞서 조선 최고의 화사(畵師)로 불리던 금강산의 문고산 · 박사송, 계룡산의 김보응 스님 등 3인을 먼저 보내어 제주 불교계를 지원하였다. 그리고 얼마 후 본인이 직접 제주에 들어와 행사를 주도하였다.

1924년 석가탄신일을 맞아 거행된 이날 행사에는 경성에서 이회광(李晦光), 본산 대흥사에서 주지 대리 감선월, 나주 다보사 주지 김금담 스님 등이 대거 참석하였다. 또한 제주 도지사를 비롯한 사회 저명인사들과 만여 명에 이르는 신도들이 운집하여 과거에 찾아볼 수 없던 대성황을 이루었다. 이 날의 대대적 행사는 그동안 제주 지역에서는 좀처럼 찾아볼 수 없었던 것이었다. 이 행사 이후 관음사는 제주 지역 내에서의 위상을 크게 드높였다. 뿐만 아니라 조선 불교계와 다른 지역으로부터도 커다란 주목을 받게 되었다.

한편 이 날 관음사는 창건 초기부터 제주불교 중흥에 힘써온 안도월 스님을 초대 주지에 임명했다. 불교 중흥에 대한 의지를 더욱 굳건히 한 것이다. 그 결과 포교 활동은 커다란 진전을 보게 되었다. 더욱이 1924년 11월 제주불교협회가 창설되면서 포교 활동은 더 큰 탄력을 받기 시작했다. 이 제주불교협회의 창설과 더불어 제주불교부인회 및 제주불교소년단 등이 조직되고, 나아가 중등 교육기관인 중학 강습소도 설치 운영되었다. 그리고 1925년에는 현 제주시 중앙로에 시내 포교당인 대각사(大覺寺)도 건립되었다. 대각사는 한라산 중턱에 위치한 관음사를 대신하여 포교활동을 펼치기 위해 세워진 포교당이다.

이러한 관음사의 활발한 포교 활동은 제주 전역에 커다란 영향을 끼쳤다. 그 결과 수십 군데의 사찰이 속속 창건되었다. 또한 그동안 민간 신앙과 습합되어 전해져 오던 재래의 제주불교를 양성화시켜 불교 본연의 모습을 되찾자는 개혁 운동이 활발히 추진되었다. 관음사의 포교활동은 제주 불교의 질적 · 양적인 발전을 동시에 가져왔던 것이다.

1936년에는 창건의 역사와 함께 했던 초대 주지 안도월 스님이 입적하고, 상좌 오이화 스님이 뒤를 이어 2대 주지에 임명되었다. 이에 관음사는 새로운 힘을 더하여 전라남도 담양 출신인 국상현의 후원으로 1936년 9월부터 대대적 불사에 들어갔다. 그리고 1937년에 대웅전 · 보타루 · 해월각 · 해탈문 등을 완공하였다.

그러나 1938년 음력 5월 28일 창건주 안봉려관 스님이 입적하고, 다음해인 1939년 7월 20일에 경내에 화재가 났다. 이때 대웅전과 승방, 객실 3동이 모두 불타 없어지면서 관음사는 잠시 침체될 수밖에 없었다. 하지만 1941년 2월 5일 다시 중건 불사에 착수하며 재도약에 나섰다. 당시 제주에는 전통 양식의 사찰건물을 지을 수 있는 목수가 없었다. 이에 육지에서 32명의 목수까지 지원받아 불사를 진행하게 되었다. 그리고 6개월 후 관음사는 대웅전을 비롯하여 선방 · 해월각 · 노전 · 종각 · 일주문 등을 완공하여 중창 불사를 일단락 지었다.

이와 함께 관음사 포교당 역시 지속적인 활동을 계속해 나갔다. 그 결과 1939년 4월에 제주불교의 통일운동이라 일컬어지는 제주불교연맹이 결성되기에 이르렀다. 그리고 그 산하에 승가교육기관인 제주강원도 출범시켰다. 또한 해방 이후 1945년 12월 2일에는 불교의 정통성 회복과 혁신운동을 주도해 나가기 위해서 조선불교혁신제주승려대회를 개최하였다. 이 대회에서는 일제잔재 청산과 사찰 정화, 모범총림 창설 등의 안건을 가결시키는 성과를 이루어 내었다.

■제주 4 · 3사건과 관음사

이렇듯 관음사는 근대 제주불교의 구심점으로서 그 역할을 점차 증대시키며 발전을 계속해 나갔다. 그러나 1948년 이른바 제주 4 · 3사건의 소용돌이에 휘말리면서 전각 전체가 불타 없어지게 되고 폐사되어 버렸다.

4 · 3사건 과정에서 정부의 무차별 토벌에 반발한 제9연대 소속 하사관 11명을 포함한 병사 41명이 모슬포 부대를 탈영하고 무장대에 합류하여 한라산에 집결하였다. 그러자 군에서는 이들이 관음사에 집결하고 있다고 생각하여 군 병력을 관음사에 투입했던 것이다.

당시 토벌에 참여했던 군인은 다음과 같이 증언하고 있다.

"오등리 주둔지를 떠나서 처음으로 간 곳이 관음사였습니다. 아마도 그곳에 공비들이 집결했다는 정보가 있었나 봅니다. 한밤중에 이 절간을 이중, 삼중으로 포위했습니다. 새벽녘에 공포를 쏘면서 경내로 진입했는데 어떻게 된 영문인지 인적이 없었습니다. 다만 주지스님만이 총성이 울리는 그 와중에도 뒤돌아보지도 않은 채 목탁을 두드리며 불경을 외던 모습이 아직도 눈에 선합니다."

이 당시 관음사 주지는 오이화 스님이었다. 토벌대는 스님을 끌어내어 마차 위에 묶고 물고문을 가했다. 그리고 무장대와의 내통 여부를 취조했지만 아무런 성과를 얻지 못했다. 결국 오이화 스님은 이때의 후유증으로 2년 뒤인 1950년 7월 입적한다. 그러나 이 사건은 관음사 비극의 서막이었을 뿐이었다.

제주 4 · 3사건이 일어난 몇 달 뒤인 1948년 가을, 한라산 관음사 일대는 인민 유격대의 은신처로 변해 있었다. 1949년 초기에 작성된 미군 비밀문서에 따르면, 한라산과 그 주변에 숨어있던 유격대는 상부의 1개 도당 사령부와 각 면 별 하부의 12개 면당 사령부, 그리고 4개의 무장부대로 구성되어 있었다.

사실 관음사 역시 1949년 2월 군경에 의해 불타 없어지기 직전까지 이 일대에서 움직이던 도당사령부가 사찰 경내를 장악하고 있었다. 그러나 이때까지만 해도 6명의 스님과 처사, 보살 등이 관음사의 산내 암자인 산천단 소림사에 기거하고 있었다. 당시 스님들은 관음사에 올라 사시 공양을 드리는 등 여전히 정상적인 사찰 기능을 수행하였다. 이러한 일이 가능했던 것은 관음사 포교당 제주 강원의 강사였던 이세진 스님이 사령부 내의 수뇌부로 활동하고 있었기 때문이었다. 당시 무장대는 사찰에 피해를 주지 않기 위해 별채에서 따로 의식주를 해결했다. 인민유격대장 이덕구 역시 자리에 앉을 때 이세진 스님에게 상석을 권하는 등 각별한 예의를 보였다.

그러나 이러한 폭풍 전야의 고요함도 잠시였다. 1949년 1월 4일 대대적 한라산 공습이 시작되었다. 그리고 관음사 일대는 토벌대와 무장 유격대 간의 치열한 격전지로 돌변했다. 장기간에 걸쳐 치러진 이 관음사 전투의 초기에는 무장대가 지형지물을 효과적으로 이용하여 승리의 기선을 잡았

관음사 2대 주지 오이화 스님의 공적비

다. 그러나 얼마 지나지 않아 미군 정찰기가 집중 폭격을 가하는 것을 시작으로 토벌대의 맹렬한 공격이 이어지면서 무장대는 심한 타격을 입고 철수하게 되었다. 마침내 대규모 전투가 끝나고 토벌대는 관음사를 완전히 접수하였다. 그리고 1949년 2월 12일(음력 1월 15일) 돌연 관음사에 불을 질러 사찰을 전소시켰다.

불을 놓는 순간, 화창한 대낮인데도 갑자기 천둥벼락이 치고, 비바람이 몰아쳤다. 이 때문에 관음사 일대는 큰 공포에 휩싸였다. 이 사건은 당시 제주 지역 사회에 커다란 충격을 불러 일으켰다. 결국 민심은 극도로 흉흉해졌고, 이 관음사 방화 사건은 중앙에까지 알려져 큰 문제가 되었다. 당시 토벌대로 참가하여 불타오르던 관음사를 목격한 사람들은 한결같이 다음과 같은 증언을 남기고 있다.

"관음사가 불에 벌겋게 타오르자, 갑자기 하늘이 깜깜하게 어두워지고 맑았던 하늘에 대같은 산비가 퍼붓기 시작했다. 대웅전이 불에 타고 이곳에 안치되어있던 300년 된 목불에 불이 붙자 부처가 분노하였다. 목불상은 불에 타면서 분노하여 몸체가 격렬하게 떨리고 눈이 벌겋게 되어 번쩍번쩍 빛을 내더니만 펑하는 소리와 함께 스스로 폭발하였다. 하늘마저 격노하여 불을 붙인 토벌대에게 천벌을 내렸다."

이 관음사 전투 과정에서 소림사 역시 폐사되었다. 관음사는 일부 불상만 간신히 화를 면하였을 뿐, 나머지 탱화와 불기 일체는 사찰 건물과 함께 모두 소실되었다.

■관음사의 중창

관음사의 재건 움직임이 시작된 것은 1954년 7월 15일 제주시 도남동 856번지에 보현암을 창건하면서부터다. 보현암은 1955년 4월 16일 봉불식을 거행하며 제주불교를 재건할 것을 선포하였다. 그리고 제주시 중앙로에 위치한 관음사 포교당(옛 대각사)과 함께 한라산 중턱에 위치한 관음사를 대신하여 시내 포교당으로서의 업무를 시작하였다. 현재 보현암은 관음사 시내 포교당으로 사용되고 있다.

1962년 들어서 관음사는 대한불교조계종 제23교구 본사로 지정되었다. 비로소 제주불교를 대표하는 교구 본사로서의 역할을 수행하게 된 것이다. 그리고 폐허가 된 지 20여 년이 지난 1969년에 이르러 대웅전 준공을 시작으로 복원에 나섰다. 그 결과 1970년 선방, 1971년 영산전, 1972년 해월각, 1973년 사천왕문, 1974년 일주문, 1975년 종각이 완공되었다. 그리고 1978년에는 서향각과 삼성전을 완공하고 오이화 스님의 비석을 세워 비전을 마무리 지었다. 옛 모습을 되찾으면서 재도약의 기반을 굳건히 다져 놓은 것이다. 이후 관음사는 1987년 제정된 전통사찰보존법에 따라 1990년 6월 16일 전통사찰로 지정되었다.

관음사의 역사는 근대 제주불교의 역사이며 또한 제주의 역사였다. 한라산이 없는 제주를 상상할 수 없는 것처럼 관음사가 없는 제주불교는 생각할 수 없는 것이다.

제주의 과거와 현재가 온전히 숨 쉬고 있는 한라산 관음사는 그런 의미에서 제주의 미래를 붙들고 있다고 해도 과언이 아니다. 이러한 한라산 관음사의 소중한 역사적 의의를 되새기고 민족과 세계의 평화를 발원하기 위해 최근 관음사는 주지 중원(中圓) 스님의 원력을 바탕으로 대대적 성역화 불사를 진행 중에 있다.

일주문을 들어서면 사천왕문 앞까지 좌우에 미륵불 108위, 그리고 사천왕문 들어서서 경내까지 다시 미륵불 70위가 봉안되어 있는 것도 역시 중원 스님의 노력의 결과였다. 이와 같은 성역화 불사는 현재 많은 성과를 보이고 있어 그 전망이 밝아보인다.

대웅전

■성보문화재

• 대웅전

콘크리트 벽체에 기와지붕을 한 30평 규모의 건물이다. 1969년 시작하여 1973년 8월 27일 완공했다. 안에는 석가여래삼존상을 봉안하고 있고, 또 제주도유형문화재 제16호로 지정된 목조 관음보살좌상도 함께 봉안되어 있다.

탱화로는 근래에 조성한 영산회상도를 비롯하여 신중탱 · 오여래탱 등이 봉안되어 있다. 또 1940년에 그린 아미타극락회상도 한 폭도 있다. 청동 범종은 1993년에 만든 것이며, 대웅전 앞에 세워진 2기의 석등은 1987년에 세웠다.

• 대웅전 목조 관음보살좌상

이 목조 관음보살좌상은 1698년에 조성한 작품이다. 본래 전라남도 영암 성도암에서 개금(改金)한 후 해남 대흥사에 봉안되어 있었다. 이후 안

목조 관음보살좌상(제주도유형문화재 제16호)

봉려관 스님이 1925년 한라산 관음사로 옮겨 봉안한 것이다.

이 보살상은 17세기말의 전형적 불상 양식을 두루 갖춘 것으로 유명하다. 등신대의 단아한 상으로, 눈 · 코 · 입의 양감 있는 얼굴 표현, 유려한 옷 주름 등 당대의 수작으로 평가된다. 또한 이 보살상은 머리에 삼산보관(三山寶冠)을 따로 쓰고 있다. 이 보관은 정면에 커다란 꽃무늬 8송이가 배치돼 있고 좌우로 장식이 있는 전형적 조선후기 양식이다. 크기는 전체 높이 75㎝, 얼굴 높이 14㎝, 어깨 너비 34㎝, 무릎 높이 13㎝, 무릎 너비 47㎝다. 1999년 10월 제주도유형문화재 제16호로 지정되었다. 현재 관음사 대웅전에 봉안되어 있다.

• 봉령각

봉령각(奉靈閣)은 영가위패를 봉안한 곳으로 한때 대중선방으로 이용되기도 했다.

영산전

• **지장전**

기존의 영산전으로 사용되던 전각을 지장전으로 최근에 새롭게 단장했다. 안에는 2001년에 조성한 청동 지장보살좌상을 봉안하고 있다.

• **영산전**

영산전은 석가부처님 제자 중 대표적인 16분의 제자를 모신 곳이다. 현재 진행 중인 관음사 성역화 불사를 통해 맞배지붕을 한 22평 규모의 고려시대 건축양식으로 2005년 11월 낙성하였다.

• **산신각**

산신각(山神閣)은 우리나라 최남단을 지키는 한라산 산신님께 예배와 공양 · 기도 · 축원을 드리는 전각이다. 이 산신각 법당은 고려시대의 옛 관음사를 복원한다는 의미에서 13평 규모의 고려시대 건축양식으로 2002년 12월 낙성하였다.

• **칠성각**

칠성각(七星閣)은 우리 민족 전통의 고유 신앙인 천신신앙의 상징으로 칠성님을 모시는 전각이다. 15평 규모의 고려시대 건축양식으로 2005년 11월 낙성하였다.

• **독성각**

독성각(獨聖閣)은 석가여래부처님의 법을 미래 용화세계 교주로 출현하시는 미륵 부처님께 전하기 위하여 선정 중에 있는 나반존자를 모시는 법당으로 9평 규모의 고려시대 건축양식으로 2005년 11월 낙성하였다

일주문

• **천왕문**

천왕문(天王門)은 12평 규모로 1973년에 지었다.

• **일주문**

일주문(一柱門)은 6평 규모로 1971년에 지었다. 일주문을 들어서서 경내로 향하는 길에는 좌우에 천불이 가지런히 놓여 있어 마치 불국토에 들어서는 듯한 느낌을 갖게 한다. 관음사 명물 가운데 하나인 이 야외 천불상은 2000년에 조성되었다.

• **해월각**

해월각(海月閣)은 35평 규모로 현재 승방으로 사용하고 있다.

삼층석탑

• **서향당**

서향당(西香堂)은 60평 규모로 현재 후원으로 사용하고 있다.

• **종각**

종각은 1975년에 완공되었다. 목어 · 운판 · 범종 · 법고(1973년 제작, 124㎝) 등이 있다.

• **삼층석탑**

1987년 6월에 세웠다. 높이는 8m로 2층 기단 위에 3층 탑신과 상륜부를 올려놓았다.

• **해월굴**

해월굴(海月窟)은 1908년 안봉려관 스님이 관음사 창건에 대한 원력을 세우고 10월부터 100일간 기도 정진한 토굴이다. 1.80m×2m의 자연 굴로서 사천왕문을 지나 곧장 올라가다 보면 만날 수 있다.

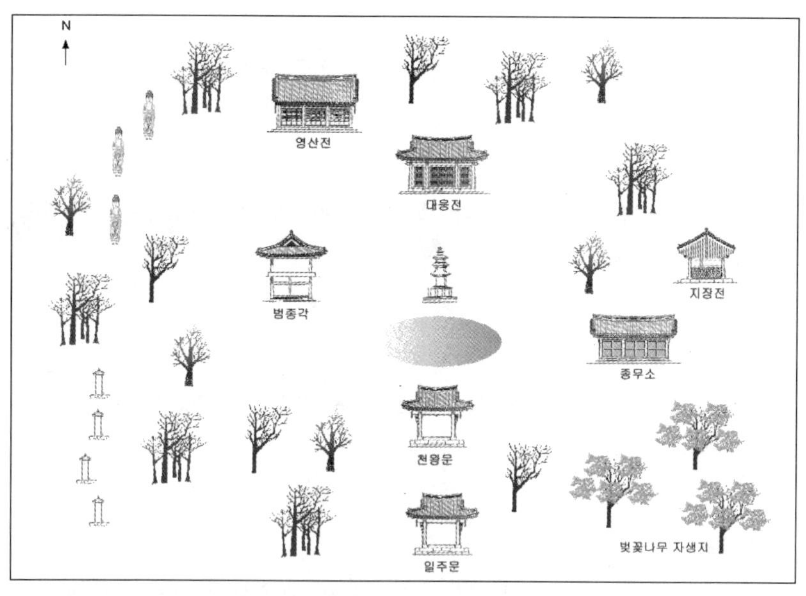

관음사의 가람배치

보덕사

■위치 및 자연환경

보덕사(普德寺)는 제주시 도남동 80-2번지에 자리한 대한불교조계종 제23교구 본사 관음사의 말사다.

도남동에는 '구남마을'이라 불리는 곳이 있다. 과거 이 마을 주거지 북쪽 편으로 작은 건천이 마을을 감싸고 있었고, 건천 옆으로는 조그만 샘이

보덕사 내경

솟아오르고 있었다. 이 작은 골짜기가 속칭 '독짓골'이라 불리던 곳인데, '구남천' 혹은 '덕지'라고도 불린다. 현재의 보덕사 일대는 '구남동사지'라 하여 창건 연대 미상의 사찰이 존재하고 있던 곳이다. 그러나 현재 이 지표에서, 폐사된 구남동사지의 다른 유물이나 유구는 발견되고 있지 않은데, 그것은 무분별한 도시개발로 인해 과거의 흔적이 완전히 사라져 없어졌기 때문이다. 주변에 아파트 등 건물들이 포위하고 들어오면서 자연히 도심 속에 자리 하게 되었다.

■창건과 연혁

보덕사의 창건 역사는 근대 제주불교를 중흥시킨 안봉려관 스님의 활동 및 인맥과 같이한다.

안봉려관 스님은 1908년 제주불교 본사인 관음사를 재건한 이후 역사 속에 묻혀있던 제주시 보현사, 고산 월성사, 옹포리 월계사, 함덕 정토사, 김녕 백련사, 조천 고관사 등을 다시 일으켜 세운 분이다. 안봉려관 스님에게는 맏상좌로 이화선 스님이 있었고 이화선 스님에게는 다시 제자 선봉 스님이 있었다. 보덕사는 바로 이 선봉 스님이 1941년 독짓골 구남천의 유서 깊은 이곳에 움막을 짓고 남순사라 명명하며 수행을 시작한 것이 시초다.

옛 문헌에 의하면 보덕사가 자리한 이 구남동사지 일대는 쌍혈(雙穴)이라는 곳으로, 후손이 귀한 사람이 이곳에 와서 기도하면 아들 아홉 형제를 얻는다는 유명한 풍수설이 전하는 곳이다. 실제로 사찰 입구 고목나무 아래쪽으로 삼존불을 모신 토굴이 있었다는 증언이 있으나 현재는 매립되어 확인할 수 없다. 또한 이 절의 상징으로 보존되어오던 구남천 샘터도 무분별한 도시계획으로 아파트가 들어서면서 오염되었다가, 결국 도로 개설로 매립되고 말았다.

이 옛 절터에 1943년 초가 18평의 법당으로 격을 갖춘 도남 보덕사는 이

지장보살입상

후 1958년에는 선봉 스님과 상좌인 법연 · 법현 스님, 그리고 손상좌인 혜전 스님을 비롯한 신도들의 합심으로 증축 불사에 들어가 새롭게 법당을 증축하고 요사를 지었다. 그리고 1967년 2월에 현재의 건물인 28평의 법당과 2층 60평 규모의 선방과 종각을 짓기에 이르렀다. 그 뒤 1975년 이후 10여 년에 이르기까지 삼존불 개금불사와 요사의 증개축, 그리고 단청 및 기와 불사를 계속하여 마무리 했고, 1992년 10월에 27위의 석조 지장보살상을 봉안하여 지장도량으로 거듭나며 중생제도에 앞장서고 있다.

1993년에는 이 일대가 공원지구로 지정되면서 도량 주위에 주변과 어우러지는 돌담 축대로 불사를 마무리 하여 현재에 이르고 있다.

보덕사에는 창건 당시 안봉려관 스님이 해남 대흥사(大興寺)에서 모셔온

17세기의 목조 여래좌상이 봉안되어 있다. 이 불상은 근대 제주불교 중흥기에 선봉 스님이 각 사찰마다 모시고 다니면서 그곳 불사에 힘을 실어주었다는 일화로 더 유명하다. 제주 불교 중흥의 맥을 면면히 이어오고 있는 보덕사는 현재에도 소원성취를 기원하는 많은 불자들의 귀의처로 끊임없는 발길이 이어지고 있다.

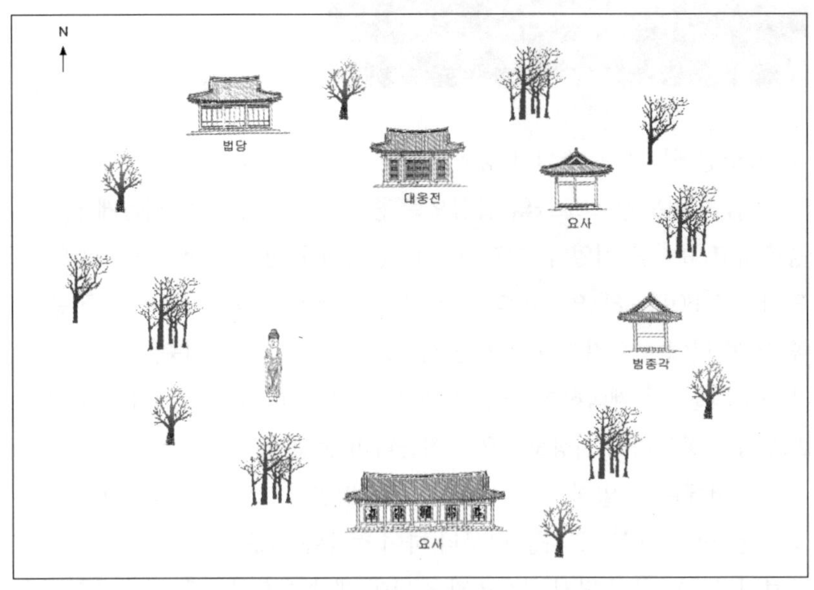

보덕사의 가람배치

불탑사

■창건과 연혁

원당사라는 이름난 옛 고려시대의 절터가 사라진 자리에 근대에 들어 가장 먼저 중흥의 싹을 틔운 것은 원당사지 오층석탑이 있는 불탑사(佛塔寺)다.

제주시 삼양1동 696번지에 자리한 대한불교조계종 제23교구 본사 관음사의 말사인 불탑사는 1914년 무렵에 창건되었다. 그 뒤 1923년에 들어서

불탑사 내경

안봉려관 스님과 안도월 스님에 의해 3칸 규모의 초가 법당 1동을 새로 지으면서 본격적인 불법 홍포에 나서게 되었다. 명실상부하게 제주시 동부지역의 관음사 포교 중심지로 거듭나게 된 것이다. 조선총독부 관보에 의하면 불탑사의 사찰 계출일은 1930년 3월 25일로 되어 있다. 당시 명칭은 대흥사 제주 포교소 불탑사출장소였다.

1934년에는 김중봉 스님이 감원으로 취임하여 사찰 중축에 힘을 쏟았다. 그 결과 기와로 된 법당 4칸을 증설하며 안정된 기반 위에서 포교 활동에 나설 수 있었다. 1945년 12월 개최된 조선불교혁신 제주승려대회에서는 불탑사 대표로 김태웅 스님과 김덕희 스님이 참여하여 활동하였다. 일제 잔재를 청산하고자 하는 노력의 결과였다. 이후에도 정법을 일으켜 세워 과거의 위상을 되찾기 위한 불탑사의 노력은 계속되었다.

그러나 1948년 제주 전역에 휘몰아친 제주 4 · 3 사건이라는 회오리바람을 피해갈 수 없었다. 특히 불탑사가 자리 잡고 있는 제주시 동쪽 경계의 해안마을 삼양리는 제주 4 · 3 사건 내내 희생이 끊이지 않았던 마을이었다. 그것은 4 · 3 당시 산간마을보다 상대적으로 피해가 덜 했던 다른 지역의 해안마을들과 비교해볼 때 더욱 그러하다. 이러한 마을의 사정을 반영하듯 불탑사 역시 1948년 11월 무렵 주민들과 함께 원당봉에서 삼양리 마을 안으로 소개(疏開)되었다. 소개 당시 토벌대는 사찰의 대웅전과 요사를 남김없이 뜯어내어 사람이 거주할 수 없도록 파괴시켰다. 또한 사찰 주변의 울창한 숲도 모두 베어내어 버렸다.

토벌대의 훼찰 이후 오랫동안 불탑사의 도량석은 울리지 않았다. 그러다가 1953년에 이르러서야 이경호 스님에 의해 겨우 재건의 움직임이 시작되었다. 이때 소개될 당시 스님들과 함께 피신생활을 했던 불상과 탱화들도 다시 불탑사로 돌아오게 되었다. 불상은 목조 도금으로 된 높이 1척 5촌의 석가여래좌상과 관세음보살상, 대세지보살상 등이었다. 후불탱과 신중 · 칠성 · 지장 · 현왕 · 독성 · 산신 · 감로탱 등은 1950년대 이후까지

일주문

보존되어 있었다.

이후 불탑사는 4 · 3사건의 상흔을 씻어내는 데 주력하였다. 그리고 1960년대 이후 여러 차례의 중건을 거듭하여 현재의 모습을 마련하게 되었다. 당시의 유물로는 지장탱 · 독성탱 · 산신탱 등 3점이 남아있다. 불탑사는 1991년 4월 12일 오랜 역사와 문화재적 가치를 지닌 유물이 현존하고 있어 전통사찰로 지정 보호받고 있다.

■성보문화재

• 불탑사(원당사지) 오층석탑

이 석탑은 보물 제1187호로 지정된 현존하는 유일한 제주도의 고려시대 석탑이다. 제주도 현무암으로 만들어져 있으며, 높이는 약 4m 정도에 이른다.

이 탑은 각 층의 탑신과 옥개를 하나의 돌로 조성하였다. 1층 기단으로

오층석탑(보물 제1187호)

부터 5층의 탑신까지 급격히 좁아지며 탑의 체감 비율을 극대화하는 고려시대 석탑의 특징을 지니고 있다. 탑신에는 문양을 넣지 않아 단순함이 돋보이며 네 귀퉁이 처마는 살짝 들어 올려져 있다. 기단면석에는 후면을 제외한 3면에 안상(眼象)이 새겨진 것을 발견할 수 있다. 안상 내부에는 밑으로부터 솟아오른 꽃을 조각하였다. 이처럼 솟은 꽃을 표현한 예는 천흥사지 오층 석탑, 사자빈신사지 석탑, 정토사지 오층석탑 등 고려시대 석탑에서 흔히 찾아볼 수 있다. 그러나 동일한 양식의 다른 지역 석탑들이 안상 둘레를 화려하게 조각하여 놓은 것에 반해 원당사지 오층석탑은 기단면석을 따라 사각형의 테두리만을 돌렸다. 꽃 장식도 형태만을 단순화시킨 특징을 지니고 있다. 1층 탑신 정면에는 건물의 문을 표현하기 위해 돋을새김으로 상징적인 문틀인 문비(門扉)를 내었다. 그리고 이곳의 안쪽을 파내어 사리를 봉안했던 것으로 여겨진다. 5층의 옥개석 위에는 노반석이 올려져 있으며, 옥개석 지붕 네 귀에는 풍탁을 달았던 풍탁구멍이 있다. 현재 상륜으로 올려 있는 석재는 훗날 보완된 것으로 보인다.

이 오층석탑은 제주에서 직접 만든 석탑이라는 점에서 중요한 의의를 지니고 있다. 기단부의 구조나 초층탑신의 감실(龕室)과 탑신부 각층의 형태 등을 고려해 볼 때 고려시대에 조성된 것으로 보인다.

이 석탑은 방향이 북극성을 향하고 있는 독특한 형세를 보여주고 있다. 땅의 형세와 좌향(坐向)을 중시하는 우리나라의 전통적인 터 잡기 양식과는 확연히 다른 모습이다. 이 오층석탑의 위치에는 하늘의 방위와 별, 즉 천문을 중시한 흔적이 뚜렷이 보인다. 별의 기운을 받고자 했던 창건 당시의 천문사상을 여기에서도 엿볼 수 있다. 특히 이 탑은 원나라 기황후가

대웅전 지장탱

아들을 낳기 위해 세운 탑으로 알려져 고려시대에서부터 근대에 이르기까지 자손을 원하는 여인들의 기도처로 손꼽히기도 했다.

• 지장탱

대웅전에 봉안된 지장탱은 1940년에 조성되었다. 금어는 일섭(日燮) · 우일(又日) · 재섭(在燮)이다.

• 독성탱

대웅전에 봉안되어 있으며, 근대에 조성한 작품이다.

• 산신탱

대웅전에 봉안된 산신탱은 1940년에 조성된 것이다. 금어는 일섭 · 우일 · 재섭이다. 대웅전에 봉안되어 있다.

불탑사의 가람배치

월정사

■위치 및 창건연혁

월정사(月井寺)는 제주시 오라 2동 656-2번지에 자리한 대한불교조계종 제23교구 본사 관음사의 말사다.

구전에 따르면 이 월정사 자리는 1871년 무렵부터 토굴을 마련하고 수행하던 스님이 머물렀던 곳이라 한다. 이곳에 1934년 음력 4월 8일 김석

월정사 내경

윤 스님이 제주포교소 월정암을 창건하며 오늘날 월정사의 기반을 마련하였다. 김석윤 스님에 대해서는 이 책 제Ⅳ부 「제주의 불교인물」편에서 자세히 다루었다.

김석윤 스님이 월정사를 창건한 것은 월정사를 선원 중심의 사찰로 운영하여 제주불교의 내실화를 꾀하려는 취지에서였다.

비록 제주불교가 관음사 창건을 시작으로 일대 중흥기를 맞이하였으나 당시 제주에는 체계를 갖춘 선원이 전무한 실정이었기 때문이었다.

1938년 10월 1일자 『불교시보』에 보면, 월정사에 조선불교 중앙선리참구원 제1지방분원이 마련되어 제주 최초의 선원이 탄생하게 되었음을 경축하고 있는 다음과 같은 기사가 있다.

> "경성부 안국정 사십 번지에 있는 재단법인 조선불교 중앙선리참구원에서는 제주읍 오라리 656번지의 2 대지 400여 평된 이곳에 제주선원 월정사라는 제1지방분원을 창설하고 소화 13년(1938년) 9월 16일 오후 2시 반에 낙성 겸 창립식을 500여 명의 남녀신도 운집리에 거행되었는데 경성에서는 법인대표로 서무계 부원 최응산 씨를 파견하여 참석케 된 바, 제주에 불교가 유입된 후로 선원이 신설되고 선을 보급케 되기는 처음으로, '비상시(非常時)와 선(禪)의 생활' 이라는 제목으로 거행하였다."

이 제주 선원은 1940년대까지 지속되었으며 참여한 스님들의 수는 10명 이내로 기록되어 있다.

그러나 1948년 제주 4 · 3 사건의 참화 속에서 월정사는 건물 일체가 전소되는 비운을 겪게 된다. 1948년 12월 10일 월정사는 토벌대에 의해 건물 5동이 불태워졌다.

12월 16일에는 월정사를 지키고 있던 김석윤 스님의 아들 김덕수 스님이 토벌대에 끌려가 12월 21일 박성내 집단학살 현장에서 총살당했다. 그리고 다음해 1949년 2월 23일에는 관음사를 방화하고 내려오던 토벌대에 의해 남아있던 법당마저 불태워졌다. 선원 낙성의 꿈을 안고 일어선 월정사가 완전히 폐허가 되는 순간이었다.

김석윤 스님에게는 세 명의 출가 가족이 있었다. 그중 김덕수 스님은 월정사를 지키다 참변을 당했다. 이후 맏아들 김성수 스님마저 1949년 7월 관음사 포교당에서 운명하였다.

그 뒤를 이어 김석윤 스님도 같은 해 8월 26일 입적한다. 그리고 마지막으로 뒷수습을 모두 마친 둘째 아들 김인수 스님마저 얼마 지나지 않아 숨을 거두었다.

월정사 창건에 기여했던 김석윤 스님의 출가 가족들은 마치 약속이나 한 듯 월정사와 함께 모든 인연을 거두어 들였다.

제주 4 · 3 사건이 끝난 후 월정사는 당시 시신조차 거두지 못한 김덕수 스님을 기리기 위해 1956년 월정사 경계 동쪽에 비석을 세우고 추모의 마음을 묻어 놓았다. 그리고 몇몇 스님들의 힘으로 월정사 터에 7평가량의 난민 보건주택을 짓고 법당으로 사용하며 사찰의 명맥을 유지하게 되었다.

월정사가 본격적으로 재건되기 시작한 것은 1970년대 지문 스님에 의해 대웅전과 요사가 신축되면서부터다. 이후 계속된 불사에 힘입어 2001년 10월 25일에는 전통사찰로 지정되기에 이르렀다. 2002년 12월에는 소조 여래좌상과 목조 보살입상이 제주도문화재자료 제4호로 지정 보호되고 있다.

■성보문화재

• 소조 여래좌상

월정사 소조여래좌상은 조선시대 후기 17세기 것으로 추정하고 있다. 앉은 높이 48㎝, 어깨 폭 20.5㎝의 좌상이다. 제주도문화재자료 제4호로 지정되었다.

• 목조 보살입상

하나의 향나무를 조각하여 조성한 보살입상이다. 상호가 원만하고 전신

소조 여래좌상
(제주도문화재자료 제4호)

목조보살입상
(제주도 문화재자료 제4호)

에 영락(瓔珞) 장식이 되어 있다. 동체(胴體) 각부의 조각 양식과 수법 등으로 보아, 고려 말에서 조선 초기 사이에 조성된 작품으로 추정된다. 크기는 전체높이 76㎝, 어깨 폭 15.5㎝이다.

• 산신탱

1936년 조성된 작품이다. 크기는 69.8㎝×46.3㎝이다.

• **신중탱**

조선 후기의 작품으로 추정된다. 크기는 94.6㎝×114.4㎝이다.

신중탱

월정사의 가람배치

제석사

■위치 및 연혁

대한불교조계종 제23교구 관음사의 말사인 제석사(帝釋寺)는 제주시 이도 2동 1014-3번지에 자리한다. 도남동 성안상가 남쪽에 주변 건물들을 숲으로 삼고 우뚝 솟아 있다.

제석사가 자리 잡은 이곳은 사찰이 창건되기 훨씬 이전부터 한 노인이

제석사 내경

홀로 수도 정진하던 곳이라 해서 독지골이라는 지명으로도 부르던 곳이다. 지금은 1980년대 후반 이후 계속된 도시개발의 결과로 제석봉이 사라지고 개천이 완전 복개되면서 옛 모습은 흔적도 없이 사라지고 말았다. 그러나 제석사는 제주에서는 그 유래를 찾아볼 수 없는 유일한 제석신앙 성지로 여전히 굳건하게 제 자리를 지키고 있다.

제석은 '샤크라데바남 인드라(sakra-d-evanamindra)'라는 범어를 한역한 석제인다라(釋提因陀羅), 석가제바인다라(釋迦提婆因陀羅)의 준말이다. 수미산 삼십삼천의 중앙에 있는 도리천의 임금으로 사천왕과 삼십이천(三十二天)을 통솔하는 불교의 수호신이다. 제석은 불법에 귀의한 사람을 보호하고 아수라의 군대를 정벌한다.

우리나라에서 불교의 호법신인 제석에 관한 기록은 『삼국유사』「기이편」에 처음으로 나타난다. 신라 때에는 홍경(洪慶) 스님이 대장경의 일부를 중국에서 가져왔을 때 이를 제석원(帝釋院)에 두어 제석도량을 열었다. 그리고 이것이 더욱 발전하여 고려시대에는 궁중에서 빈번히 제석도량을

제석당

베풀게 되었다. 이후 제석 신앙은 우리 민족 고유의 숭천(崇天) 사상과 결합되어 제석도량, 제석굿, 제석본풀이, 제석천, 제석탱화 등 다양한 형태로 발전한다. 민간 신앙과 하나가 되어 전래되어 온 것이다. 농업국으로서 풍년을 기원하는 제천의식을 소중하게 생각하던 우리 민족 고유의 특성상 천신과 제석의 습합은 자연스러운 결과라고도 할 수 있다.

특히 제주도에서의 제석신앙은 가을걷이의 풍년을 빌던 마을제 형식의 제(祭)를 제석제라고 부르는 것에서도 볼 수 있듯이 이미 오래전부터 제주 민간에 토착화되어 있었다. 제석사에서 찾아볼 수 있는 제석신앙의 흔적은 제석샘과 제석단 그리고 제석당에 모셔진 석불 등에서 잘 나타난다. 제석샘은 한라산에서 흘러내린 맑은 샘물이 솟아나는 일종의 석간수다.

중생들의 수명과 길흉화복을 주관하는 제석이 강림한 샘물이라고 믿어지고 있다. 제석단은 과거 독지골의 한 노인이 기도 수행하던 곳이다. 또한 제석사 내의 제석당에 모셔진 3석불은 정성을 다해 기도하면 득남하고 병이 깊은 자도 낫게 된다는 영험한 곳으로 예로부터 기도객의 참배가 끊임없이 이어졌다. 이처럼 제석사 곳곳에 배어있는 제석신앙의 흔적은 조선시대 억불정책에 의해 민간신앙과 습합되며 그 명맥을 유지해 왔던 제주불교의 한 단면을 엿볼 수 있는 중요한 사료인 것이다.

이와 같이 제주 유일의 제석신앙 성지로 널리 알려진 제석사는 1902년 독지골 노인이 수행하던 제단에서 출발하였다. 이후 1928년 고자선 보살이 포교 수행을 위해 이 제단을 제석단이라 호칭하며 원불당(願佛堂)으로 개수하고 포교 수행도량으로 일으켜 세웠다. 1935년 4월에는 각고의 노력 끝에 사찰 건립을 마무리할 수 있었다. 그리고 1938년 5월 1일에는 해인사 말사 실상사 제주도 제석암 포교당이 되면서 본격적으로 불법 홍포에 나서게 된다. 1953년 1월 15일에 신청된 제석사의 사찰건립 허가 신청서에는 '1935년 4월에 건립 완료한 제석제단임에 그에 준하여 제석사라 명명했으며, 소속 신도수가 남녀 총 900여 명에 이른다.' 고 되어있다. 이에 비추어 볼 때 제석사는 이미 1930년대에 제주 시내의 대표적 포교당으로 자리 잡고 있었음을 알 수 있다.

당시 제석사는 20평 규모의 법당과 16평 규모의 요사, 10평 규모의 신중각과 20평 규모의 객실 등을 갖추고 있었다. 그러나 1980년대 후반에 들어와 이곳 독지골 주변에 대대적 도시 개발 계획이 추진되면서 제석사의 원래 모습은 찾아볼 수 없게 되었다. 아름다운 제석봉도 사라지고 대형 건물들만이 옛 모습을 대신하게 된 것이다.

이후 오늘날과 같은 제석사가 있게 된 것은 1990년 주지로 부임한 종호 스님에 의해 중건 불사가 시작되면서부터다. 이때 대웅전이 새로 중건되었고, 제석당과 범종각, 요사 등도 완공되었다. 현재 제석사는 전통사찰의 명성에 걸맞는 수행도량으로 거듭나기 위해 불법 홍포에 전념하고 있다.

■성보문화재

현재 제석사에서는 대웅전과 제석당 그리고 요사 등의 건물이 있다.

대웅전

대웅전 삼존불상

대웅전에는 석가여래삼존상을 비롯하여 후불탱, 지장탱, 관음탱, 신중탱, 감로탱 등이 봉안되어 있다.

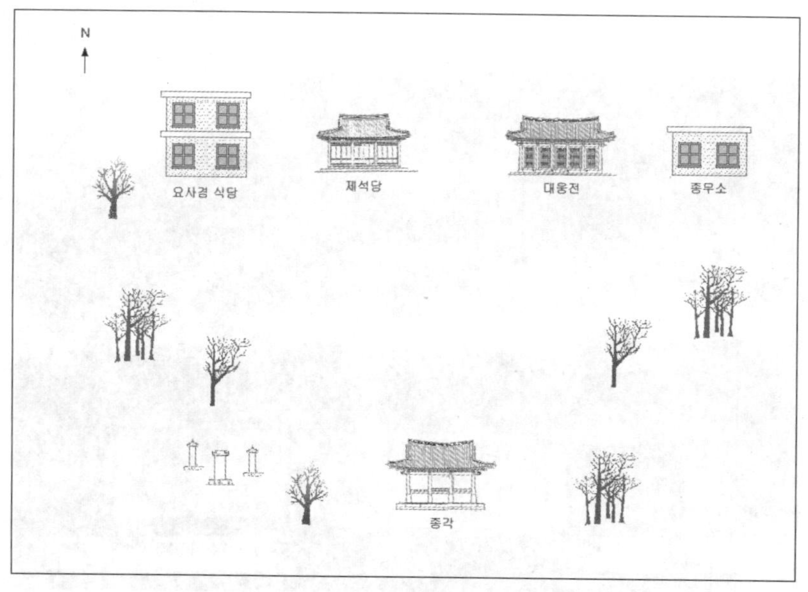

제석사의 가람배치

천왕사

■위치와 자연환경

우리나라 국도(國道) 가운데 가장 높은 도로는 한라산 1100도로다. 이 1100도로를 타고 가다 한라산 깊숙이 들어가면 해발 700m에서 해발 1,000m에 이르기까지 줄지어 형성되어 있는 한라산 아흔아홉 골짜기를 만날 수 있다. 지질학적 분석에 따르면 이 한라산 아흔아홉 골짜기는 현재

천왕사 대웅전

의 한라산 백록담이 만들어지기 이전인 대략 20만년을 전후한 시기에 형성된 계곡이라 한다. 한라산 북사면의 하천인 도근천이 흘러내리면서 깊은 계곡을 이루어냈다. 이 계곡에는 높이가 100m에 이르는 조면암류의 절리암벽들이 곳곳에 솟아 있다. 비라도 내리면 어마어마한 폭포가 거꾸로 솟는 것과도 같은 웅장함으로 그 신비로움을 비교할 곳을 찾지 못한다.

이 아흔아홉 골짜기의 한 줄기인 금봉곡은 천왕사와 석굴암의 상류다. 금봉곡은 어승생악 부근에서 시작된다. 계곡 주위 경관이 수려할 뿐 아니라 상류 석굴암 위쪽에 있는 안경샘에서는 맑은 샘물이 솟아올라 청정한 산(山)물의 진수를 맛볼 수 있다.

한 골짜기가 모자라 호랑이가 살지 못하며 따라서 왕도 나지 않는다는 전설이 여전히 숨 쉬고 있는 한라산 아흔아홉 골. 그 신비로움이 우연이 아닌 이곳에 산색만큼이나 아름다운 사찰이 계곡의 굽이마다 들어서 있다. 바로 천왕사와 석굴암이다.

■창건과 연혁

천왕사(天王寺)는 한라산 아흔아홉 골짜기 중의 하나인 금봉곡 하류에 위치한 사찰이다. 1955년 현재의 천왕사 산신각 근처에 있던 토굴에서 참선 수행하던 비룡 스님에 의해 창건되었다. 창건 당시 이 사찰은 건평 12평의 법당과 객실, 삼성각 등이 들어선 수영산 선원으로 시작하였다. 이후 1967년 12월 천왕사로 사명을 바꾸면서 대한불교조계종 제23교구 본사 관음사의 말사로 등록되었고, 현재는 조계종총무원 직할 1교구로 등록되어 있다. 1994년 4월에는 전통사찰 제6호로 지정되었다.

천왕사는 조금이라도 선근(善根)이 있는 이들을 만나면 곧 묘선(妙禪)으로 이끌어주는 그야말로 산(山)과 선(禪)의 맑은 기운이 솟구치는 명당에 자리 잡고 있다. 이곳에는 현재 천불전과 산신각, 그리고 스님들이 참선 수행하는 선방과 요사 등이 기암괴석처럼 여기저기 들어서 있다. 푸르스

대웅전 삼존불상

름한 안개에 쌓인 도량을 거닐다 속세의 미진을 떨치고 천불전에 올라 가부좌를 틀고 앉으면 계곡의 무성한 적송들처럼 깊은 삼매에 빠져든다.

천왕사 입구에는 한라산 노루도 이용하는 약수가 가장 먼저 길손들을 맞이한다. 사찰 입구 바로 옆으로 나 있는 등산로를 오르면 한라산 유일의 폭포라는 선녀폭포도 친견할 수 있다. 그러나 현재는 골이 깊고 험하여 오르기 힘든데다가 계곡의 물이 식수원으로 사용되고 있어 출입을 통제하고 있다. 근래에는 경내 입구에 명부전을 2층 건물로 짓고 있다.

■성보문화재

현재 천왕사에는 금당인 천불전을 비롯하여 명부전과 삼성각, 선원 및 요사 등의 건물이 자리한다.

■천불전

팔작지붕에 앞면 3칸, 옆면 2칸의 규모를 하고 있다. 천불전 아래는 요사와 사무실로 쓰이는 공간이 있고, 천불전은 그 위에 지어졌다. 2007년에 현 천불전을 철거하고 새로운 천불전을 지을 예정이라고 한다.

안에는 비로자나불좌상을 중심으로 좌우에 약사불과 아미타불이 협시하고 있다. 불단 좌우로는 작은 불상 1,000위가 모셔져 있다.

탱화로는 지장탱과 신중탱이 있다.

■삼성각

천불전 위로 난 산길로 5분 정도 올라가면 삼성각이 나온다. 팔작지붕에 앞면 7칸, 옆면 3칸의 규모다.

안에는 칠성탱을 중심으로 독성탱과 산신탱이 봉안되어 있다.

천왕사의 가람배치

월성사

■위치 및 자연환경

월성사(月星寺)는 제주시 한경면 고산리 2923번지에 자리하는 대한불교 조계종 제23교구 본사 관음사의 말사다.

고산리는 한라산의 수호신인 검은 매, 곧 차귀도를 앞에 두고 있다. 차귀도는 수려한 자연 경관과 귀중한 해양 생물의 보고로 천연기념물 제422호

월성사 내경

로 지정된 섬이다. 거대한 매의 형상을 하고 이곳 고산리 앞 바다를 지키고 있는 차귀도에는 다음과 같은 전설이 전한다.

고려 예종 때 중국 송나라 왕실에서는 제주에서 장차 큰 인물이 출현할 것이라는 점술가의 예언이 있자, 호종단을 보내어 제주 섬의 지맥과 수맥을 모조리 끊어 없앴다. 그런데 호종단이 서귀포에서 지장샘 수호신의 꾀에 속아 술서를 찢어 버리고 돌아가던 중, 그의 배가 고산리 앞 바다에 이르렀을 때 어디선가 날쌘 매 한 마리가 날아와 돛대 위에 앉더니 별안간 돌풍을 일으켜 배를 침몰시켰다. 한라산 수호신이 매로 변하여 호종단의 횡포를 응징하고 본국으로 돌아가는 길을 막은 것이다. 그리고 검은 매는 그대로 날개를 접고 내려앉아 고산리 앞 바다를 지키게 되었다. 이후 이곳은 호종단이 돌아가는 길을 막았다 하여 차귀도(遮歸島)라는 이름으로 불리게 되었다.

고려에 사신으로 왔던 호종단(胡宗旦, ?~?)은 나중에 고려에 귀화하여 벼슬까지 한 역사 인물이다.

어쨌든 한라산 수호신이 바다를 지켜주고 있는 이 고산리 지역은 제주의 다른 지역들과는 달리 드넓은 경작지대가 한없이 펼쳐져 있어서 예로부터 고산 평야라 불려온 곳이다. 과거 이 고장에서 생산되는 '밭에서 나는 쌀' 인 '산디' 는 그 맛을 최고로 쳤다. 최근에는 이곳 한경면 고산리 3628번지 일대에서 우리 역사의 공백기인 약 8,000년 전에서 12,000년 전의 역사를 규명할 수 있는 신석기 유적지가 발굴되어 학계의 관심을 집중시키고 있기도 하다. 이 유적지는 신석기 문화의 일본 전파를 입증하는 중요한 근거로서, 1998년 12월 23일 사적 제412호로 지정되었다.

월성사는 1932년 8월 20일 관음사 주지인 안도월 선사와 안봉려관 스님이 화주 고인경 씨와 고효열 여사의 지원을 얻어 법당을 짓고 대흥사 제주

포교소 고산출장소로 창건하였다. 그러나 사찰의 위치가 불편하다는 판단 아래 1936년 12월 9일 현재의 고산리 2923번지로 옮겨 법당과 요사를 새로 짓고 절이름을 월성사라 하였다. 조선시대의 배불정책으로 오랜 세월 동안 드러내놓고 신행 생활을 할 수 없었던 이 지역 불자들은 한라산 관음사가 창건되자 걸어서 관음사까지 참배의 길을 다녔다. 그러나 그 길이 너무나 험난하여 신도들의 어려움이 많게 되자 대신 북제주군 서부지역 포교당으로 이곳 월성사를 창건하게 된 것이다.

창건 이후 월성사는 이 지역의 불법 홍포를 위해 전력을 다했다. 그 결과 1937년 음력 7월 25일 거행된 봉불식에는 법사 정금오(鄭金烏), 화주 봉려관(蓬廬觀), 감(監) 고인경(高仁京), 지전(持殿) 윤봉천(尹奉天) 등과 수백

창건주 도월 스님 공적비

명의 신자가 모여들어 미증유의 성황을 이루었다.

1942년 3월 15일에는 요사를 개축하고 부인실과 해탈문을 증축하는 등 사세 확장에 나섰다. 1945년 해방 이후에는 본말사 제도가 없어짐에 따라 제주교구 교무원에 소속되었다.

월성사에는 대웅전 옆으로 30여 개의 비석들이 죽 늘어서 있다. 월성사의 연대기라 할 만한 이 비석들은 근대 제주불교의 위대한 스승들의 공적비들이다. 안도월 스님과 안봉려관 스님의 공적비를 비롯하여 근대 제주불교사의 흐름을 이끌어 갔던 당대 거목들의 흔적을 이곳에서 한꺼번에 만날 수 있다.

현재의 사찰은 1960년 월봉 스님이 중건한 것이다. 이후 1998년 상덕스님이 대대적 중수 불사를 통해 50평 규모의 대웅전은 전통건물 양식으로 완공하고 그 밖에 30평의 요사와 20평 규모의 객실도 새롭게 단장하여 놓았다.

대웅전 삼존불상

대웅전 옆에는 차디찬 샘물이 솟는 우물이 시원하게 갈증을 풀어 준다. 이 우물은 국채웅 거사가 자신의 부인을 위해 월성사에 시주한 것이 계기가 되어 세워졌다. 이 내용은 참봉 국채웅 거사의 공덕비에 잘 나타나 있다. 국채웅 거사는 1937년 월성사 주변 밭을 시주하고 지금의 상수도 시설인 우물을 가설했다고 한다.

■성보문화재

• 대웅전

대웅전에는 근대에 조성한 목조 석가여래좌상과 보현보살을 비롯하여 조선시대 후기에 만든 관음보살좌상, 그리고 후불탱과 근대에 그린 현왕도 등이 봉안되어 있다.

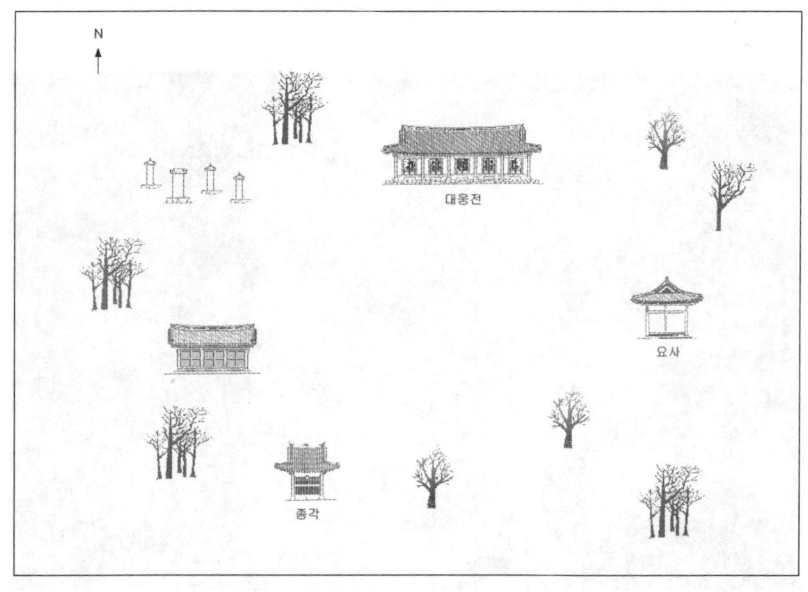

월성사의 가람배치

월영사

■위치 및 자연환경

월영사(月瀛寺)는 한국불교태고종 사찰로, 제주시 애월읍 상귀리 329번지 파군봉(破軍峰)에 위치하고 있다.

월영사가 자리 잡고 있는 파군봉은 해발 약 100m에 이르는 봉우리로 고려시대 여몽연합군의 상륙부대를 맞아 삼별초가 항전했던 전적지다. 이곳

월영사 내경

에서 삼별초가 대파되었다고 하여 파군봉이라 불린다.

파군봉을 끼고 흐르는 병풍천 주변에는 부처물동이라 불리는 곳이 있다. 예로부터 '부처물'이라는 용천수가 샘솟고 있어서 부처물동이라 하는 이곳은 조선시대의 사찰이 자리 잡고 있던 곳이다. 주위의 지형은 비교적 평탄하나 이 부처물이 있는 곳에는 하천과 산이 있음으로 해서 다소 비탈을 이룬다. 현재 부처물 주위로 경작지가 조성되어 있는데, 부처물의 동·북·남쪽에서는 기와편이나 도자기편이 드물게 발견되고 있다.

이곳에 전해오는 설화가 있다. 어느 날 갑자기 사찰이 부서지면서 주지스님이 쓰던 대야가 이 부처물에 묻혔는데 그 후 비가 와서 물이 넘칠 때면 대야 우는 소리가 인근에 널리 울려 퍼졌다고 한다. 마을사람들은 그때의 옛 사찰에 모셔있던 불상이 십여 년 전까지만 해도 월영사 외곽에 있었다고 전하고 있다.

■창건과 연혁

근대에 들어 이곳에 다시 월영사가 세워진 것은 1930년대 즈음으로, 기록에는 1936년 완주 위봉사(威鳳寺) 상귀리포교당으로 설립된 것으로 나와 있다. 이후 월영사는 1943년 본산을 위봉사에서 장성 백양사(白羊寺)로 이전하였으며, 1945년 무렵에는 귀이사로 절이름을 바꾸었다. 당시 주지는 한병욱 스님으로, 1945년 12월에 열린 조선불교혁신 제주승려대회에 참석한 기록이 남아있다.

그러나 1948년 제주 4·3사건이 일어나면서 토벌대에 의해 건물 일체가 모두 불태워지는 피해를 입었다. 불상을 비롯해 사찰 안에 있던 불화와 불기 모두가 사찰 전각과 함께 소실된 것이다.

4·3사건의 상흔을 안고 있는 옛 사찰의 명맥을 이으며, 귀이사의 바로 옆, 상귀리 329번지에 현재의 월영사가 창건된 것은 1962년 지학 스님에 의해서다. 월영사는 이후 1988년 85평의 대웅전을 중건하고 1990년 요사

목조석가여래좌상

2동을 새로 지었으며, 1994년 종각 및 범종 봉안, 1998년 대웅전 단청불사까지 꾸준히 사찰의 면모를 일신하며 오늘에 이르고 있다.

■ **성보문화재**

월영사의 전각으로는 대웅전과 법당, 요사 등이 있다. 법당에는 현재 조선시대 불상인 목조 여래좌상이 봉안되어 있으며 또한 신도로부터 기증받은 통일신라시대로 추정되는 청동여래좌상이 별도로 봉안되어 있다. 2006년에 전통사찰로 지정되어 사찰의 위상을 더욱 드높이고 있다.

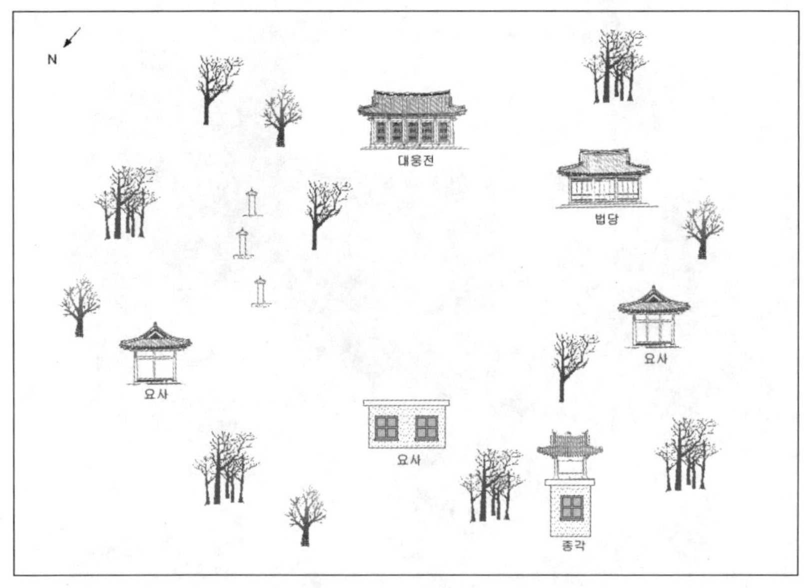

월영사의 가람배치

2. 서귀포시의 전통사찰

법화사

■위치 및 창건

법화사 앞 해발 165m의 구산봉은 대포리 해안을 바라보며 하나의 이정표 역할을 하고 있다. 법화사에서 불과 4㎞ 지경에 위치한 이 대포리 해안은 당나라와의 교류가 있었던 곳이라 해서 당포(唐浦)로 불리던 곳인데 외지에서 법화사로 들어올 때 항구로 사용되었다. 해방 후 대포 포구의 바닷

법화사 내경

속 모래 밑에서는 3개의 주초석이 발견되기도 하였는데, 이 주초석들은 대포 포구 바닷물이 드나들던 지점에 있던 것을 언론인 김평윤 씨가 발견하였다. 특히 이 주초석들은 법화사 금당지에서 출토된 주초석과 그 석질이나 크기 및 모양 등이 모두 일치하는 것들이었다. 이것은 법화사의 대형 불사에 관련한 물자들이 이 포구를 통해 들어왔음을 말해준다.

『태종실록』에 의하면 당시 법화사는 노비를 280명이나 거느리고 있을 정도의 대규모 사찰이었다. 고려시대 제주도의 3대 거찰 중 하나였던 것이다. 그 당당한 위세로 법화사는 인근 마을의 형성과 발전에도 커다란 영향을 끼쳤다. 그러나 1408년(태종 8) 노비 30인을 제외하고 모두 방면하여 둔전을 경작하거나 군역에 종사하도록 하는 조치가 취해지면서 법화사는 점차 쇠퇴해져 갔다.

■법화사의 역사

역사상 제주도 최대 사찰로 알려진 법화사의 창건 시기는 문헌상 기록이 남아있지 않아 단정 지을 수는 없으나 최근까지 진행된 연구 성과에 의하면 통일신라시대의 장보고(張保皐, ?~846)에 의해 창건되었을 것이라는 설이 지배적이다.

해상왕이라고 불리던 장보고는 동아시아 무역을 장악하고 그 위세를 떨치면서 해상활동의 안전과 지속적인 거점 확보를 위해 그 중요한 교두보가 될 만한 곳마다 법화 사상을 내세운 사찰들을 창건하였다. 법화 사상은 삼국시대에 우리나라에 전래된 이후 통일신라시대에 들어와 그 전성기를 맞는다. 장보고 역시 이 법화 사상에 깊은 영향을 받고 자신의 근거지마다 법화사라는 사명을 지닌 사찰들을 창건했는데, 중국 산둥반도 적산촌에 창건한 법화원과, 본거지인 전라남도 완도의 청해진에 세운 법화사가 바로 그것이다.

제주도는 기원 무렵부터 한반도와 중국 · 일본을 잇는 해상교역로의 거

법화사지 건물터

점이었다. 이러한 사실은 1928년 산지항(山地港) 축항공사 때 출토된 한(漢)나라의 화폐 오수전(五銖錢)과 화천(貨泉)·화포(貨布) 등 이른바 왕망전(王莽錢) 및 청동유물, 그리고 고산리 유적 등에서 이미 확인되었다. 동아시아 무역을 장악한 장보고가 일본 진출의 교두보로 제주도를 주목했다면 하원 법화사 역시 그에 의해 창건되었을 가능성이 아주 높은 것이다. 법화사의 주초석은 제주산 현무암이 아닌 내륙산(內陸産)으로, 장보고 선단이 아니고서는 제주까지 수송이 어렵다는 점도 이러한 주장을 뒷받침한다. 이외에도 중국의 적산촌, 청해진의 법화사와 마찬가지로 제주 법화사 역시 주존불로 아미타불을 모시고 있었다. 사찰의 지세와 위치, 전경 등도 다른 법화사의 경우와 서로 일치한다. 또한 신라시대 사찰에서 보이는 기단석처럼 이중 턱 구조를 갖고 있다는 점 등도 장보고에 의한 하원 법화사 창건설을 뒷받침해 준다. 그러다가 장보고 세력의 쇠퇴와 고려 목종(穆宗, 재위 997~1009) 때 있었던 제주도에서의 대규모 화산 폭발로 인해 폐사된 것으로 추측하고 있다.

특히 법화사 발굴조사 과정에서 발견된 명문 기와는 법화사가 12세기 이전에 창건되었다는 증거로서, 장보고의 법화사 창건설에 힘을 더해준다. 법화사 폐와무지에서 발견된 명문 기와의 내용은 다음과 같다.

至元六年己巳始重創十六年己卯畢

이것은 지원 6년(1269)에 중창을 시작해 지원 16년(1279)에 중창을 마쳤다는 뜻이다. 지원(至元)은 원나라 세조의 연호를 말한다. 다시 말해서 1269년(고려 원종 10)에 중창을 시작하여 1279년(충렬왕 5)까지 무려 10년에 걸쳐 대대적 중창이 이루어졌다는 내용이다. 이것은 법화사가 1269년 이전에 이미 주목받는 사찰이었음을 말해 준다. 이 명문 기와 등과 더불어 법화사지에서 출토된 청자 연판문 대접 등 상품청자들과 개원통보(開元通寶) 등도 12세기 이전 법화사의 존속을 증명하는 것들이다. 이러한 정황으로 볼 때 법화사는 그 정확한 창건 시기를 아직 알 수는 없지만, 1269년 이전 어느 시점에 창건되었다가 이 시기에 다시 대대적 중창불사에 들어갔다는 것을 알 수 있다.

그 뒤 법화사는 이후 최대의 전성기를 맞는다. 현재까지 8차례에 걸친 발굴조사를 통해 법화사에서는 고려시대 건물지 6개소와 조선시대 건물지인 초가 관련 시설 및 기와무지 등이 확인되었다. 유물로는 구름과 봉황을 양각한 운봉문 암막새를 비롯하여 운용문 수막새, 명문기와 등이 다량 발굴되었다. 특히 이곳 법화사지에서 출토된 용과 봉황무늬 막새는 왕실 건축 이외에는 사용할 수 없는 금기품의 일종이다. 고려 왕궁지인 개성 만월대(滿月臺)에서도 이와 같은 종류의 막새가 출토된 기록이 있다. 왕실에서만 사용 가능했던 이러한 유물들이 이곳 법화사에서 출토되었다는 것만으로도 당시 법화사의 위세가 어느 정도였는지를 짐작할 수 있는 것이다.

또한 이곳에서는 명문 청동 등잔과 함께 백자 · 분청사기 등 도자기류를 비롯하여 다량의 청자도 출토되었다. 12세기 중반에서 13세기 중반에 걸쳐 유입되었을 것으로 보이는 이들 출토 청자들은 대부분 최고의 수준을 자랑하는 것들이다. 특히 이 최고의 명품들은 양질의 제품을 만들기 위하여 상자에 넣어 굽는 갑번(匣燔) 처리 과정을 거친 것들로 법화사의 위세가 막강하였음을 그대로 드러낸다.

그러나 원나라의 국운이 점차 쇠퇴하면서 최대의 전성기를 누리던 법화사도 그와 운명을 같이하였다. 『태종실록』에 보면 태종 6년(1406) 4월조에 법화사에 대한 명나라의 견제가 다음과 같이 나타나 있다.

"임금이 태평관에서 연회를 열었다. 술이 취한 황엄(黃儼)은 취한 것을 핑계대어 먼저 방으로 들어갔다. 한첩목아(韓帖木兒)가 말하기를, '제주의 법화사에 있는 미타삼존은 원나라 때 양공(良工)이 만든 것입니다. 저희들이 곧바로 가서 취하는 것이 마땅합니다.' 하였다. 임금이 희롱하여 말하기를, '정말 마땅하다. 다만 부처님의 귀에 물이 들어갈까 두렵다.' 하였더니 첩목아(帖木兒) 등이 모두 크게 웃었다.

…

황엄 등이 친히 제주에 가서 동(銅)불상을 맞이하려 하였다. 혹자가 말하기를, '황제가 황엄 등으로 하여금 탐라의 형세를 보게 함은 뜻이 있을 것입니다.' 하니 임금이 걱정하여 군신과 의논하고 급히 김도생(金道生)과 사직(司直) 박모(朴謨)를 시켜 제주에 급히 가서 법화사의 동불상을 옮겨오게 하였다. 대저 말하기를 만약 불상이 먼저 나주에 이르면 황엄 등이 제주에 들어갈 필요가 없기 때문이다."

원나라가 쇠하고 명나라가 일어선 이후, 명나라에서는 법화사의 미타삼존 불상을 모셔가기 위해 황엄 · 한첩목아 등을 사신으로 조선에 파견하였다. 더구나 당시 황엄 등 명나라 사신들은 제주에 직접 들어와서 불상을 모셔가려고 시도하였다.

명황제 성조 영락제가 법화사의 불상을 모셔가려고 한 이유는 그들이 가져온 황제 칙서의 내용을 보면 알 수 있다.

"짐이 선황고 황비의 은덕을 거듭 생각하여 왕생극락을 기원하는 제전을 봉행하고자 하여 특별히 사례감태감 황엄 등을 보내어 그대 나라 탐라에 가서 동불상 몇 좌를 구하게 하니 잘 도와 성사시켜 짐의 뜻에 부응토록 하라."

명을 개국한 태조(성조의 아버지)의 정토왕생을 기원하기 위하여 황제가 원찰을 건립하고 그곳에 불상을 봉안하기 위해서라는 것이다. 그런데 이러한 칙서의 내용만으로는 법화사 불상이 왜 선택되었는가를 알 수 없다. 그 이유는 앞에서도 인용한, '제주의 법화사에 있는 미타삼존은 원나라 때 양공(良工)이 만든 것으로, 곧바로 가서 취하는 것이 마땅하다.'는 한첩목아의 말에서 찾을 수 있다.

황엄 등은 환관(宦官)으로서 황제를 측근에서 보필했다는 사실을 염두에 두고 이 사실(史實)을 유추해 본다면 다음과 같다. 황제가 원찰을 건립하여 부모를 천도하려 하자 환관 등 측근들이 탐라 법화사에 원나라 양공(良工)이 조성한 빼어난 불상이 있다는 사실을 상주(上奏)하였을 것이고, 결국 법화사 불상을 모셔가는 것으로 결론이 났던 것이다. 이 대목을 통해 법화사 미타삼존불이 얼마나 조성이 잘 된 불상인지 알 수 있다.

그러나 여기에는 탐라의 형세를 파악하고자 하는 명나라 황제의 다른 의도가 숨어 있을 것이라는 조선 왕조의 판단으로, 제주 법화사 불상을 나주에 옮기도록 하면 황엄 등이 제주에 올 필요가 없게 되고, 따라서 제주도의 사정이 명나라에 소상하게 알려질 염려가 없었기 때문이었다.

사실 명나라에서는 고려 말기 이래로 100여 년 간 원이 통치하던 제주도의 귀속 문제를 여러 차례 거론하여 왔었다. 원나라는 제주도를 직접 통치하며 국가 차원에서 목장 등을 운영해 왔는데 이것이 문제가 된 것이다. 원나라가 망하면서 결국 탐라에 대한 지배권은 고려에 귀속되었으나, 조선왕조에 들어 이러한 문제가 다시 제기될 것에 대비하여 사전에 예방책을 취한 것이다. 이러한 사정으로 태종 6년인 1406년 6월 27일 박모 등이 제주 법화사에서 동불 3위를 싣고 전라도 해남현에 도착하게 되었다. 당시 조정에서는 이들이 이 중요한 사안을 17일 만에 신속히 이루어낸 것을 가상히 여겨 관직을 내려 치하하기도 했다.

현재 서귀포시 강정 포구 서쪽의 세불 포구는 세 불, 곧 법화사의 삼존불이 떠난 곳을 의미한다. 당시 이 사건이 이 지역민들에게 얼마나 큰 충격으로 각인되었는지를 짐작하게 하는 것이다.

그 뒤 법화사는 태종의 억불정책의 표적이 되면서 더욱 그 교세가 약화

법화사지 건물터에서 발견된 주초석과 기단석

되기에 이른다. 그 사정이 『태종실록』 태종 8년(1404) 2월조에 다음과 같이 기록되어 있다.

"의정부에서 제주의 법화사와 수정사(水精寺) 두 절의 노비 숫자를 아뢰어 정하였다. 의정부에서 아뢰기를, '제주 목사가 바친 글에 의거하면 주의 경내에 비보사찰이 두 곳인데 수정사에는 현재 노비 130구가 있고, 법화사에는 현재 노비 280구가 있으니 바라건대, 두 절의 노비를 다른 사사(社寺)의 예에 의하여 각각 30구를 주고 그 나머지 382구는 농가로 만드소서.' 하니 그대로 따랐다."

조선시대에는 억불정책의 하나로 전국에 걸쳐 대대적 사찰 정리를 단행하였다. 특히 태종 6년인 1406년 마무리된 제2차 사찰정리의 결과, 계수관(界首官)에 속하는 대읍(大邑) 밖의 사찰들은 수조지(收租地) 60결, 노비 30명만 남기고 모두 없어졌다. 제주의 경우에는 그 2년 뒤인 태종 8년에 와서야 이와 같은 조치가 취해졌다. 그리고 법화사와 수정사에서 방면된 382명의 노비들은 다른 지역에서와 마찬가지로 둔전(屯田) 경작에 사역되었다. 당시 모든 사찰에는 노비 수에 준하는 승려들이 머무는 것이 일반적 관례였다. 이러한 점을 생각하면 법화사는 노비의 감소와 함께 기거하는 스님들의 수도 줄어들어 그 위상에 큰 타격이 가해졌을 것이다.

결국 법화사는 16세기 중반 이후에 접어들면서 급격히 사세가 기울었다. 그 결과 과거의 영화는 사라지고 초가 암자의 형태로 겨우 그 명맥만 유지하게 되었다. 그리고 몇 차례의 증개축을 거치며 18세기 무렵까지 존속하였으나 그마저 없어지고 폐사가 되면서 사지까지 개인 소유가 되고 말았다.

중창주 안봉려관 스님 공덕비

중창주 안도월 스님 공덕비

■근대의 법화사

이렇게 흥망성쇠를 거듭해온 법화사가 근대에 이르러 재건의 기반을 다질 수 있었던 것은 1908년 관음사 창건으로 근대 제주불교가 중흥의 기틀을 마련하면서부터라고 할 수 있다. 이 시기 법화사의 재건 연대는 정확히 알 수 없다. 그러나 1921년에 회명(晦明, 1866~1952) 스님이 법화사에서 동안거 설법을 했다는 기록으로 보아, 1910년대에 이미 인근 법정사와 함께 사찰로서의 기능을 수행하고 있었음을 알 수 있다.

그러다가 1926년 초 관음사 주지 안도월 스님과 안봉려관 스님이 새로 건물을 증축하며 사세 확장에 나섰다. 산남을 대표할 제주 관음사 포교지소로서의 기반을 닦아 놓은 것이다. 이때부터 법화사는 다시 한 번 본격적인 중흥의 시기를 맞게 된다. 더욱이 같은 해 음력 칠석에는 회명 스님을 담임포교사로 임명하고 봉불식을 거행하며 재건의 기틀을 확고히 하였다.

이후 법화사는 활발한 포교 활동에 나서, 〈조선총독부 관보〉· 불교

〈매일신보〉·〈불교시보〉 등 여러 문헌에 다양한 활동 기록을 남기고 있다. 1928년 11월 회명 스님의 불교찬연, 1929년 1월 성도절 기념제와 신도 임원선거, 1929년 11월 삼동 결제로 오이화 스님과 홍수암 스님의 법화경 설교, 1936년 8월 대본산 대흥사 순회포교로 문학연 스님의 '불교의 정신' 강연 등이 법화사에서 행해졌다.

1938년에는 현 동국대학교의 전신인 중앙불교전문학교에서 전국 각지를 25일 동안 순회하며 불교 전법을 위한 강연을 시작하였다. '원각의 대도, 생활과 종교, 불교의 인생관, 신앙의 위력, 자아의 탐구, 암야(暗夜)의 등대' 등의 제목으로 전국적인 포교에 나선 것이다. 제주도에서는 법화사를 비롯하여 제주읍 관덕정, 서귀포 공립 소학교, 한림읍 한림항 등지에서 행사를 가졌다. 이때 법화사 강연의 주제는 '불교란 무엇' 이라는 내용이었다.

이처럼 산남의 불교를 대표하며 활발한 포교 활동을 펼쳐오던 법화사는 그러나 제주 4·3사건과 6·25전쟁을 거치면서 군대에 의해 두 차례 소실되었다.

1948년 제주 4·3사건의 발발 이후 정부는 제주도 전역을 초토화시키고 제주도민 대부분을 말살시키는 한이 있더라도 무장대와의 싸움에서 물러서지 않겠다는 입장을 유지하고 있었다. 그 결과 1948년 10월 17일 토벌대는 '해안선으로부터 5㎞ 이상 떨어진 중산간 지대를 통행하는 자는 폭도배로 인정, 총살하겠다는 포고문' 을 발표한다. 해안선으로부터 5㎞ 이상이라 함은 제주도의 지형상 해안가에 밀집해 살고 있는 마을을 제외한 제주의 거의 모든 지역을 의미하는 것이다. 주민들이 포고문을 인지하기도 전에 중산간 마을에는 소개령이 내려졌다. 그리고 10월 23일부터 남녀노소를 가리지 않는 초토화 작전이 시작되었다

법화사도 이 초토화 작전 시기인 1948년 음력 10월 토벌대에 의해 방화되고 전소되었다. 법화사는 하원동 마을에 인접해 있었으나, 산과 더 가까

운 곳에 위치해 있다는 이유로 토벌대에 의해 방화된 것이다.

이후 1950년 3월 25일 장영복 스님과 500여 신도들이 35평의 법당과 8평의 요사를 짓고 법화사의 재건에 나섰다. 그러나 곧이어 6·25전쟁이 일어나면서 법화사는 군대에 의해 또다시 허물어지는 비운을 겪었다.

6·25전쟁이 한창이던 1951년 제주도 모슬포에는 육군 제1훈련소가 설치되어 전국에서 징집되어 오는 장정들을 입소시켜 신병훈련을 실시하였다. 그런데 법화사가 바로 그 신병훈련을 위한 숙영지로 접수된 것이다.

법화사에 제3숙영지가 설치되며 또다시 폐사의 위기에 처한 것은 1952년 2월 13일의 일이다. 당시 군은 법화사를 장악하고 대웅전을 숙영지 본부로 사용하였다. 그리고 중문면 주민들을 동원하여 초가를 짓게 하고 사병 막사로 이용하였다. 그리고 절 앞의 논과 밭을 매립하여 연병장으로 만들었다. 또한 법화사 위 목야지 농장에서는 신병들이 이곳저곳 장소를 이동하면서 분대·중대·소대별로 전투훈련을 실시하였다. 이들은 M1소총,

2001년 시몽스님에 의해 복원된 구화루와 구품연지

칼빈소총, 60㎜ 곡사포, 80㎜ 무반동포, 수류탄 등을 이용한 사격훈련을 실시하면서 민간인 출입을 철저히 통제하였다. 이 육군 제3숙영시설은 1953년 9월 21일에 이르러서야 해체된다. 이 숙영시설은 그때까지만 해도 비교적 완전한 형태로 보존되어 오던 법화사의 유구를 크게 파손시켰다. 이로 인해 융성했던 전성기 법화사의 옛 모습은 다시는 복원시킬 수 없는 지경이 되고 말았다.

■현대의 법화사

파란만장한 제주 역사를 온몸으로 견뎌낸 법화사는 1960년대 후반에 와서야 슬레이트 지붕의 법당과 초가 요사에 의지한 채 다시 힘겹게 일어섰다. 이후 재건에 재건을 거듭하며 사찰을 일으켜 세우기 위한 노력이 계속된다. 그런데 사찰 일대에 있던 초가를 헐고 정지작업을 하던 과정에 직경 80~120㎝의 주초석과 거대한 지대석들이 발견되었다. 이에 제주대학교 박물관에서는 1982년부터 법화사에 대한 발굴조사에 착수하게 되었다. 법화사 발굴 조사는 현재까지 8차에 걸쳐 작업이 이루어진 상태다.

제주대학교 박물관의 법화사지 발굴 조사에서 법화사의 건물지는 모두 10동이 발굴되었다. 가장 큰 법당지로 추정되는 건물지에서만도 지대석 13매가 나왔다. 이 기단의 규모로 보아 이곳에는 가로 21m, 세로 16m, 면적 238㎡, 약 108평 규모의 건물이 존재하고 있던 것으로 밝혀졌다. 또한 사찰 경내에는 기와를 깔아 놓은 보도가 건물마다 설치되고 담장지가 발굴되어 사역의 경계도 확인되었다.

특히 담장 밖 폐와무지에서는 법화사의 중창을 알려주는 '시중창십육년기묘필(始重創十六年己卯畢)' 이라는 명문 기와가 출토되더니 그 다음해인 1993년에는 '지원육년기사(至元六年己巳)' 라는 앞뒤의 명문이 일치되는 와당이 발견됨으로써 큰 주목을 끌었다.

또한 운봉문 암막새, 운용문 수막새 등 다수의 기와와 고급품의 도자기들도 상당수 출토되었다. 이 도자기들은 대부분 청자편인데, 한강 이남에서는 보기 드문 최상품의 도자기들로서 청자 음각 앵무문 대접을 비롯한 국화 당초문 대접, 운용문 대접, 포도문 대접, 청자 상감 매병, 청자 상감 화병, 청자 상감 국화문 마상배, 잔탁 등이 그것이다. 이와 함께 청동 숟가락, 청동 소형 종지, 개원통보(開元通寶)와 더불어 나한상으로 보이는 소불(小佛)이 어깨 윗부분이 파손된 채 출토되었다.

발굴 조사 결과에 의하여 법화사는 1987년 대웅전 복원을 시작으로 1988년에는 남순당을 복원하였다. 그리고 2001년에 구품세계관을 상징하는 3,000평 규모의 구품연지를 복원하며 옛 명성을 되찾기 위한 불사에 들어갔다. 그리고 2004년에는 구품연지 안에 건평 54평의 2층 누각인 구화루(九華樓)를 완공하며 1단계 복원사업을 일단락 지었다. 그리고 2006년에는 청운당(45평)에 이어 서옹(西翁)·탄허(呑虛) 대종사의 선시비(禪詩碑)와 소암 현중화의 휘호비(揮毫碑), 법륜상(法輪像), 해신(海神) 장보고

1997년 시몽 스님에 의해 복원된 대웅전

대웅전 삼존불

상 등 1차 복원사업을 완료하였다. 이에 앞서 1995년에는 어린이집을 개원하여 어린이 포교의 기초를 마련하였다.

이러한 불사의 밑바탕에는 1980년부터 지금까지 법화사 중창의 원력을 다하고 있는 시몽(是夢) 스님이 자리하고 있다. 시몽 스님은 부임 당시까지만 해도 척박하기 이를 데 없던 법화사의 잊혀버린 역사를 밝히기 위하여 6차례의 학술대회를 개최하였고, 3만여 평에 이르는 사지 매입에서 발굴 복원에 이르기까지 예전의 융성했던 시절의 도량으로 중창하는데 매진하여 지금은 제주도를 대표하는 명찰로서의 면모로 일신하였다.

앞으로도 법화사와 서귀포시는 지난 1998년 수립한 법화사지 종합정비 계획에 따라 오는 2009년까지 일주문 · 사천왕문 · 나한전 · 선방 · 강당 등 2차 복원을 계속하여 법화사의 옛 모습을 재현해낼 예정이다.

■**성보문화재**

• **대웅전**

법화사 대웅전은 1982년 제주대학교 박물관의 법화사지 발굴 조사 결과에 따라 정면 5칸 측면 4칸의 108평 규모의 팔작지붕 양식으로 복원되었다.

대웅전 안에는 명나라에 빼앗긴 금동 삼존상을 상징하는 의미로 석가여래를 관음보살과 지장보살이 좌우에서 협시하는 금동 삼존여래상을 봉안하고 있다.

그 밖에 후불탱화와 신중탱 등이 있다.

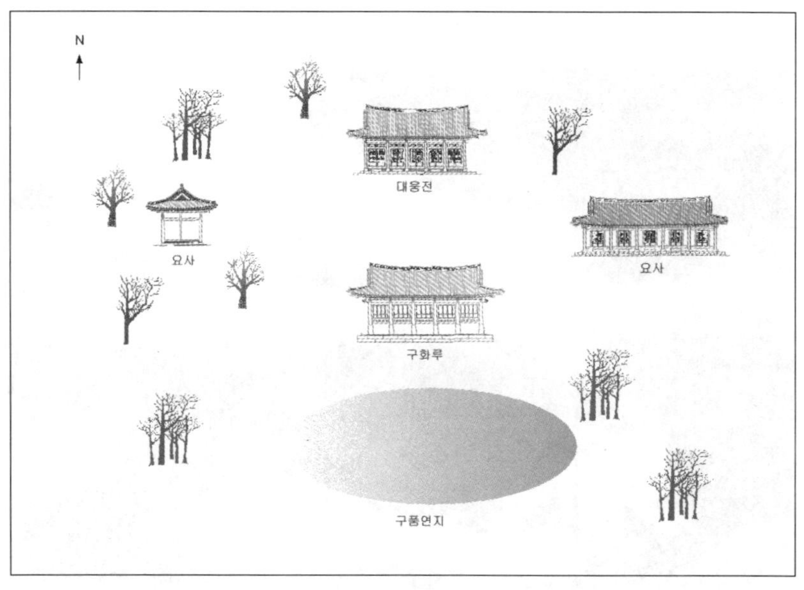

법화사의 가람배치

선광사

■위치 및 연혁

선광사(善光寺)는 서귀포시 남원읍 2439번지에 자리한 한국불교태고종 사찰이다.

바다는 고요하면 고요한 대로 거칠면 거친 대로 하늘의 뜻을 조금도 거스르는 일이 없다. 의지할 것 없이 스스로를 장엄하며 거침없이 노닌다.

선광사 내경

그 바다와 마주한 남제주군 남원읍의 해안 경승지 큰엉은 세속의 미진을 단칼에 베어버리는 절경 중의 절경이다. 해안선과 마주한 이곳 큰엉은 전체 면적만 해도 무려 1,000㎡에 달한다. 그리고 높이 30m, 길이 200m에 이르는 해안 석벽과, 자연의 신비로움을 간직한 해안 동굴들이 태고의 경이로움을 그대로 간직한 채 바다와 맞서고 있다. 선광사는 이 아름다운 남원 큰엉을 배경으로 하고 있다.

선광사가 창건된 것은 1942년 보화 법인 스님이 초가 3칸의 법당과 4칸의 객실을 지으면서부터다. 창건 당시 법인 스님은 이곳에 용천수가 없는 것이 큰 걱정이었다. 그러나 절터를 다듬던 도중 샘물이 솟아나게 되었고, 이에 우물을 세 군데로 나누어 파서 사찰은 물론 인근 주민들까지 식수로 이용할 수 있도록 하였다. 용천수의 발견으로 마을의 근심을 덜어주며 시작한 선광사는 이후 사세가 날로 확장되었다. 이에 1945년에는 1차 중건불사에 착수, 목조 기와지붕의 50평 법당을 신축하며 포교활동에 박차를 가했다.

그러나 1948년 4 · 3 사건의 여파로 선광사는 잠시 폐사되는 운명을 맞는다. 제주 4 · 3 사건이 발생하면서 선광사는 1948년 11월 무렵 군경에 의해 목조 50평의 법당이 완전 해체되어 파옥되었다. 그리고 남원 1리 마을 안으로 소개되었다. 객실은 법당이 파옥될 때 토벌대의 방화로 전소되었다. 흙으로 조성된 불상마저도 파손되었다. 당시의 유물 중 현재까지 남아있는 것으로는 일제강점기에 조성한 목조 아미타불상이 유일하다. 이 아미타불상은 현재 선광사 내 강당에 모셔져 있다.

선광사는 4 · 3 사건과 6 · 25전쟁 등 격동의 세월을 보내고 나라가 어느 정도 안정을 찾게 되자, 1955년 사찰 복원을 위해 함석지붕으로 된 석조 건물의 법당과 초가 요사 2동을 지었다. 또한 1966년에는 함석지붕으로 된 17평의 석조 요사를 완공하였다. 이후 1972년에 수열 스님이 3대 주지로 오면서 대웅전 내부에 각단 탱화를 봉안하고 범종을 조성하는 한편, 30

평 규모의 강당 건립에 나서는 등 대대적인 중창 불사를 시작하였다. 현재의 선광사 전각은 1983년 4차 중건불사 때 건축된 것이다. 이때 대웅전과 사천왕문 · 범종루가 신축되었다. 동(銅)으로 조성된 8척의 불상과 후불탱 · 사천왕상 등도 새로 봉안되었다.

선광사는 1994년 전통 한옥 양식으로 지은 100평의 요사와 6평의 정재소를 신축하며, 이 지역에서는 보기 드물 정도의 사찰의 면모를 갖추고 오늘에 이르고 있다.

■성보문화재

• 대웅전

대웅전은 앞면 5칸, 옆면 3칸의 팔작지붕 형태로 60평 규모의 철근 콘크리트 건물이다. 1983년 중수되었다.

안에는 동조(銅造) 석가불좌상이 본존불로 모셔져 있다. 1997년 조성된

대웅전 석가여래좌상

천왕문

닫집은 아름다운 단청으로 이름이 높다.

탱화로는 후불탱을 비롯하여 신중탱 · 칠성탱 · 산신탱 · 독성탱 · 지장탱 · 감로탱 등이 모셔져 있다. 대웅전 편액은 소암 현중화의 작품이다.

• 사천왕문

사천왕문은 앞면 3칸, 옆면 2칸에 건평 8평의 맞배지붕 철근 콘크리트 건물이다. 1984년에 동쪽을 수호하는 지국천왕, 남쪽을 수호하는 증장천왕, 서쪽을 수호하는 광목천왕, 북쪽을 수호하는 다문천왕상 등을 모시고 조성하였다. 제주도에서 이 사천왕상을 등상불(等像佛)로 모신 것은 이곳 선광사가 처음이다.

• 종각

종각은 앞과 옆면 각 1칸의 2층 누각 형태의 건물이다. 1978년에 만든

목조 아미타불좌상

범종이 봉안되어 있다. 종의 사방에는 화엄경 · 금강경 · 법화경 · 열반경 등의 경전 가운데 중요 법구가 조각되어 있고, 당좌의 위에는 파지옥(破地獄) 진언(眞言)이 조각되어 있다.

• 요사

요사는 앞면과 옆면 각 3칸의 팔작지붕 건물이다. 지하 건평 60평, 1층 건평 40평, 연건평 100평의 건물이다. 현재 승방 및 객실과 지하 식당 등으로 사용되고 있다.

• 아미타불 좌상

아미타불 좌상은 1942년 목재로 조성한 작품이다. 앉은 높이 79㎝, 무릎 너비 61.3㎝의 크기의 불상이다. 4 · 3 사건 당시 법당이 전소되는 가운데서도 유일하게 훼손되지 않고 남아 현재까지 전하고 있다.

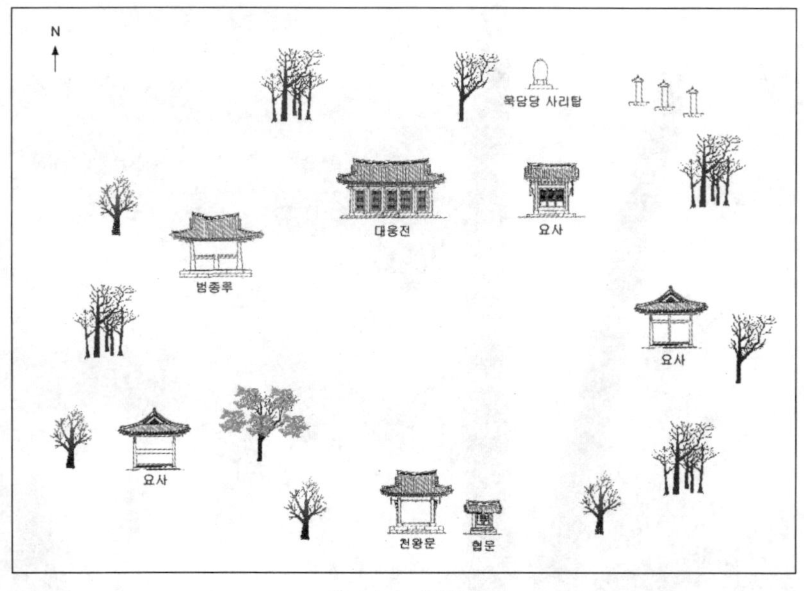

선광사의 가람배치

제Ⅱ부 제주의 사찰

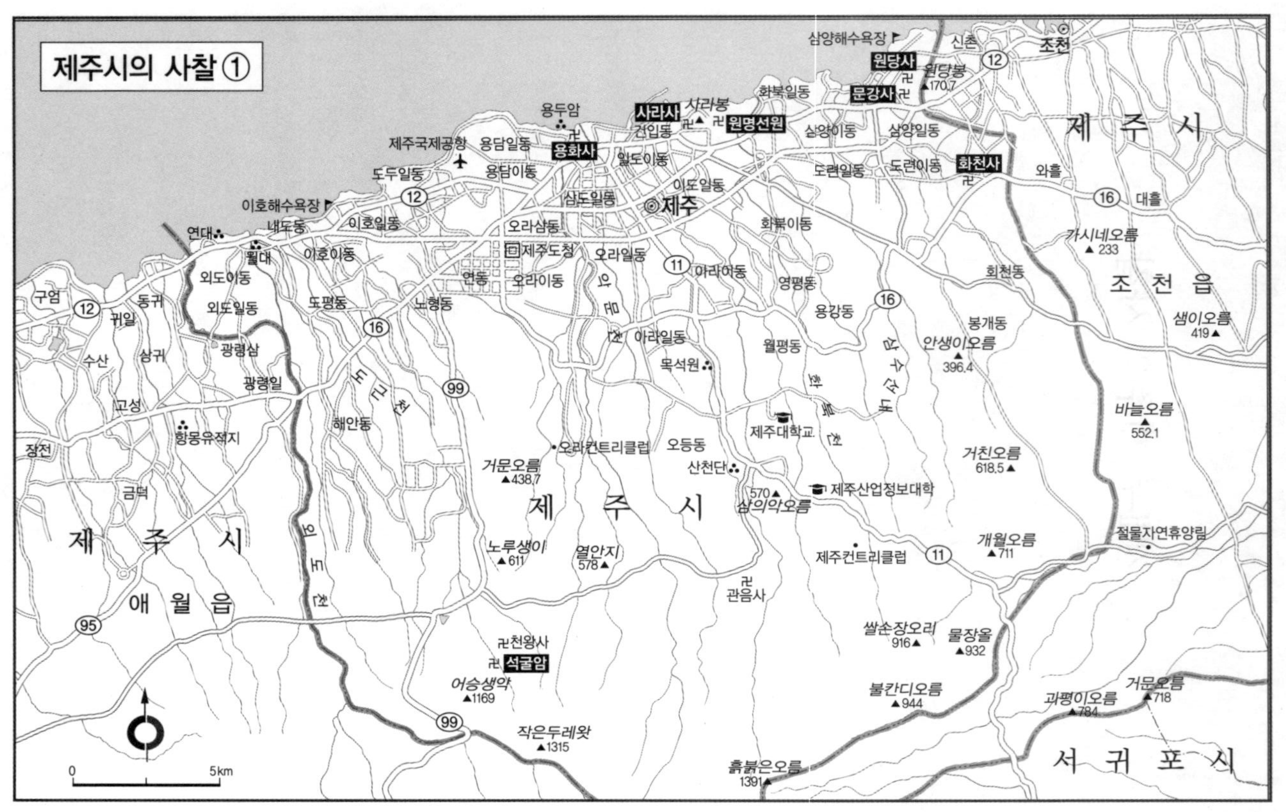
제주시의 사찰 ①
원당사
문강사
사라사
원명선원
용화사
화천사
석굴암
천왕사
관음사
삼양해수욕장
이호해수욕장
제주국제공항
제주
조천
신촌
원당봉
170.7
사라봉
용두암
화북일동
삼양이동
삼양일동
건입동
용담일동
용담이동
일도이동
이도일동
삼도일동
도련일동
도련이동
와흘
대흘
도두일동
내도동
이호일동
이호이동
오라삼동
제주도청
오라일동
오라이동
연동
노형동
도평동
화북이동
아라이동
아라일동
영평동
용강동
월평동
회천동
봉개동
연대
월대
외도이동
외도일동
구엄
동귀
귀일
수산
상귀
광령삼
광령일
고성
항몽유적지
장전
금덕
해안동
도근천
외도천
화북천
삼수천
아라천
목석원
제주대학교
제주산업정보대학
오라컨트리클럽
오등동
산천단
제주컨트리클럽
절물자연휴양림
가시네오름
233
조천읍
샘이오름
419
안생이오름
396.4
바늘오름
552.1
거친오름
618.5
개월오름
711
거문오름
438.7
570
삼의악오름
노루생이
611
열안지
578
제주시
애월읍
어승생악
1169
작은두레왓
1315
쌀손장오리
916
물장올
932
불칸디오름
944
과평이오름
784
거문오름
718
흙붉은오름
1391
서귀포시
12
16
11
99
95
0
5km

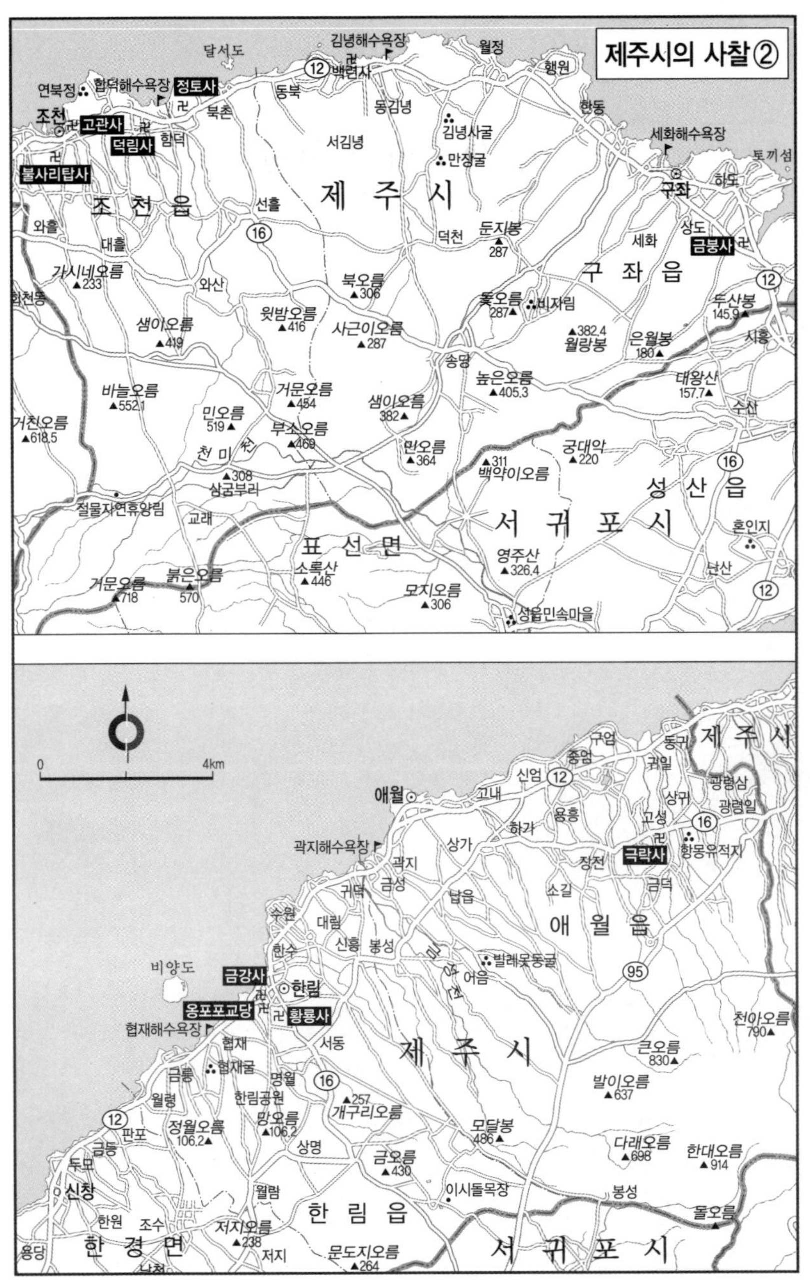
제주시의 사찰②
달서도
김녕해수욕장
월정
백련사
행원
연북정
함덕해수욕장
정토사
동북
동김녕
한동
조천
고관사
북촌
덕림사
함덕
김녕사굴
세화해수욕장
서김녕
토끼섬
불사리탑사
만장굴
구좌
하도
조천읍
선흘
제주시
와흘
둔지봉
287
덕천
상도
세화
금붕사
대흘
구좌읍
가시네오름
233
와산
북오름
306
두산봉
145.9
돛오름
287
비자림
샘이오름
419
윗밤오름
416
사근이오름
287
382.4
월랑봉
은월봉
180
시흥
송당
바늘오름
552.1
거문오름
454
높은오름
405.3
대왕산
157.7
수산
거친오름
618.5
민오름
519
샘이오름
382
부소오름
469
민오름
364
궁대악
220
311
백약이오름
성산읍
308
삼굼부리
절물자연휴양림
교래
서귀포시
혼인지
표선면
영주산
326.4
난산
거문오름
718
붉은오름
570
소록산
446
모지오름
306
성읍민속마을
0
4km
구엄
동귀
제주시
중엄
신엄
귀일
광령삼
애월
고내
상귀
광령일
용흥
고성
하가
항몽유적지
곽지해수욕장
상가
장전
극락사
곽지
금성
소길
금덕
귀덕
납읍
수원
대림
애월읍
한수
신흥
봉성
빌레못동굴
비양도
금강사
한림
어음
용포포교당
황룡사
협재해수욕장
천아오름
790
협재
서동
큰오름
830
협재굴
금릉
명월
발이오름
637
월령
한림공원
257
개구리오름
정월오름
106.2
망오름
106.2
모달봉
486
판포
다래오름
698
한대오름
914
금등
상명
금오름
430
두모
신창
월림
이시돌목장
봉성
한원
조수
한림읍
돌오름
저지오름
238
용당
한경면
저지
문도지오름
264
서귀포시

1. 제주시의 사찰

원당사 · 문강사

■위치와 자연환경

제주시 삼양동에는 바다로 흘러내린 용암이 굳어지면서 크고 작은 7개의 구릉을 길게 형성하여 놓은 지형이 있다. 주봉인 해발 170.4m의 원당봉과 해발 40~80m에 이르는 여섯 개의 오름들이 바로 그것이다. 마치 크고 작은 일곱 개의 연꽃잎이 겹쳐 있는 것과 같은 이곳은 예로부터 삼첩칠

원당사 전경

봉이라 하여 천하가 탐내던 명당이었다. 이 원당 3첩7봉(三疊七峰)에는 고려시대 제주도의 거찰 중 하나로 알려진 원당사가 위세를 떨치며 서있었다.

현재 불탑사와 원당사가 자리하고 있는 고려시대 원당사지는 원당 3첩7봉 중 남쪽의 원당봉과 동쪽 · 서쪽 · 북쪽의 여섯 오름이 둘러싼, 동서 길이 150m, 남북 너비 90m 정도의 완만한 경사면에 위치하고 있었을 것으로 추정되고 있다. 이곳 원당사지에서는 계속적인 발굴 조사로 이미 12세기 무렵의 도자기와 기와편이 대량 출토되었다. 고려 불교의 양식을 띤 가람배치 역시 확인된 상태다.

그러나 과거의 영화는 변화하고 무너지는 인연법을 따라 모두 사라진지 오래다. 다만 원당사지 오층석탑, 곧 현재의 불탑사 오층석탑과 그 주변에 흩어져 있는 유물들만이 간간이 옛 소식을 전하고 있을 따름이다.

원당사의 창건 시기는 대략 1300년 전후로 추정되고 있다. 여기에는 당시 시대를 반영하듯 원나라 황실에 공녀로 끌려갔다가 이후 원나라 순제의 제2 왕비가 된 기황후(奇皇后)가 아들을 낳기 위한 원찰로 창건하였다는 전설이 전해 내려오고 있다. 기황후는 원나라 말기의 약 30년에 이르는 기간 동안 원나라 황실의 주도권을 장악하여 모든 권세를 휘둘렀다. 뿐만 아니라 그녀는 고려 조정에도 막강한 영향력을 발휘한 여걸로 알려져 있다.

기황후는 고려 말 기자오(奇子敖)의 딸로 태어났다. 이후 당시 상국인 원나라에 공물로 바쳐졌다. 원나라로 끌려간 뒤에는 고려 출신 내시의 도움으로 황제인 순제에게 차를 올리는 일을 맡게 되었다. 그리고 타고난 미모와 지략으로 순제의 총애를 받아 제2 황후가 되었다. 이후 기황후는 자신의 입지를 확고히 하기 위해 황제의 뒤를 이을 아들을 낳고자 노력하게 된다. 백방으로 노력하던 중 마침 한 스님이 북두칠성의 명맥이 비치는 삼첩칠봉의 산세를 갖춘 곳에 탑을 세우고 기도를 하면 아들을 낳을 수 있다고 조언했다. 이에 기황후는 천하의 이름난 풍수들을 동원해 그 자리를 찾게 된다. 고려 풍수사들까지 동원한 대대적인 탐색이었다. 그리고 드디어 제주도 동북 해변에서 예로부터 삼첩칠봉으로 불리던 이곳 원당봉 자리를 발견하였다. 이에 원나라의 적극적인 지원을 받아 마침내 이곳 원당 삼첩칠봉 자리에 원당사를 창건하게 되었다고 하는 것이다.

오랜 세월 폐사되어 구전으로만 전해지던 이곳 원당봉 폐사지에 다시 사찰이 들어선 것은 근대에 들어서이다. 현재 원당칠봉 안에는 원당봉을 주봉으로 한 조계종 불탑사, 태고종 원당사, 천태종 문강사 등 세 개의 사찰이 오늘날 이곳 원당봉 절골의 인연을 다시금 이어가고 있다.

(불탑사는 제I부 〈제주의 전통사찰〉 「불탑사」편 참고)

원당사

■창건과 연혁

조각난 옛 사찰의 파편이기라도 한 양, 삼양동 원당봉에는 세 개의 사찰이 일곱 봉우리 안에 다소곳이 들어서 있다. 그중 한국불교태고종 제주교구 사찰인 원당사(元堂寺)는 원당봉으로 오르는 도로를 사이에 두고 불탑사와 얼굴을 마주 보고 있다.

원당사는 1924년 음력 6월 13일 창건주인 인월당 하시율 스님이 초가법당을 짓고 대본산 백양사 원당포교소로 창건하였다. 창건 이후 1927년 여름에는 중창 불사에 착수하는 등 사찰의 면모를 다지기 위해 많은 노력을 기울였다. 이후 원당사가 사찰의 기반을 확고히 한 것은 2대 주지스님인 송재술 스님이 부임하면서부터다. 송재술 스님은 1936년 7월 목조 대웅전과 해탈문 등을 중축하여 사찰의 기반을 확고히 다졌다. 이 대웅전은 수차례의 개보수 불사를 단행하면서도 그 원형에서 크게 벗어나지 않아 제주도내에서 가장 오래된 불교 건축물로 알려져 왔다. 그러나 최근 모두 헐리고 지금은 그 흔적조차 찾아 볼 수 없게 되었다.

근대 제주불교가 전성기를 맞아 활발한 포교활동을 펼치던 1937년에는 대대적인 전도 순회강연이 10월과 11월 두 달에 걸쳐 개최되었다. 그 때 1회와 2회 강연이 이곳 원당사에서 보름 동안 열리기도 하였다. 이후 1946년에는 도명 스님이 삼양동 거처에서 모셨던 부처님을 원당사에 옮겨 봉

원당사 대웅전

안하고, 12월에는 일본에 거주하던 유동산 스님을 초청하여 3대 주지로 옹립하면서 원당사의 중흥을 시도하였다.

그러나 1948년 제주 4·3사건이 일어나면서 원당사 역시 불탑사와 함께 삼양리 마을로 소개되었다. 불행 중 다행으로 당시 원당사 건물 중 목조 대웅전은 부서지지 않았다. 이 대웅전은 4·3사건 이후까지 본래의 모습을 유지하고 있었다. 그러나 4·3사건과 6·25전쟁이 끝나도록 원당사는 복원되지 못하다가, 1956년에 이르러서야 6년간의 피난생활을 마치고 불상과 함께 원당사로 돌아올 수 있었다. 폐허된 원당사 도량은 2년간에 걸친 대대적 보수 불사를 거쳐 옛 모습을 회복하였다. 1958년에는 대웅전 및 객실 보수 불사를 마무리하고 국묵담 스님을 모셔와 보살계 및 예수재 불사를 봉행하였다. 원당사는 이후에도 몇 차례 중창 불사를 계속해 왔다. 1980년 3월 25일 원당사 중흥에 힘썼던 4대 주지 도명 스님이 입적하자 그해 7월 1일 도명 스님 부도 및 행적비 제막식을 봉행하였고, 현재의 원당사 대웅전을 건립하여 오늘에 이르고 있다.

■성보문화재

• 삼존도

원당사 삼존도는 1944년에 조성한 것이다. 증명비구는 만암(曼庵) 종헌이며, 금어는 우송(友松)이다.

• 범종

범종은 1940년에 조성된 것이다. 전체 높이 90.5㎝, 지름 46.7㎝의 크기다. 대웅전에 있다.

• 부도와 비석

원당사에는 1933년에 세워진 원당포교소 창건주 인월당 스님의 기념비를 비롯하여 1930~1940년대 세워진 다수의 비석들이 모셔져 있다.

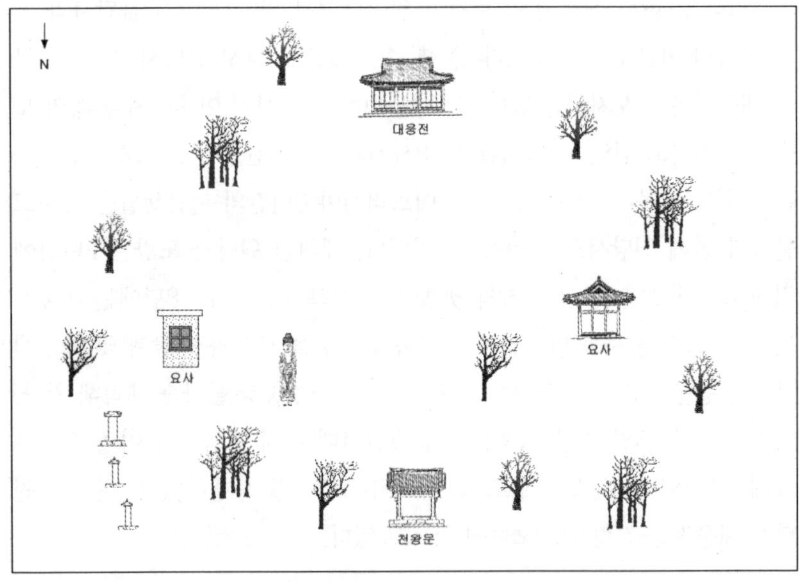

원당사의 가람배치

문강사

■연혁

문강사(門降寺)는 제주시 삼양 1동 산1-2번지에 자리한다. 삼첩칠봉의 주봉인 원당봉 분화구 안에 위치한 천태종 제주지부 사찰이다.

이곳은 금빛의 닭이 알을 품고 앉은 금계포란형(金鷄抱卵形)의 명당에 자리한 관음도량으로 널리 알려진 곳이다. 관음도량 입구에는 커다랗고

관음전

둥근 연못이 조성되어 있다. 해마다 청량한 향기를 눈으로 바라볼 수 있게 하는 아름다운 이곳 연꽃 도량은 사찰이 생기기 이전부터 존재하던 자연 연못이었다.

삼첩칠봉의 숨기운이 드나드는 이곳에서 문강사가 천태일승의 법음을 전하게 된 것은 1973년의 일이다. 김용운 거사가 1,500여 평의 사찰부지와 7평의 영문각을 천태종 제주지역 신도회관으로 시주하면서 시작되었다. 창건 이듬해인 1974년에는 천태종 제주지부로 승격되었다. 창건과 동시에 급성장한 문강사는 이후 산하 3개 지회와 17개 분회를 거느리게 되었다. 1975년 10월 16일에는 남대충 제2대 종정을 모시고 국태민안과 평화통일 기원대법회를 개최하였다. 이때 절 이름을 지금처럼 문강사로 바꾸었다.

문강사는 창건 후 대대적 포교활동과 사세확장에 나섰다. 그 결과 1986년에는 55평의 관음전과 49평의 요사를 지었다. 또한 1995년 10월 9일에

관음전 관음보살좌상

는 100평의 관음전을 완공하여 오늘날의 문강사의 기반을 단단히 다져 놓았다.

이 문강사 주변 분화구의 침식면 바깥 둘레에는 마을에서 기우제를 지냈던 제터가 보존되어 있다. 또한 체육 시설과 더불어 오름 능선을 타고 정상을 한 바퀴 돌 수 있는 산책로도 개설되어 있다. 인근 주민들의 참배의 길을 더욱 흥미롭게 하는 것은 문강사를 거쳐 오름 주봉 분화구 안에 이르러서다. 곰솔 · 아카시아 · 비목나무 · 예덕나무 · 쥐똥나무 등이 우거진 숲 속에서 억새 사이로 재빠르게 몸을 숨기는 족제비 · 고슴도치 · 다람쥐 등과도 눈인사를 나눌 수 있다.

문강사의 가람배치

보림사 · 사라사

■위치와 자연환경

제주는 오름의 섬이다. 오름이란 분화구를 갖고 있는 작은 화산체를 말한다. 제주 전 지역에는 368개에 달하는 오름들이 곳곳에 부처의 열반상처럼 평화롭게 누워 있다. 이 368개의 오름 중 제주시에서 약 2㎞ 정도 떨어진 동부 지역에는 별도오름 · 알오름 · 사라오름 등이 마치 아름다운 별자리 마냥 연달아 펼쳐져 있다.

그 가운데 사라봉이라고 부르는 사라오름은 표고 148.2m, 비고 98m, 둘레 1,934m, 면적 233,471㎡, 직경 647m의 말굽형 화구 형태의 기생 화산체다. 산 전체가 붉은 송이로 이루어져 있고 해송이 빽빽이 둘러서 숲을 이룬 모습이 마치 바다에서 솟아난 거대한 버섯구름처럼 신비롭다. 그 자태만큼이나 아름다운 사라오름이라는 이름 역시 '신성한 동쪽'을 뜻하는 말에서 유래되었다. 이후 이곳 사라오름에서 지는 해가 마치 비단을 펼쳐 놓은 듯 아름다운 까닭에 한자로 '紗羅(사라)'라고 표기하게 된 것이다.

이 사라오름에서는 바다를 적시는 붉은 노을의 장관을 매일 마주할 수 있다. 그래서 이곳은 이미 영주십경의 하나인 사봉낙조(沙峰落照)로 손꼽혀 왔다. 이 아름다운 사봉낙조 앞에서 매계 이한진은 다음과 같은 시를 남겼다.

誰把紅紗繞碧峰 어느 누가 붉은 비단으로 푸른 봉우리를 감아놓았는가
斜陽頃刻幻形容 지는 해가 삽시에 온갖 모습을 조각해 내니
蜃樓變態飜黃鶴 신기루처럼 변하는 자태는 누런 학이 나는 듯하고
鯨窟浮光戱赤龍 고래 굴에 둥실 떠오는 빛은 붉은 용을 희롱하는 듯 하다.
歷歷孤村煙外樹 뚜렷이 드러난 외진 마을엔 연기가 나무를 에워싸고
依依遠寺月邊鐘 아득히 먼 절에서는 달에서 쏟아지는 종소리
暫停日馭同寅餞 잠깐 해가 멈추니 말을 부리어 송별자리 함께 하고
期我扶桑曉路逢 나와 더불어 해 돋는 새벽길에 다시 만나길 기약하도다.

이한진의 시구처럼 이곳 사라오름에선 아침이면 보림사의 종소리가 울려 숲을 깨운다. 그리고 저녁 무렵이면 사라사의 종소리가 신성한 동쪽 하늘을 장엄한다. 이렇듯 사라오름의 일출은 보림사에서, 일몰은 사라사에서 가장 아름답다. 그중 우당도서관 길로 오름을 오르다 먼저 만나게 되는 사찰이 보림사다.

보림사

■창건과 연혁

제주시 진입동 388번지에 자리한 한국불교태고종 제주교구 보림사(寶林寺)는 1950년대에 발생한 법난의 와중에 창건된 사찰이다. 해방 이후 제주불교 역사의 한 단면을 되돌아보게 하는 유서 깊은 사찰인 것이다.

일제강점기에서 시작해서 1950년 6 · 25전쟁의 비극을 겪으면서 한국불교계는 질적, 양적으로 엄청난 피해를 입게 되었다. 이에 1951년 조선불교 제3대 종정에 취임한 송만암 스님은 과거의 엄격한 계율과 법식을 되찾아 불교의 변질을 막아야 한다는 취지로 새로운 종헌을 제정하기에 이르렀다. 승단을 비구의 수행승과 대처의 교화승으로 구분하여 전통 불교의 중흥을 꾀하고자 했던 것이다. 그러나 이승만 대통령은 1954년 5월 21일 1차 유시 이후 총 8차에 걸친 유시를 통해 불교계를 조계종과 태고종의 극한 대립으로 몰아갔다. 그 혼란은 전국적으로 확산되어 불교의 법난으로까지 불리게 되었다. 보림사는 이러한 혼돈의 시기에 만암 스님의 정신을 이어 정법을 지켜나가고자 하는 취지로 1957년 12월 4일 초대주지 김성원 스님에 의해 창건된 사찰이다.

보림사의 창건 의지는 오늘날 이곳 보림사를 대표하는 칠층석탑에서도 찾아볼 수 있다. 이 칠층석탑은 보림사 창건 당시 송만암 스님이 전남 장성 백양사에서 좌탈입망하자 스님의 높은 법력을 이어 제주불교를 일으키

보림사 대웅전

고자 하는 뜻으로 세워졌다. 스님의 사리 중 1과를 모셔와 이곳 보림사 석탑에 경전과 함께 봉안하고 제주불교의 발전을 기원하게 된 것이다.

그 뒤 보림사는 1970년 한국불교태고종이 탄생하면서 초기 태고종 제주종무원의 기능을 함께하였다. 1985년에는 향적전을 추가로 건립하고 대웅전 · 명부전 · 종각에 새로 단청을 입히는 등 꾸준한 사세 확장에 노력을 기울여왔다. 또한 2002년 5월 15일에는 보림사 목조 관음보살상이 제주도유형문화재 제18호로 지정되었다.

2003년 보림사는 대대적 중창 불사에 들어갔다. 그리고 그 첫 사업으로 57평 규모의 대웅전을 지었다. 앞으로 보림사는 사찰의 면모를 일신할 불사를 계속 진행할 예정이라고 한다.

■성보문화재

• 보림사 목조 관음보살좌상

대웅전에 봉안된 목조 관음보살좌상은 1957년 보림사 창건 당시 전라남

보림사 목조관음보살좌상(제주도유형문화재 제18호)

도 순천 선암사에서 기증받아 봉안한 것이다. 17~18세기 무렵에 조성된 것으로 추정된다. 이 목조 관음보살좌상은 충청남도 부여 무량사 소조 아미타여래좌상과 경상북도 상주 북장사 목조 아미타여래좌상 등과 같은 제작 수법을 보이고 있다. 화려한 보관(寶冠)과 정제된 동체(胴體), 유려한 의문(衣紋) 등 문화재로서의 가치를 인정받아 제주도유형문화재 제18호로 지정되었다. 현재 보림사 대웅전에 봉안되어 있다.

■대웅전

보림사 대웅전은 홍송(紅松)을 사용한 57평 규모의 외7포 내9포의 양식으로 되어 있다. 2003년에 2,000평 부지에 보림사 중창 불사를 시작하면서 그 첫 사업으로 완공시킨 건물이다.

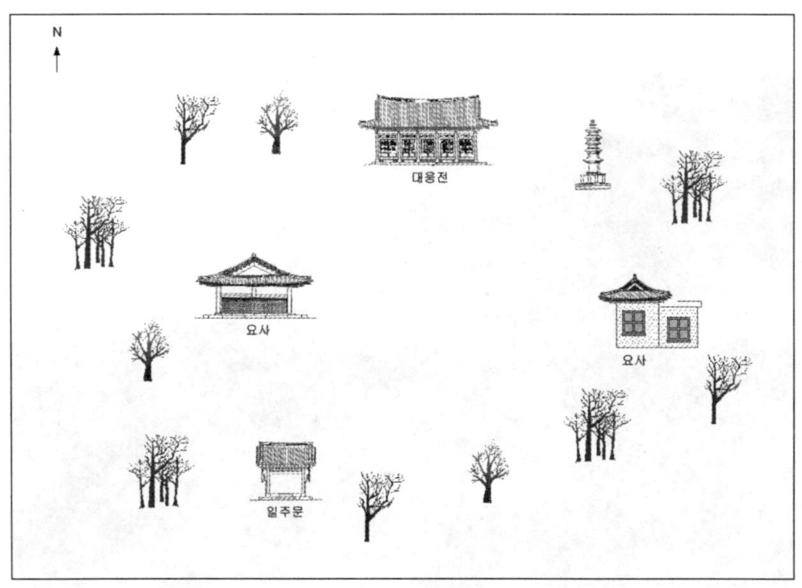

보림사의 가람배치

사라사

■창건과 연혁

과거 제주를 찾은 시인묵객들은 제주의 아름다움을 영주십경이라는 단어에 함축하여 표현했다. 그 가운데 '사봉낙조'라 하여 저녁 사라오름에서 바라보는 해가 바다를 물들이는 풍경이 있다. 사라사는 바로 그 사봉낙조의 절경을 한눈에 바라볼 수 있는 곳에 자리 잡고 있다.

사라사 대웅전

보림사를 참배하고 나와 산책로를 따라 200여 미터를 지나면 사라오름 절벽 끝에 까치발을 하고 서있는 흰색 등대가 한눈에 들어온다. 그 등대 맞은편 오름 숲 속에 한국불교태고종 제주교구 사라사가 자리해 있다.

이곳 사라사는 사찰이 창건되기 이전부터 마르지 않는 샘물이 솟아나는 산신 기도처로 유명한 곳이었다. 이곳에 1953년 김태호 거사가 강순 보살 외의 여러 신도들의 도움을 받아 대웅전과 삼성전 · 요사 · 조왕단 등을 건립하며 사라사의 시초를 마련하였다.

그 뒤 1977년에 대웅전을 중수하였고, 1996년에 삼성전에 관세음보살상을 모시고 원통전으로 개축하였다. 이 원통전 전면은 통유리로 되어있다. 안에서도 바다를 한눈에 내다볼 수 있도록 조성되었는데, 이는 관세음보살님께서 바다를 품에 안 듯 제주인들을 보살펴달라는 기원을 담은 것이다.

■성보문화재

• 대웅전

사라사 대웅전은 1953년에 지었다. 건립 이후 몇 차례의 증개축을 거쳐

사라사에서 바라본 바다

오늘에 이르고 있다. 안에는 석가모니불을 중심으로 좌우에 아미타불과 관음보살을 모셔 놓았다. 주불 오른쪽에는 신중탱, 왼쪽에는 지장탱 · 오불여래도 및 지장보살상이 봉안되어 있다. 이 가운데 신중탱은 근대에 제작한 것이다.

• 원통전

원통전은 1991년 삼성전이라는 이름으로 처음 지어진 건물이다. 1996년에 앞면 3칸, 옆면 2칸의 규모로 개축한 이후 원통전으로 이름을 바꾸었다.

안에는 관음보살상을 봉안하였고, 그 밖에 용왕탱 · 산신탱 · 독성탱 · 칠성탱 등을 모셔 놓았다.

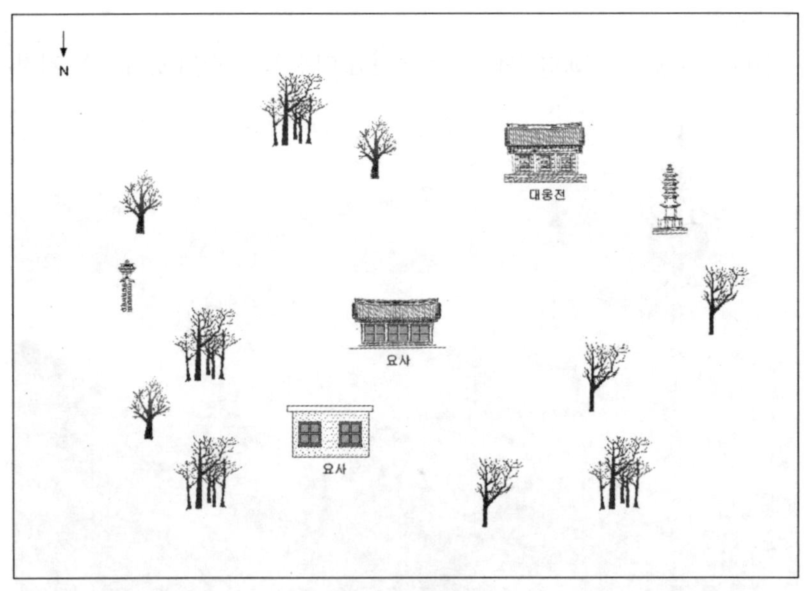

사라사의 가람배치

원명선원

■위치와 자연환경

대한불교조계종 제23교구 본사 관음사 말사 원명선원(圓明禪院)은 제주시 화북 1동 4684번지에 자리한다.

이곳은 제주시 동쪽 별도오름을 향해 흐르는 별도천의 끝자락이다. 제주에는 마치 신화 속 주인공들의 무덤과도 같은 오름들이 곳곳에 널려있

원명사 대웅보전

다. 그리고 청정함의 향기를 쫓는 사찰들이 그 산자락에 꼭 걸맞은 인연으로 들어서 있다. 예로부터 제주 성안 사람들의 사랑을 받아온 이 별도오름 자락에도 참선 도량인 원명선원이 소나무 숲 속에 고즈넉이 자리 잡고 있다.

원명선원을 한 아름 품에 안은 이곳이 별도(別刀)라는 이름으로 불리게 된 데는 여러 가지 이야기가 전해내려 온다.

아주 오랜 옛날, 고을나 · 양을나 · 부을나 등 탐라국의 삼신(三神)이 지금의 성산읍 온평리 해안가에서 벽랑국의 세 왕녀를 맞이하게 되었다. 그들은 해안가에서 가까운 혼인지에서 혼례를 치르고 각각 살 곳을 나누어 마련하기 위하여 활을 쏘았다. 화살이 떨어진 곳에 따라 고을나가 일도, 양을나가 이도, 부을나가 삼도에 나누어 살게 되었다. 그중 화북 포구는 어느 누구의 구역에도 속하지 않아 별도로 공동 관리하게 되었다. 이와 같은 연유로 화북 포구가 있는 이 오름을 별도봉이라 부른다.

원명사 내경과 원명유치원

또 다른 이야기에 따르면 별도봉에는 장군폐도형의 지형이 있는데 그곳에서 동쪽을 바라보면 칼 모습이 반짝이면서 마을을 비추는 것을 볼 수 있다. 풍수지리에 능한 이가 이를 보고 칼 세 자루를 다스리지 않으면 마을에 큰 천재지변이 일어난다고 하여 이 오름의 이름을 별도라고 부르게 되었다는 것이다.

그 밖에도 화북 포구에서 이별하는 사람들이 다시는 돌아올 수 없을지도 모를 제주 바다를 건너면서 정을 칼로 베듯이 했다 하여 별도라 하였다거나, 별도봉의 생긴 모양이 칼로 바위를 자른 듯하다고 해서 붙여진 이름이라고 하는 등 여러 가지 이야기가 전해 내려오고 있다.

이 별도봉을 향해 한라산 계곡에서부터 출발해온 별도천은 평상시에는 제주도의 다른 하천들처럼 건천이어서 물을 담고 있지 않다. 그러나 건천이 끝나는 바닷가에 다다르면 맑은 용천수를 뿜어 올리며 제주 사람들에게 오랫동안 감로수를 공급해왔다.

■창건과 연혁

이 별도천이 소나무 숲으로 사라지는 끝자락에 1952년 원봉당 지웅 스님이 수행도량인 선원을 세우겠다는 목적으로 창건한 것이 바로 이 사찰의 유래다. 원명선원을 창건한 지웅 스님은 서옹(西翁) 스님을 은사로 전라남도 장성 백양사에서 출가하고 이후 해남 대흥사 주지를 지냈던 스님이다. 이곳에 본격적 선원이 설립된 것은 사찰이 창건되고 20여 년 뒤인 1976년에 이르러서다. 이후 7~10명 정도의 스님들이 해마다 이 도량에서 한 철을 나곤 하였다. 일타(日陀) · 비룡(飛龍) 스님을 비롯하여 도견 · 지월 · 도법 · 수경 등의 스님, 그리고 시인 고은 등이 원명사 선방과 인연을 맺었던 사람들이다.

현재 원명선원 주지인 대효(大曉) 스님은 창건주 지웅 스님의 뜻을 이어받아 원명선원을 참선 도량으로 확실히 자리매김하였다. 또한 포교 활동에도 적극적으로 나서서 1980년대 후반에 들어서면서는 제주 사회에서 여느 사찰 못지않은 교세를 자랑하게 되었다.

현재 원명선원은 재가자들을 위해 매주 참선 전문과정 선불장을 운영하고 있다. 이 선불장은 1976년 가을, 서암 스님을 모시고 시작한 참선 법회가 발전한 것이다. 일반인들에게도 참선의 필요성을 알리고 참선을 대중화 시키고자 하는 노력이 결실을 맺은 것이다. 이 선불장은 1976년부터 중고생에서부터 일반 재가자에 이르기까지 꾸준히 참선지도를 계속해온 결과, 지금은 제주도내에서 가장 튼실한 재가자 참선 도량으로 자리매김하고 있다.

그 밖에도 원명선원에서는 다양한 법회와 수련회의 개최, 그리고 선불장의 운영 등을 통해 수행 방법을 좀더 구체화하려는 노력을 현재에도 계속 진행 중에 있다. 1982년 설립되어 수많은 졸업생을 배출한 원명유치원도 이러한 원명 선원의 목표 아래 세워진 것이다. 어려서부터 부처님의 가르침과 인연을 맺고 세파에 흔들리지 않을 바른 안목을 지닌 인격체로 성장하여 현대사회의 든든한 동량이 되어주길 간절히 바라고 있다.

■원명사 훼불사건

1998년 제주 사회에서 그 유래를 찾아보기 힘든 훼불 사건이 이곳 원명선원에서 일어나면서 제주 불교계가 충격에 휩싸이는 일이 발생하였다.

1998년 6월 26일 새벽 1시30분 무렵, 제주시 도련 1동에 거주하던 이교도 김수진이 원명선원에 침입하여 대웅보전에 봉안된 삼존불 · 옥불 · 백의관음상 · 천불 등을 훼손시킨 사건이 바로 그것이다. 이때 대웅보전 천불단에 봉안된 높이 33㎝ 크기의 불상 750여 위가 목 부분이 두 동강으로 잘려 나갔다. 대웅보전 삼존불과 불단과 불구 등도 모두 피해를 입었다. 범인은 현장에서 경찰에 연행, 구속되었다. 조사 발표에 따르면 범인 김수진은 한 해 전부터 수차례 원명선원에 찾아와 고성으로 찬송가를 부르는 것은 물론 '부처는 하나님의 제자다. 절을 교회로 바꿔야 한다.' 며 선교 행위를 한 것으로 밝혀졌다.

원명선원은 당시 목이 잘려나간 750여 위의 불상을 목 부분을 붙인 채 그대로 천불단에 모셨다. 그리고 마루 아래로 내동댕이쳐져 가슴에 상처가 난 삼존불도 수리해서 다시 봉안하였다. 그러나 천불단에 모셔진 불상의 모습엔 당시 잘려 나갔던 흔적이 선명하다. 또한 가끔 두상과 몸체가 제짝이 아닌 것도 눈에 띄어 대웅보전 천불단에 참배하는 이들에게 호법 의지를 다짐하게 하는 계기가 되고 있다.

■성보문화재

• 대웅보전

대웅보전은 1989년 중창 불사 당시 중건된 법당이다. 건평 53평에 정면 5칸의 맞배지붕 형식을 하고 있다. 본존불로는 석가모니불을 모시고 있

대웅보전 삼존불

다. 좌우 협시로는 약사여래불과 아미타불을 봉안하였다. 1998년 6월 26일 이교도의 훼불 사건 당시 법당 마루 아래로 내던져져 가슴에 상처가 나 있던 그 삼존불이다. 수리해서 다시 봉안하고 있으며, 가슴의 상처가 가시고 모든 중생들이 악업의 굴레에서 벗어나기만을 기원하고 있다.

삼존불 뒤에는 천불단이 조성되어 있다. 이곳에 높이 33㎝ 크기의 화강암 천불이 봉안되어 있다. 1998년 6월 26일 훼불 사건 때는 750여 구의 불상이 모두 목이 잘리는 피해를 입었다. 현재 원명선원 천불단에는 당시 훼손된 불상의 목 부분을 붙여서 그대로 봉안하고 있다. 그때의 상흔은 물론, 가까이에서 자세히 들여다보면 두상과 몸체가 맞지 않는 불상들도 찾아볼 수 있어 호법의 중요성을 다시 한번 일깨워준다.

원명선원 대웅보전의 후불탱화와 신중탱화는 1978년 봉안된 것이다. 금어는 석정(石鼎) 스님이며 서옹 스님이 증명하였다.

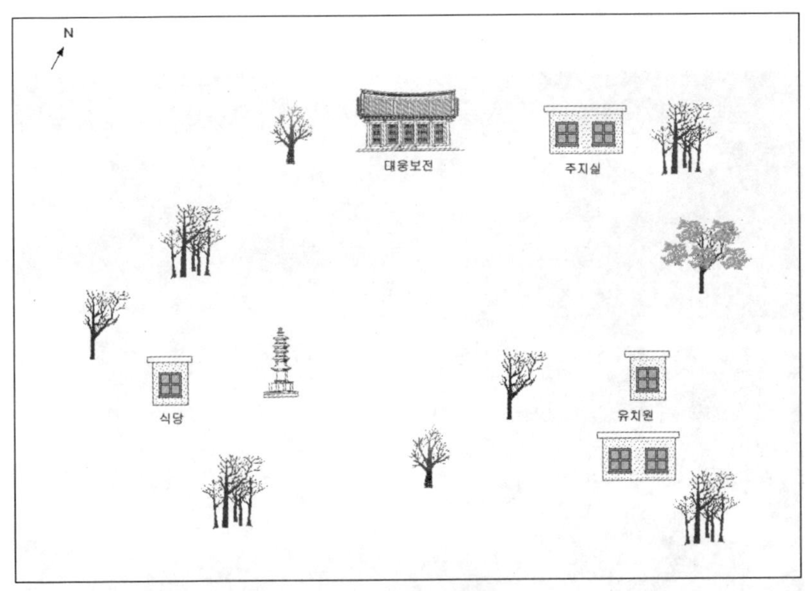

원명선원의 가람배치

용화사

■위치 및 연혁

제주시 용담동 용연 인근에는 속칭 절동산이 자리 잡고 있다. 이곳은 13세기 무렵에 창건된 고려시대의 사찰 해륜사(海輪寺)가 자리 잡고 있던 곳이다. 그러나 해륜사는 폐사되고 서자복미륵만이 오랜 세월 옛 터를 지키고 서 있었다. 이곳에 1939년 관음사 주지 오이화 스님이 옛 해륜사의 명맥을 잇겠다는 원력을 세웠다. 그리고 남아있던 복신미륵을 모시고 지금의 용화사(龍華寺) 전신인 해륜사를 창건하였다.

현재 해륜사지 일대는 거듭된 하천의 복개와 개발로 옛 모습은 전혀 찾아볼 수 없다. 그러나 병문천과 한천 사이 약 180m 내외의 해발 5m 지경 절동산에 자리 잡은 해륜사 앞으로는 수려한 경관을 자랑하는 용연 계곡이 도량 앞을 장엄하여 사찰로서의 훌륭한 입지 조건을 갖추었을 것으로 파악된다.

입지적으로 해륜사의 천연 연못이라 할만한 용연은 '용이 노니는 곳', '용의 사자가 드나드는 곳' 으로 민간에 구전되던 곳이다. 한라산 물줄기가 현재의 용담동 한천 하류 지역에 이르러 바닷물과 만나게 되는 아름다운 계곡이다. 8개의 바위벽이 병풍처럼 둘러 있고, 계곡 좌우 석벽 위로는 상록수림이 울창하게 들어서 있다. 특히 이곳은 상록수림의 초록빛이 석벽과 함께 잔잔한 수면에 비추었기 때문에 취병담(翠屏潭)이라고도 불렸었다.

또한 이곳에는 비를 몰고 오는 용이 살고 있어 기우제를 지내면 아무리 가물어도 어김없이 비가 내렸다는 전설이 전한다. 유난히 용에 관한 전설이 많이 전하는 이곳에서 200여m 떨어진 바닷가에는 막 승천하려는 용의 형상을 한 용두암도 자리 잡고 있다.

이처럼 제주의 옛 사찰들은 자연이 미리 마련해 놓은 천연 입지에 법당을 일으켜 도량을 장엄하였다. 때문에 세월의 흐름과 함께 사찰의 위상에 변화가 생기거나 주변 환경이 변화되면 완전히 제 모습을 잃는 일이 종종 발생하곤 하였다. 이와 같은 현상은 해륜사지에서도 마찬가지다. 현재 이곳에서 고려시대 사찰의 흔적을 발견하기란 매우 어렵다. 그러나 제주시 용담동 385번지 속칭 절동산 일대의 해륜사 절터에서는 와편 · 자기편 · 토기편들이 다수 출토되었다. 주변의 주택지에서 유구의 것으로 추정되는 기석과 기단 석편들도 발견되면서 옛 사찰의 면모를 미미하게나마 드러내고 있는 형편이다.

법당 내부

이 해륜사에 관해서 『신증동국여지승람』에는 '해륜사는 일명 서자복이라고도 한다. 제주 서쪽 독포구에 있다(海輪寺一名西資福在州西獨浦口).'는 기록이 있다. 이원진(李元鎭, 1594~?)의 『탐라지(耽羅志)』에도 '해륜사는 일명 서자복인데 대포구에 있다(海輪寺一名西資福在大浦口).' 라는 기록이 있다. 『신증동국여지승람』에 나타난 독포(獨浦)는 병문천에 있던 포구였다. 그리고 『탐라지』에 보이는 대포(大浦)는 예로부터 시인묵객들이 배를 띄우고 풍류를 즐겼다는 용연야범의 계곡, 곧 현재의 한천 입구에 자리한 포구를 말한다. 이 두 개의 기록은 병문천과 한천 사이 약 180m 일대에 해륜사가 자리 잡고 있었음을 증명해 주는 것이다.

이 해륜사는 조선시대에 들어오면서 관청에 의한 억불정책으로 쇠퇴를 거듭했다. 그러다가 1702년(숙종 28)에 제주 절제사로 부임했던 이형상 목사에 의해 훼철되었다. 이형상의 「남환박물(南宦博物)」에, "주성(州城) 동쪽에 만수사(萬壽寺)가 있고 서쪽에 해륜사(海輪寺)가 있어서 각각 불상은 있으나 상시 관리하는 사람이 없어서 마을 자체에서 한 사람을 정하여 돌보게 하고 또 4명절 때면 서로 모여서 예불(禮佛)할 따름이다. 나는 말하기를 점차 오래 둘 수 없으니 곧 두 사찰을 헐어서 공해로 옮겨 세우라 하였다."라고 되어 있다.

또한 이형상이 만든 『탐라순력도』 중 「건포배은」에는 1702년 12월 20일 이형상 목사의 선정에 대해 도민들이 감사의 표시로 임금께 절을 올리는 모습과 신당이 불타는 모습이 그려져 있다. 이에 대해 그의 행장(行狀)인 「병와선생이공행장」(1733)에는, "도민 700여 명이 건포에 모였는데 어찌 감히 공의 명령을 따르지 않겠냐면서 신당과 두 곳의 사찰을 불사르고 불상을 바다에 던졌다. 목사로 부임하여 불과 6개월여 만에 제주도의 신당 129개소를 불태우고, 해륜사와 만수사를 헐어 관가의 건물을 짓도록 했다."고 나타나 있다.

이와 같이 서슬 퍼런 이형상의 훼불에 제주불교는 한껏 위축되었다. 그리고 비슷한 처지에 놓인 무속(巫俗)과 습합되어 겨우 그 명맥을 유지해 갔다. 특히 불교와 신당(神堂)의 융합은 미륵당의 모습으로 표현되며 이 시기에 보다 밀접하게 혼합된다. 구원을 약속하는 불교의 미륵불이 민간의 신당으로 내려가 마을과 민중의 수호신으로 함께 존재하며 제주도민들의 아픔을 보다 가까이에서 어루만져주게 된 것이다.

현재 제주도민속자료 제1호로 지정되어 있는 해륜사 서자복미륵과 만수사 동자복미륵은 이러한 조선 후기 제주불교의 신앙형태를 잘 보여주고 있다. 고려시대 미륵불로 추정되고 있는 이 복신미륵들은 제주 시내를 중심으로 동서 방향에 각 1기씩 서로 마주보고 서 있다.

그 가운데 서쪽 용담동의 해륜사 터에 있는 것을 서자복, 동쪽 건입동의 만수사 터에 있는 것을 동자복이라 부른다. 해륜사 서자복미륵은 미륵의 남쪽으로 1939년 현재의 용화사가 창건되면서 사찰 경내에 수용되었다. 동자복미륵은 만수사가 폐사된 후 개인 주택 뒤뜰 7평 남짓한 공간에 흡수되었다.

이 두 미륵은 복신미륵, 돌미륵, 미륵부처, 자복미륵, 자복신 등으로 구전되며 제주의 대표적 미륵신앙의 상징으로 오랜 세월 경배의 대상이 되어왔다. 동서의 두 미륵 불상 모두 제주도 현무암으로 만들어졌다. 차양이 빙 둘러진 갓을 쓰고, 예복을 걸친 후, 두 손을 가슴에 가지런히 모은 모습이다. 이처럼 동자복 · 서자복 모두 다공질(多孔質)의 현무암 석질로 조성되어 있고 그 형상과 조각 수법 등이 동일한 점으로 미루어 같은 시기에 조성된 것으로 추정된다.

■성보문화재

• 서자복미륵

용화사 서자복미륵은 만수사터의 동자복미륵과 함께 1971년 8월 26일 제주도민속자료 제1호로 지정되었다. 옛 제주 성 바깥에 서서 동서를 지키며 성안을 보호하려는 의지를 표현하고 있는 불상이다. 이 미륵불상은 중

서자복 미륵

세 제주역사와 관련한 중요성뿐만 아니라 불교와 민간 신앙과의 습합을 규명할 수 있는 자료로서도 그 가치가 매우 높은 것으로 판명된다.

서자복미륵은 높이 273m, 둘레 315m의 크기로 하반신 일부가 생략된 채 66㎝ 높이의 기석(基石)에 받쳐져 있다. 이 미륵은 민간에서 명복신으로 숭배되어 왔으며 용왕신앙과 복합되어 해상 어업의 안전과 풍어, 출타 가족의 행운을 지켜 준다고 믿었다. 그러나 최근에 후대에 만들어 씌워놓은 것으로 보이는 서자복미륵의 갓이 그 무게로 인해 미륵불상의 균형을 깨뜨리면서 점차 훼손되는 상태에 놓이게 되었다. 또한 이 미륵불상은 그 역사적 중요성에도 불구하고 문화재가 아닌 민속자료로 지정되어 제대로 보호조차 받지 못하고 있는 실정이다. 이에 일각에서는 이러한 문제점을 인식하고 앞으로 이 미륵불상의 가치를 제대로 인정, 시급히 보완해 나갈 것을 촉구하고 있다.

한편 서자복미륵 바로 옆에 모셔진 동자미륵은 높이 70㎝, 둘레 100㎝

의 조그만 석불이다. 여기에 걸터앉아 치성을 드리면 아들을 얻는다는 생식신으로 알려졌다. 이 동자미륵은 본래 이곳에 있었던 것이 아니라 근처의 절왓(절터의 제주방언)이라 일컬어지는 곳에서 출토된 후 이곳으로 옮겨 놓은 것이다. 서자복미륵은 토속화된 상호를 보이고 있는 고려시대 유물로서 이마는 좁고 양쪽 볼이 넓은 것이 특징이다. 눈은 튀어나온 상태에서 타원으로 둘러져 있다. 작은 입에는 살짝 미소가 머금어져 있다. 이러한 얼굴 형태는 전라북도 익산 금마면 석불 등에서도 찾아볼 수 있다.

한편 불상의 두 손은 법의를 입은 가슴 위에 가지런히 놓여 있다. 통견으로 이루어진 법의는 목과 어깨 부분에서 하단부까지 앞이 터져 있으며, 문양은 표현되지 않았다. 그 밖에 머리에 씌워진 대패랭이 비슷한 둥근 갓은 제주도 돌하르방의 갓과 유사한데 이것은 조선 후기 이후에 새로 제작하여 덧붙인 것으로 추정된다.

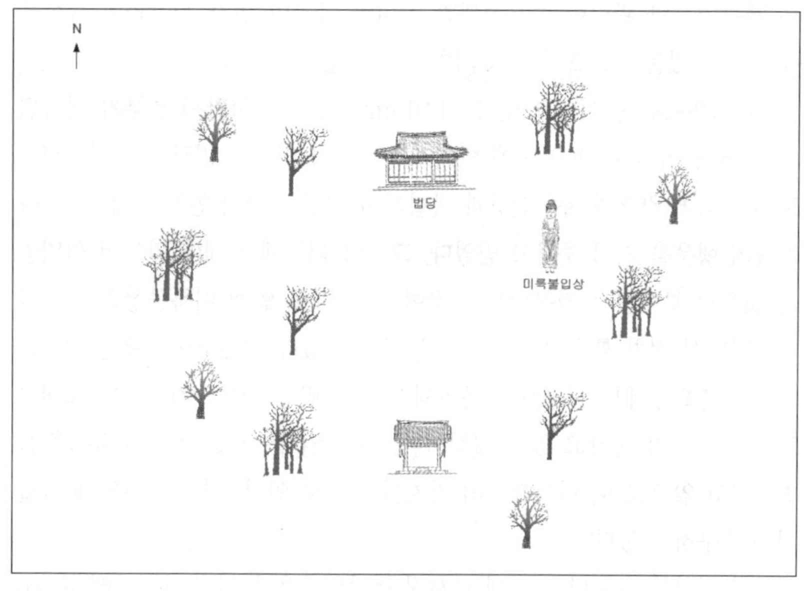

용화사의 가람배치

석굴암

■연혁

제주시 노형동 산20번지 한라산 금봉곡(金鳳谷)에 자리한 석굴암(石窟庵)은 한라산 어승생악과 아흔아홉 골짜기 사이 해발 700m 고지에 위치한 기도 도량이다. 천왕사 앞 분기점 남쪽으로 나 있는 좁다란 등산로를 따라 1.5㎞ 남짓한 산행의 수고로움을 마치면 탁 트인 골짜기의 품이 나타

석굴암 법당 전경

난다. 한라산이 수행자들을 위해 일부러 마련해 놓은 것인 양 깊고 아늑한 이곳에 천연 석굴에 의지하여 일어선 금봉곡 석굴암이 자리 잡고 있다.

현재 한국불교태고종 제주교구에 소속되어 있는데, 1945년 강동은 스님이 자연 석굴에 부처님을 모시고 기도 수행하면서부터 시작되었다. 석굴암은 창건 이후 비바람을 피하고 암자를 보호하기 위해 몇 차례 법당을 중수하였다. 그리고 1994년 무렵 30평 규모의 법당으로 또다시 중수하면서 현재에 이르고 있다. 이곳은 1948년 제주 4 · 3 사건 당시에는 인민유격대의 은신처로도 사용되었던 곳이다. 그러나 커다란 새의 둥지처럼 깊은 골짜기가 감싸 안은 이곳에 지금 과거의 소식은 들리지 않는다.

도량 주변에는 기암괴석들이 둘러싸고 있는 가운데, 높이 25m에 이르는 암벽에 '釋迦牟尼佛(석가모니불)'과 '南無十六大阿羅漢聖衆(나무십육대아라한성중)'이라는 글씨가 새겨져 있다. 이것은 창건주 강동은 스님이 창건 당시 새겨놓은 것이다.

• 성보문화재

법당 내부에는 본존불로 석가모니불이 봉안되어 있다. 16나한상, 동자

법당 석가여래좌상

상, 지장보살상 등도 함께 모셨다. 또한 칠성단, 신중단, 산신단, 지장단과 태고종의 종조인 태고 보우 국사를 모신 조사단도 함께 자리하고 있다.

석굴암의 가람배치

화천사

■위치 및 창건

한국불교태고종 제주교구 사찰인 화천사(華泉寺)는 제주시 회천동 2390번지에 위치한다. 이곳 회천동의 화천사 자리는 이 마을이 형성되기 훨씬 이전인 고려시대부터 사찰이 존재하던 곳이다. 이후 고려시대에 폐사되고 나서도 오석불(五石佛)을 조성하여 불법을 이어오며 절동산으로

대웅전

불려왔다. 그런데 이곳 절동산에 훗날 고씨와 양씨들이 새미물 근처로 이주해와 정착하게 되었다. 속칭 '새미 마을'이라 하는 회천동은 이렇게 형성된 것이다.

이처럼 예로부터 절동산으로 더 유명했던 이곳 화천사 일대에 근대에 들어 다시 사찰이 들어선 것은 1912년의 일이다. 마용기 스님이 오늘날 화천사의 전신인 만덕사(萬德寺)라는 사찰을 창건하면서 다시 한 번 오래된 불연(佛緣)을 이어가기 시작한 것이다. 창건 당시의 상황은 1973년 봄 화천사 주지 김운공 스님이 세운 「화천사창건기」에 잘 드러나 있다.

"대저 이 사찰은 자고로 석가세존을 숭배해 오던 곳으로 과거 수백 년 전부터 이곳에 존재하였다. 조선 연산군 당시 제주 목사에게 명령하여 소각한 후로 본동 인사들이 석불암을 창건하여 숭배하였다. 서기 1912년 임자년 봄에 마용기가 사찰을 창건하여 김보관 · 송재술 · 현갑생 등이 여러 해 동안 온 힘을 다하였으나 끝내 이루지 못하였다. 오고가는 사람들마다 안타까워하지 않은 이가 없었다. 하늘의 운세가 도래하여 충청도 출신 김운공 스님이 이곳에 오시어 채근배 · 고원석 · 김승은 · 고정란 · 김창윤 · 백임생 · 이무생 · 허언 · 이진언 · 김보덕 · 김생율 · 김순이 등과 상의하여 초라하거나 사치스럽지 않게 사찰을 창건하였다. 신도 일동이 이러한 이야기를 나에게 기록하기를 청하였다. 비록 짧은 글이지만 이곳에서 나고 자랐으니 부끄러운 죄를 피하지 않고 그 시작과 끝을 적는다. 이후 현명한 이가 아름다운 글로 잘 고치기를 바라노라."

현재 이 절동산 인근에서는 고려시대 것으로 보이는 기와 및 도자기 파편 등이 출토되면서 화천사 창건기의 기록을 뒷받침해 주고 있다. 그러나 고려시대에 어떤 사찰이 이곳에 존재하였는지에 대하여 기록으로 정확히 전해 내려오는 것은 찾아볼 수 없다. 다만 조선시대의 배불정책으로 제주

오석불상

불교가 법난을 겪을 때 함께 폐사된 것으로 추정된다.

위에 인용한 창건기에 보이는 것처럼 과거 수백 년 전부터 존재해 오던 이 절동산의 사찰이 불 타 없어지자 마을사람들은 사찰에 있던 다섯 구의 부처님을 다시 모시고자 하는 원력을 세우게 되었다. 그 결과 이곳 폐사지에 사람 모양의 자연석으로 다섯 구의 석불을 조성하여 모시게 된다. 그것이 바로 현재까지 전해 내려오는 오석불이다.

오석 여래불이라고도 불리는 이 오석불은 다섯 개의 석불과 그 부처님을 보좌하는 산신과 용신 등 모두 일곱 개의 자연 석불로 구성되어 있다. 오석불은 상반신의 좌상으로 형성되어 있는데 크기는 85㎝ 정도 된다. 산신상과 용왕상은 그보다는 작은 크기로 조성되어 있다. 이 석불들은 이곳에 치성을 드리면 그 효험으로 득남하게 된다는 속설 때문에 유명해졌고, 득남을 원하는 사람들의 기도처가 되었다.

이처럼 오석불을 품에 안고 민간의 기도처로 널리 알려진 이곳에 폐사 이후 다시 사찰이 들어선 것은 1912년 마용기 스님이 만덕사라는 사찰을 창건하면서부터다. 그러나 이 절의 창건으로 마을의 수맥이 끊어지고 말았다는 마을주민들의 동요가 있어 만덕사는 위기에 직면한다. 이에 송재술 스님 등이 사찰을 맡아 사세 확장을 위해 노력하였으나 여의치 않았다. 결국 만덕사는 인근의 원당사와 합쳐지면서 폐사되었고, 이곳엔 다시 석불단만 남게 되었다.

■연혁

현재의 화천사가 이곳에 다시 일어서게 된 것은 1968년 마곡사 출신 김운공 스님에 의해서다. 스님은 당시 석불단을 지키던 송도원성 화주와 함께 석불단 자리에 초막을 짓고 화천사라 명명하며 불법을 포교하기 시작하였다. 마을주민들로부터 마을 공터 약 280여 평의 땅을 시주받아 현재의 자리에 화천사를 일으키게 된 것이다. 이후 이 화천사는 회천동 마을주민들의 정신적 의지처가 되었다. 현재 오석불을 모신 화천사 경내에서는 해마다 불교식 마을제인 회천동 석불제가 행해지고 있다.

이 회천동 석불제는 매년 정월을 맞아 행해지는 연례행사가 되었다. 마을의 안녕을 기원하기 위해 열리는 마을 공동 의식인 것이다. 이 의식은 아이를 무사히 낳고 기르게 해달라는 기자(祈子) 신앙이 불교 의식과 융합된 후 결국 마을 공동체 신앙으로 발전한 독특한 양식을 보여준다. 의식을 거행하는 형식으로만 본다면 이 석불제는 분명 유교식 마을제라고 할 수 있다. 그러나 그 내용을 살펴보면 불교 의식임을 확실히 알 수 있다.

우선 이 의식에서는 기존의 다른 유교식 마을제에서와는 달리 육류를 철저히 금기시 한다. 오직 떡 · 과일 · 채소만으로 제물을 차리는 것이다. 또한 다른 지역 포제와는 달리 제를 지낼 때 석불에 가사와 송낙을 씌우고 백팔 염주를 목에 거는 것은 물론, 석불제의 신명(神名)을 석불열위지신(石佛列位之神)이라 명기하여 불교의식임을 분명히 하고 있다. 이때 이 마을 남성들은 불교 의식에 따라 이곳 석불단에서 마을제를 열어 득남과 무병장수를 기원한다. 마을 여성들은 따로 동회천 '새미하로산당'에 가서 농사의 풍요와 목축의 번성을 기원한다. '당'이라 함은 제주 고유의 토속신을 모시고 무속 의식을 거행하던 곳이다. 그 중 '새미하로산당'은 목축 수렵신인 '새미하로산또'라는 산신을 모신 곳을 말한다. 이것은 회천동이 고려시대부터 목축을 주업으로 하여 온 까닭에 오석불을 모신 석불단에도 수렵 목축신에 해당하는 '산신 미륵', 그리고 잠수 어업신인 '용왕 미륵'을 모시고 생업의 풍요를 기원하게 된 것이다.

또한 과거 제주도 전역에 전염병이 창궐하던 때에도 이 마을사람들만은 모두 무사할 수 있었는데, 이 역시 오석불의 힘이라 믿어 지금까지도 이 오석 미륵불에 대한 예경을 소홀히 하지 않고 있다.

이처럼 화천사의 석불 미륵은 외부로부터 들어오는 환난과 전염병을 막아주는 것은 물론, 정성을 다해 기도하면 무병(無病) · 포태(胞胎, 임신) · 득남(得男)의 효험을 볼 수 있다고 전해진다. 이런 점은 다른 지역의 미륵신앙과 크게 다르지 않은 일반적 특징이다. 그러나 이러한 민간신앙이 불교 신앙과 결합하여 마을 공동체 의식으로 발전한 점에서, 조선시대 배불정책 이후 불교의 신앙 형태가 어떻게 변화해 갔는지를 잘 보여주는 사례가 되고 있다. 그런 점에서 화천사 석불제는 잃어버린 제주불교의 역사를 찾아가는 험난한 여정에 중요한 시사점을 던져준다.

그 뒤 화천사는 1986년 복혜 스님이 주지로 취임하면서 새로운 계기를 마련하고 중창 불사에 나섰다. 1990년 대웅전 중창을 시작으로 1993년 요사, 1994년 종각, 범종, 산문, 대웅전 단청 등의 불사를 마무리하였고 현재 불법의 홍포에 전력을 다하고 있다.

■성보문화재

• 오석불

화천사 경내 뒤뜰에는 사람의 형상을 한 7개의 자연석으로 오석 미륵불

오석불(1)

오석불(2)

오석불(3)

오석불(4)

오석불(5)

을 조성하여 놓은 석불단이 있다. 오석불(五石佛) 혹은 오석 미륵불이라 불리는 5개의 석불과 산신, 용신을 상징하는 2개의 자연석이 그것이다. 예로부터 이곳에 치성을 드리면 여러 가지 영험이 있다고 하여 많은 이들이 기도처로 찾는 곳이다.

이 석불단은 그 형태로 보아서는 북제주군 구좌읍 김녕리에 위치한 남당의 해신미륵과 비슷하다. 석불이 조성된 위치로 보면 제주시 이도동 우여천 미륵당의 새미 물할망 수신 미륵처럼 샘물가에 위치해 있다. 동회천 마을에서는 해마다 정월이면 이곳 석불단의 오석불 앞에서 마을제를 지낸다.

• **대웅전**

화천사 대웅전은 건평 38평의 콘크리트 건물로 1990년에 완공되었다. 대웅전의 본존불로는 아미타불이 모셔져 있다. 좌보처로 관세음보살, 우보처로 대세지보살을 봉안하였다.

화천사의 가람배치

고관사

■위치 및 자연환경

고관사(古觀寺)는 제주시 조천읍 조천리 2238번지에 자리한 대한불교조계종 제23교구 본사 관음사의 말사다.

조천리(朝天里)는 하늘이 처음 열리는 곳이라는 뜻을 지녔는데, 제주시에서 동쪽으로 12㎞ 쯤에 위치한 해안마을이다. 교통수단이라고는 바닷길

고관사 내경

밖에 없었던 과거, 이 조천은 별도포와 더불어 제주성에서 가장 가까운 포구였다. 그런 까닭에 관리들이 부임하거나 이임할 때는 물론, 조정에 진상품을 바치는 등 모든 중요한 왕래가 이곳에서 이루어졌다.

현재 제주도유형문화재 제3호로 지정되어 있는 조천포구의 연북정(戀北亭) 중창기에 이 지역의 중요성에 대하여 얘기한 말이 보인다.

"조천관(朝天館)은 바다 어귀에 있는데, 육지에 나가는 사람들이 순풍을 기다리는 곳이다. 조천이라 이름을 지은 것도 이 때문이다. 절제사 이옥이 부임한 다음 해 경인년에 막부(幕府)의 제공(諸公)과 협의하고 아전(衙前)과 주민에게, '조천에 관(館)을 둔 것은 실로 도적들이 다니는 길목의 요충이며 왕명을 받는 곳이기 때문인데, 이같이 성이 좁고 건물이 노후할 수 있겠는가. 어찌 농사짓는 틈틈이 개축하여 웅장하고 화려하게 하지 않겠는가?' 하니, 모두가 옳다고 하였다."

이러한 사정으로 조천 마을은 제주도의 다른 곳들보다 우선적으로 육지의 새로운 문물과 다양한 문화 사조들을 접할 수 있었다. 또한 이러한 환경적 요소들은 마을의 성향에도 큰 영향을 끼쳤다. 이 마을 인사들은 1910년대에는 독립 투쟁의 인맥을 형성하여 항일 운동을 주도하였다. 1920년대에는 민족해방 투쟁의 본산이라 할 만큼 수많은 인사를 배출하며 역사의 최전선에 등장하였다. 뿐만 아니라 해방 후에도 제주도 인민위원회와 남로당의 핵심 인물들이 이 마을에서 속속 등장하는 등, 격동하는 역사의 전면에 나서 활발한 노정을 펼치고 있었다. 그러나 산이 높아 계곡이 깊은 것처럼 뜻이 높았던 만큼 아픔도 클 수밖에 없었다.

오늘날 이곳 조천에 들어선 고관사와 불사리탑사는 바로 그러한 조천 마을의 기저에 깔린 모든 아픔을 해원하고 부처님의 평화사상 아래 한 마음이 되기를 발원하는 이들의 귀의처로 탄생하였다.

■연혁

『신증동국여지승람』과 『탐라지』 등에는 '관음사는 조천 포구 위에 있다(觀音寺在朝天浦上).' 고 하여 고려시대에 창건되어 조선시대까지 존속했던 조천의 관음사에 대한 기록이 남아있다. 이 조천 관음사는 조천 포구 근방에 있었던 용천수, 속칭 '정중당물' 의 동쪽에 위치해 있었다. 그러나 지금은 정중당물도 매립되었고 사찰 터도 운동장으로 바뀌어 그 흔적을 찾아보기가 어렵다. 이곳에서는 1980년대까지만 해도 밭을 경작할 때 가끔 깎은 돌들이 출토되었다. 또한 최근까지도 다량의 기와, 도자기, 질그릇 조각들이 산포되어 있음이 확인되었다. 그러나 옛 터는 모두 훼손되고 이제는 기록으로만 알 수 있을 따름이다.

고관사(古觀寺)라는 이름은 글자 그대로 '옛 관음사' 라는 뜻으로, 바로 이 고려 중기에 창건되어 조선 중기까지 존속했던 옛 조천 관음사의 명맥을 이으며 창건된 사찰이다.

지금의 고관사 자리는 『탐라지』에 기록된 관음사 터에서 그리 멀지 않은 곳에 있다. 1927년 화주(化主) 고계부 · 강정완이 기와로 된 개인 주택을 매입하여 전라남도 순천 선암사(仙庵寺)의 제주포교소로 창건하였다. 그리고 1930년에는 고자선이 선암사에 가서 목조 아미타불좌상을 이운하여 사찰의 기반을 다졌다.

1936년 10월 북제주군 하도리의 금붕사(金鵬寺)에서 시작된 법화산림의 일환으로 전도(傳道) 순회법회가 도내 곳곳의 사찰에서 개최되었다. 이때 고관사에서는 10월 15일부터 21일까지 일곱 차례의 강연을 주최하며 적극적으로 포교에 나섰다. 이 강연의 취지는 미신을 타파하고 불교의 근본정신을 되살리자는 것이었는데 마을주민들의 열렬한 호응 아래 성대하게 치러졌다. 이후 고관사는 신도수가 증가함에 따라 1938년에는 마을 재가자들과 함께 지장계를 조직하는 등 활발한 불교 활동의 중심지로 거듭나게 되었다.

그러나 일찍이 독립 투쟁의 인맥을 형성해 오면서 1919년 3월 21일 조천 만세운동을 일으키는 등 역사의식이 남달랐던 조천리에서는 1920년대에 들어와서도 민족해방 투쟁의 본산이라 할 만큼 수많은 인사들이 배출되며 일제에 대한 저항운동이 계속 펼쳐졌다. 이러한 마을 정서는 해방 후에도 계속되었다. 제주도 인민위원회나 남로당을 주도한 인물들이 이곳에서 태어나 활동하면서 정부의 지속적 감시 하에 놓일 수밖에 없었던 것이다. 또한 제주 4·3사건 발발 직전인 1948년 3월 4일에 조천 중학원 2학년 학생이 사상이 불온하다는 이유로 조천지서에 연행되었다가 이틀 만에 시신으로 돌아와 조천리 주민들을 자극하는 사건이 벌어졌다. 이러한 일련의 사건과 오랜 세월 형성된 이 지역의 정서는 제주 4·3 사건 발발 이후 곧바로 마을의 피해로 이어졌다. 조천면 대부분의 마을들이 무장대의 영향권 하에 놓이게 되면서 토벌대의 유혈 진압이 이 일대에서 연일 자행되었다. 결국 조천 마을은 제주도 12개 읍면 중에 가장 큰 인명 피해를 내

고관사 지장전

게 되었다. 더욱이 1948년 10월부터 산발적으로 진행되던 토벌대의 초토화 작전이 11월에 들어 본격화되면서 이 마을의 분위기는 더욱 흉흉해졌다. 그리고 마침내 1948년 11월 4일과 11월 11일에는 무장대가 조천 면사무소와 조천 지서를 공격하여 그 중 면사무소를 불태우는 사건이 발생하게 되었다.

당시 고관사에는 화주 고계부와 강정완 보살이 머물고 있었다. 그런데 면사무소가 무장대에 의해 소각 당하자 면장이 총을 들이대며 고관사로 난입하여 사찰을 강제로 매각할 것을 협박하였다. 이에 고관사 화주들은 절을 매각 당하여 사찰을 비울 수밖에 없었다. 그리고 인근의 개인 주택을 매입하여 불상 등을 이전하고 피난생활에 들어가야만 했다. 이후 1968년에 들어서면서 고관사를 다시 되찾을 수 있었으나 절은 이미 사찰로서의 면모를 모두 잃어버린 상태였다.

고관사가 본격적인 중창 불사를 시작한 것은 1980년대에 들어서다. 대부분의 탱화는 훼손이 심하여 소각되었다. 건물도 모두 헐어 내었다. 또한 창건 당시 모셨던 아미타불상 대신에 석가불상을 주불로 하여 새롭게 단장하였다. 이 중창불사 도중 아미타불 복장에서 부처님 진신 사리와 오색 명주실, 옷 등이 발견되었다.

현재 대웅전은 1999년 옛 요사를 헐어 다시 세운 것이다. 옛 대웅전은 지장전으로 바뀐 후 석조 지장보살상을 봉안해 놓고 있다. 당시의 유물로는 창건 당시의 아미타불상과 1940년 조성된 독성탱이 남아있다.

■성보문화재

• 대웅보전

대웅보전은 1999년에 지은 2층 구조의 건물이다. 당시 도림 스님이 이웃의 민가 80여 평을 매입하여 그 터에 새로 지은 것이다.

1층은 주지실을 비롯한 요사로 쓰이고 있다. 대웅보전은 2층에 자리 잡고 있다. 현재 이곳에는 석가불과 아미타불 · 약사불이 봉안되어 있다. 석가불상은 장혜운 스님이 조성했으며 아미타불상은 폐불을 복원한 것이고, 약사불상은 도림 스님이 조성했다.

탱화로는 1978년에 조성한 후불탱을 비롯하여 신중탱과 독성탱이 있다. 독성탱은 1940년에 조성한 것으로 크기는 세로 143.7㎝, 가로 77.8㎝다.

• 지장전

고관사의 옛 대웅전 건물이다. 126.93㎡의 석조 건물로 1975년에 지었다. 1999년 현재의 대웅보전이 지어지면서 석조 지장보살상을 봉안하여 지장전으로 바뀌었다.

안에는 도림 스님이 강원도 철원의 심원사 지장보살상과 똑같이 조성한 석조 지장보살좌상을 비롯하여 후불탱 · 칠성탱 · 신중탱 · 독성탱 · 산신

대웅보전 아미타삼존불상

탱, 그리고 범종이 있다. 이 가운데 범종은 일제강점기에 조성한 것으로 보인다.

• 요사

고관사 옛 요사 건물은 대웅보전 맞은편에 자리 잡고 있는데 1976년에 지은 석조 건물이다. 장혜운 스님이 민가 3채를 매입하여 그 자리에 세운 것이다. 당시만 해도 마당 한가운데로 국도가 나 있었는데, 도림 스님이 불하받아 고관사 소유로 이관하였다.

• 아미타불좌상

대웅보전에 봉안된 목조 아미타불좌상으로 조선시대 작품으로 추정된다. 앉은 높이 65.5㎝, 어깨 너비 26㎝의 기품 있고 선미(禪味)가 그윽한 아름다운 좌상이다.

고관사 창건 이후인 1930년 고자선 씨가 선암사에서 모시고 와 봉안한 불상으로 주불로 모셔져 있었다. 1999년 대웅보전이 신축되면서 석가불의 협시불로 봉안되었다. 1980년대의 중창불사 과정에서는 이 불상의 복장에서 부처님 진신사리와 오색 명주실, 옷 등이 발견되었다.

이 아미타불좌상은 1980년에 폐불되어 창고에 방치되었는데, 그 뒤 4년 동안 스님들이 살지 않아 절이 비었기 때문이다. 그런데 이 불상이 복원되고 이어서 복장(腹藏) 등이 발견된 경위는 이렇다. 1982년 도림 스님이 주지로 부임하여 천일기도를 드리던 도중 선몽을 받아 이 불상을 원형대로 복원 불사를 추진하였다. 이 때 복장에서 고려시대의 『법화경』 4권, 『장수멸죄경』, 티베트의 다라니경전과 석가여래의 치아사리 및 정골사리가 발견되었다. 이에 문화재관리국의 조사와 고증을 거쳐 일반에 공개되기도 하였다. 이 때 발견된 모든 성보는 도림 스님이 전 대중이 참석한 가운데 법당에서 후임 주지에게 목록을 작성하여 확인 뒤에 인수인계하였다고 한다. 그러나 현재는 이 복장물의 향방이 확인되지 않고 있어 아쉬움을 남기고 있다.

고관사의 가람배치

극락사

■위치 및 연혁

극락사(極樂寺)는 제주시 애월읍 상귀리 786번지에 위치한 한국불교태고종 제주교구 사찰이다.

삼별초의 항몽 유적지인 애월읍 고성리 항파두리 길목 서쪽에 위치해 있다.

극락사 내경

그러나 본래의 극락사는 현재의 위치가 아닌 애월읍 금덕리 1919번지의 극락봉 자락에 위치해 있었다. 극락봉은 북제주군 애월읍 유수암리와 고성리 사이에 있는 오름이다. 이 극락봉의 극락사 일대는 고려시대에 창건된 것으로 추정되는 사찰 유적들이 산재해 있어 고려시대 청자편, 분청사기편, 조선시대 백자편 등이 발굴되고 있는 곳이다.

극락사는 폐사되어 오랜 세월 아무도 찾지 않던 이 극락봉 절터에 근대 제주불교의 중흥기를 맞아 1928년 변덕립 스님에 의해 창건되었다. 창건 이듬해인 1929년 9월 15일에는 위봉사 제주도 포교소로 인가를 받았다. 이후 이 극락사는 30평 규모의 대웅전을 기와로 개축하는 불사를 시작으로 적극적인 사찰 증축에 나선다. 특히 법당을 향해 예불을 볼 수 있게 조성된 독특한 형태의 요사는 불자들이 수도 정진에 전념할 수 있는 환경을 마련함으로써 신도들로부터 많은 호응을 받았다. 이에 힘입어 1944년에는 팔작 기와지붕의 법당을 새로이 증축하며 인근 지역에까지 교세를 확장시켜 나갔다. 그러나 1948년 4·3 사건이 발발하면서 이 모든 것은 한순간에 물거품이 되고 만다.

1948년 5월 10일 남한정부의 단독 선거일이 가까워오면서 전국은 한 치

해탈문

대웅전 석가여래 좌상

앞을 내다볼 수 없는 혼란 속으로 빠져 들어가고 있었다. 특히 제주에서는 '단독 선거 반대 · 단독 정부 반대' 가 1948년 4월 3일 무장봉기를 일으킨 무장대의 주요 슬로건 중의 하나였다. 때문에 미군정과 이승만 정권은 어떻게 해서든 제주 사태를 조기에 진압해 5 · 10선거를 무사히 치르고자 하였다. 그러나 제주도에서의 최종선거인 등록률은 64.9%였다. 전국 평균 91.7%에 훨씬 못 미치는 전국 최하위를 기록한 것이다.

5 · 10선거 당일, 텅 비어버린 마을을 보다 못해 미군이 직접 나서고, 각 마을마다 무더기 대리투표로 사태를 막아보려고 하였으나, 이미 대세는 돌이킬 수 없이 기울어져 있었다. 그 결과 북제주군의 투표상황은 갑구, 을구 모두 과반수 미달로 무효 처리되었다. 그리고 제주도는 5 · 10선거를 거부한 남한의 유일한 지역으로 역사에 남게 되었다.

미군정과 당시 정부의 정당성에 치명적인 타격을 입힌 이 사건 이후 정부의 토벌 작전 때 주민들의 피신처로 이용되었던 극락사가 토벌대의 표

대웅전

적이 된 것은 예정된 수순이었다. 토벌대는 5 · 10 단선 때의 일을 빌미 삼아 중산간 마을을 소개하기에 앞서, 극락사의 모든 건물을 불태워 없앴다. 그리고 주민들을 보호하는데 앞장섰던 스님들과, 선거를 거부하고 극락사로 피신했던 마을 주민들 역시 1948년 10월부터 대거 희생당했다.

4 · 3사건이 끝나고, 6 · 25전쟁 또한 휴전 상황을 맞이하였으나 극락사는 다시 복원시키기엔 도저히 돌이킬 수 없는 처참한 몰골로 남아있었다. 이에 1953년 유수암리에 임시 법당을 세워 명맥을 유지하였다. 그러나 극락사는 결국 옛 터로 되돌아가지 못했다. 이에 1957년 현재의 위치에 600평의 대지를 매입하여 극락사 현판을 걸게 되었다.

이후 극락사는 계속해서 사세 확장을 위해 노력한 결과, 1965년에는 2,000평 대지를 확보하여 다음해 대웅전 3차 중창에 들어갈 수 있었다. 연이어 삼성각, 천왕문, 요사 등도 신축되었다. 현재 극락사의 대웅전과 사천왕문 등은 1991년 4차 중창 당시 완공된 것이다. 극락사는 이후에도 몇 차례 증개축을 통해 극락전, 원통전, 신행당, 종각, 세존보탑 등을 조성하며 옛 명성을 되찾고 있다.

■대웅전

극락사 대웅전은 앞 5칸 옆 3칸의 팔작지붕으로 건평 95평의 콘크리트 건물이다. 1991년 월명 스님에 의해 중수되었다. 대웅전 상단에는 석가모니불과 후불탱화가 봉안되어 있다. 우측에는 신장탱화와 4개의 지옥도, 좌측에는 지장보살도와 4개의 벽면 지옥도가 모셔져 있다. 대웅전 현판과 주련은 소암 현중화의 글이다.

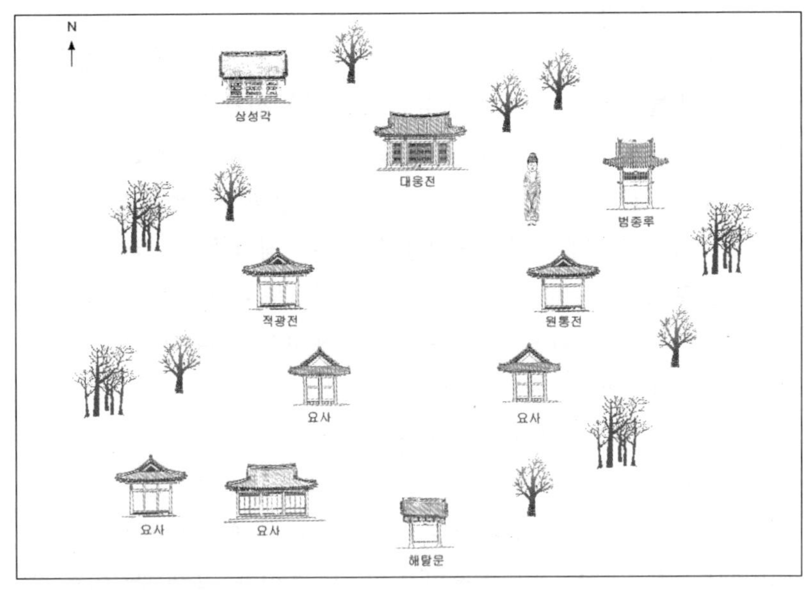

극락사의 가람배치

금강사

■위치 및 자연환경

금강사(金剛寺)는 제주시 한림읍 옹포리 4번지에 자리한 한국불교태고종 사찰이다.

제주 서부지역의 중심지 북제주군 한림은 제주시에서 서쪽으로 약 29.7㎞ 지점에 위치한다. 동쪽으로 멀리 한라산이 솟아있고 남쪽으로 오름과

금강사 내경

숲이 둘러싸 산세가 수려한 곳이다. 1002년에 서북쪽 1.8㎞ 해상에서 화산의 폭발과 함께 바다에서 분출한 비양도가 점안(點眼)하여 오늘의 한림을 이루었다. 이 한림 지역은 본래 숲이 많다는 뜻에서 다림동(多林洞)이라는 지명으로 불렸다. 이후 많은 선비를 배출하였다 하여 한수풀 즉 한림(翰林)으로 불리게 되었다.

지명에서도 알 수 있듯이 이곳은 학문을 숭상하던 서부지역 교육의 중심지였다. 이 한림 지역이 이렇게 교육문화의 중심지로 알려지게 된 것은 조선시대인 1545년(인종 1) 목사 박형수가 명월성 서쪽에 월계정사(月桂精舍)를 건립하여 학풍을 크게 진작시킨 데서 유래한다. 이 월계정사는 동학(東學)인 김녕 포구 위의 김녕정사(金寧精舍)와 동서상응의 주요교육기관으로, 서학(西學)이라 불렸다. 또한 1831년(순조 31)에는 구좌읍 세화리의 좌학당과 함께 지방자제 교육기관인 우학당을 한림읍 명월리에 건립하여 이 지역사람들에게 반촌(班村)이라는 자긍심을 심어주는 계기가 되었다.

또한 이 한림 지역은 고려시대의 사찰 월계사(月溪寺)가 자리하고 있어 월계도량으로 불리던 곳이라 금강사와의 관련성도 주목된다. 월계사에 대해서는 『신증동국여지승람』에 '독포의 동남쪽에 있다(在獨浦東南).' 고 기록되어 있고, 『탐라지』에도 '옹포 동남쪽에 있었는데 지금은 폐사되었다(在瓮浦東南今廢).' 고 기록되어 있다. 또 『신보탐라지(新補耽羅志)』에는 '한림읍 옹포리 동안(東岸)에 있었는데 지금은 폐사되었다.' 고 되어 있다. 이렇게 조선시대의 여러 문헌에 월계사가 독포(獨浦) 혹은 옹포(瓮浦)의 동남쪽에 위치하고 있다고 하여 기록의 오차를 보이는 것은 이곳의 지명변화에 따른 것이다. 본래 한림읍의 옹포 지역은 하나뿐인 포구라는 뜻에서 '독개' 라 불리던 곳이다. 이후 서기 1609년(광해군 1) 제주 판관 김치가 방리제를 실시하면서 독포리(獨浦里)라 불리게 되었다. 그리고 1901년 이곳의 지형이 항아리와 같다는 뜻에서 옹포리(瓮浦里)로 개명되어 오늘에 이르게 된 것이다.

오늘날의 금강사와 황룡사, 그리고 옹포포교당을 감싸 흐르는 옹포천의 옛 이름은 월계천(月溪川)이었으며, 이 부근에서 불건터 · 중밭 · 배중밭 · 돌탑 등 옛 사찰의 흔적을 알 수 있는 지명이 곳곳에 남아있다.

■ 연혁

금강사가 자리한 지역은 한라산의 정맥이 서쪽으로 흘러와 절의 뒤편에 이르고 옹포천의 맑은 물이 유유히 감싸 흐르고 있어 풍수적으로 배산임수의 요지에 위치하고 있다. 앞서 보았듯이 금강사는 『신증동국여지승람』 · 『탐라지』 · 『신보탐라지』 등에 나타나는 고려사찰 월계사의 명맥을 잇고자 창건된 사찰로, 초창기 사명은 월계사였다.

금강사의 전신인 월계사는 1934년 9월 한림면 한림리 1152번지에서 시작되었다. 이학암 스님과 채수삼 화주 등의 신도들이 초막을 짓고 한림포교소로 창건한 것이다. 이후 1936년 6월 사찰 건축을 시작하여 10월 초순에 완공하였다. 10월 15일에는 낙성식 및 봉불식을 가졌다. 창건주 이학암 스님은 문학연 · 이성봉 · 최청산 · 김신산 스님 등과 함께 1930년대 중반기에 왕성한 포교활동을 펼쳤던 분이다.

이 한림포교소에 1939년 1월, 금강산 표훈사(表訓寺) 중향강원(衆香講院)의 강주였던 이세진 스님이 포교사로 부임하면서 사찰의 위상에 변화가 생기기 시작하였다. 이세진 스님은 같은 해 4월 8일 현재의 한림면 옹포리 9번지로 한림포교소를 이전했다. 그리고 절이름을 월계사라 칭하였다. 새롭게 중창된 한림포교소 월계사는 1,300평의 부지에 목조 기와지붕으로 된 대웅전과 객실 · 요사 등을 갖추고 있었다. 24평 규모의 대웅전에는 전라남도 장성 백양사(白羊寺)에서 이운해 온 석가여래불상을 주불로 모시고 칠성탱 · 신중탱 · 독성탱 · 산신탱 등을 조성하여 놓았다.

이세진 스님은 근대 제주불교를 대표하는 승려 중 한 분으로 제주승가교육의 출범과 1940년대 선농(禪農)불교운동을 이끌었던 스님이다. 스님은 월계사 부임 후 1939년 4월 제주불교 통일운동이라 일컬어지는 제주불교 연맹에서 교육부장직을 지냈다. 그리고 관음사 포교당인 대각사(大覺寺)에서 제주강원을 출범시키고 강주로 활동하였다. 또한 1940년 초에는 월계사를 떠나 제주시 도평동에 서관음사(西觀音寺)를 창건하였다. 스님은 이곳에 기와공장을 세우고 승가의 자주적인 경제체제를 통해 외부 세력에 흔들리지 않는 강원을 설립할 계획을 추진하는 등, 혁신적 불교개혁운동에 앞장섰다. 그러나 이세진 스님은 1948년 4 · 3 사건 당시 무장유격대의 수뇌부로 활동하다가 1949년 토벌대에 의해 체포되어 수장 당한다.

월계사는 이후 1949년 유상열 스님이 주지로 취임하여 사찰을 유지하였다. 오늘날의 금강사가 시작된 것은 1952년의 일이다. 양법종 스님이 절이름을 금강사로 바꾸고 새로운 전기를 마련한 것이다. 금강사는 1961년 요사 개축, 1965년 범종과 종각 건립, 1965년 불상 및 보살상 봉안, 1973년 대웅전 개축, 1976년 칠성각 준공 등 여러 불사를 통해 오늘날과 같은 도량의 풍모를 갖추었다.

대웅전

■성보문화재

• 대웅전

대웅전은 앞 5칸, 옆 3칸에 50평 규모의 철근 콘크리트 건물이다. 1974년 중수되었다.

안에는 석가여래상과 문수·보현 보살의 삼존상을 봉안하고 있다. 또 지장보살좌상도 있다. 그 밖에 후불탱화를 비롯하여 지장탱·감로탱·신중탱 등이 있는데, 모두 현재의 주지 진공(眞空) 스님이 그렸다.

• 삼성각

삼성각은 1976년 중수한 철근 콘크리트 건물이다. 대웅전 뒤편에 위치해 있다. 삼성각 내부에는 칠성여래, 일월광보살, 칠원성군, 산신, 독성 등의 성상이 모셔져 있다. 칠성탱화, 산신탱화, 독성탱화 등도 함께 봉안되어 있다. 삼성각 옥상에는 4평 규모의 종각이 자리하고 있다.

목조석가여래좌상

• **목조 석가여래좌상**

1661년(현종 2) 전라남도 장성 백양사의 약사암(藥師庵)에서 봉안되었던 불상으로, 어느 때인가 제주로 이운된 뒤 이형상 목사의 사찰혁파 당시 민가로 옮겨졌다가 다시 이곳으로 모셔진 것으로 전한다. 소불(小佛)이지만 17세기의 양식을 잘 갖추고 있는 우수한 작품이다. 후령통(候鈴筒)과 비단조각 등 복장물(腹藏物) 일부와 조성기(造成記)가 전하고 있어서 미술사 자료로서의 가치도 높다.

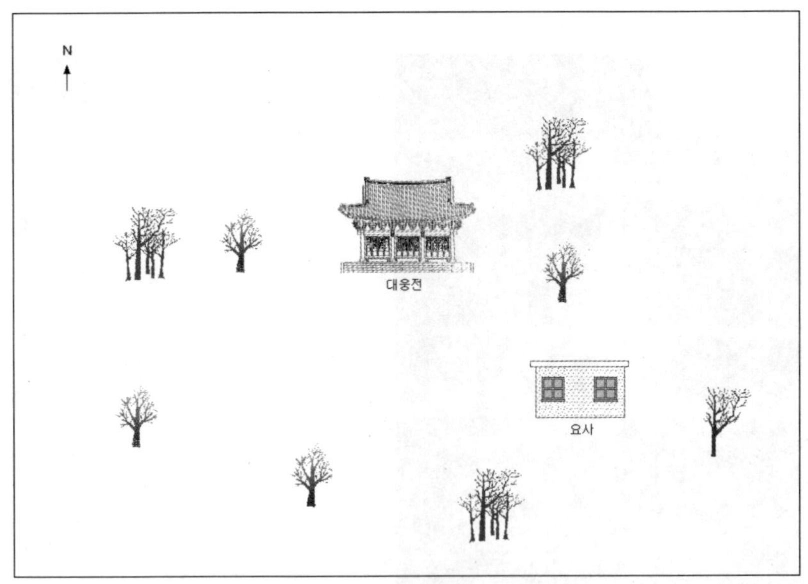

금강사의 가람배치

금붕사

■위치 및 연혁

금붕사(金鵬寺)는 제주시 구좌읍 하도리 995번지에 자리하는 한국불교 태고종 사찰이다.

북제주군 구좌 지역의 해안도로에는 여름이면 연보라빛 수국이 수평선처럼 해안에 걸려 환희로움을 느끼게 하고, 겨울이면 북쪽에서 찾아온 철

금붕사 전경

새들이 동안거에 들어 그들만의 선방을 꾸려내는 모습을 멀리서 지켜볼 수 있다.

금붕사는 철새도래지로 이름난 이곳에 자리 잡고 있다. 금붕사 일대는 고려시대 사찰인 돈수암(頓水庵)이 있었던 곳이다. 이원진의 『탐라지』에는 '돈수암은 제주 동쪽 80리에 있다(頓水庵在州東八十里).' 고 되어 있다. 또한 100여 년 전에 만들어진 김해김씨의 문중 문서에도 이곳에 김봉이사(金奉伊寺)라는 사찰이 있었다고 전한다. 현재 이 사찰들이 언제 창건되었으며, 또 언제 없어졌는지에 대한 기록이 전하지 않아 그 자세한 내용을 알 수는 없다. 다만 먼 옛날부터 이곳 하도리와 인근 마을사람들은 이곳에서 솟는 샘물을 절물이라 하여 무척이나 신성시 여겼다. 그래서 제사나 고사를 지낼 때는 반드시 이곳의 물만을 길어다 사용해 왔다고 한다.

이곳에 현재의 금붕사가 창건된 것은 1926년 10월 12일의 일이다. 화주 김대승각 스님과 도감 이성봉 스님이 초가 25평의 법당을 세우면서 창건하였다. 1928년 3월 4일에는 일제의 사찰정책에 따라 화엄사 제주포교소로 설치 허가를 받았다.

1932년 무렵 금붕사에서는 1년 남짓한 기간 동안 최청산 스님을 강사로 모시고 승려 교육을 실시하였다. 이 승려 교육에는 관음사 · 백련사 · 월성사 · 법화사 등의 학인들이 함께 하였다. 이때 금붕사의 이성봉 스님은 제주불교의 절실한 당면 과제는 민간신앙과 융화되어 변색되어 버린 제주불교의 제 모습을 찾는 일이라고 판단하였다. 그 결과 1937년 10월 1일부터 11월 21일까지 51일 동안 법화산림 대작불사를 마련하며 정법을 일으켜 세우기 위한 대대적 포교활동에 나서게 된다. 이에 관한 내용은 1937년 3월 1일자 『불교시보』의 다음과 같은 기사에서 살펴볼 수 있다.

"화엄사 재적 이성봉사는 고 자기 모친 천도를 위하여 법화경 20여 부를 인출하여 제주 전도 각 대본산 중요 포교소에다 배포하고 음력 10월 1일

설교사 문학연 최청산 김신산 이학암 제씨를 초대하여 각 장소를 순열하는 바 이 기회를 이용하여 제주 재래불교라는 것이 근본정신을 위배하고 민중에게 문복(問卜), 점술, 팔양경(八陽經), 옥우경(玉優經) 등으로 종지를 삼아오던 패종 미신을 타파하고 근본정신을 주입하여 교단체의 오손(汚損)된 것을 부활키 위하여 각처 다수 신도를 집회하고 이글을 쓴 제씨는 열렬한 대작불사를 순서에 따라 진행하였다고 한다.

대본산 대흥사 원당포교소 제1회 음력 10월 1일부터 10월 7일까지
대본산 백양사 원당포교소 제2회 10월 8일부터 10월14일까지
대본산 선암사 조천포교소 제3회 10월 15일부터 10월 21일까지

금봉사 내경

대본산 법주사 포교소 제4회 10월 22일부터 10월 28일까지
대본산 백양사 함덕포교소 제5회 10월 29일부터 11월 1일까지
대본산 대흥사 고산포교소 제6회 11월 5일부터 11월 11일까지
대본산 백양사 한림포교소 제7회 11월 15일부터 11월 21일까지”

이처럼 금붕사에서는 제주 민중의 의식을 전환시켜 생활 속에서 정법을 구현하고자 다방면의 노력을 기울였다. 그리고 그 포교활동의 일환으로 1938년 4월에 불교 예법에 따른 혼례식을 거행하였다. 이 혼례식은 제주 지역사회에 많은 화제를 뿌렸다. 또한 같은 해 4월 16일에는 법당 신축공사에 착수하였다. 그리고 5월에 38평의 법당을 완성하여 이듬해 1939년에 낙성식을 거행하였다. 이 낙성식에서는 신도 300여 명이 운집한 가운데 화엄사 전 주지 정병헌 스님의 무진법회가 열렸다.

1945년 해방을 맞이함과 동시에 제주불교계는 왜곡된 불교 풍토의 정화와 일제잔재 청산에 나선다. 그 결과 조선불교혁신 제주승려대회가 개최되었다. 이 대회가 성공리에 개최되면서 제주 불교계는 혁신운동을 통한 구조적 개혁안을 적극 추진하게 되었다. 금붕사의 이성봉 스님은 이 혁신운동의 중심에 서 있던 분으로 교무위원으로 선정되어 활동하였다.

그러나 이러한 개혁이 채 열매를 맺기도 전에 1948년 4 · 3사건이 발발하면서 이성봉 스님은 1948년 11월 토벌대에 의해 총살되었고, 금붕사 역시 불태워지는 비극을 맞는다.

1948년 10월 17일 토벌대는 해안선으로부터 5㎞ 이상 떨어진 중산간 지대를 통행하는 자는 폭도배로 인정, 총살한다는 포고문을 발표하였다. 해안선으로부터 5㎞ 이상은 제주도의 지형상 해안가에 밀집해 살고 있는 마을을 제외한 거의 모든 곳을 의미하는 것이다. 이때 마을의 외곽에 위치해 있던 이곳 금붕사에도 소개 명령이 떨어졌다. 그러나 하도리 창흥동 마을로 소개당한 이성봉 스님은 군인들의 눈을 피해 금붕사를 왕래하며 도량

을 살펴보는 생활을 계속해 나갔다. 창흥동은 금봉사와 얼마 떨어지지 않은 곳에 위치한 마을이었기 때문에 큰 위험이 따르는 일은 아니었다. 그러던 중 11월 21일, 스님이 금봉사로 돌아와 법당을 지키고 있을 때였다. 말을 지키는 목동이 지나가는 토벌대를 보고 놀라 도망치다가 금봉사로 숨어들게 되었다. 곧이어 토벌대가 들이닥쳤고 스님에게 이곳으로 도망 온 사람이 어디 있느냐며 추궁하기 시작했다. 이에 스님이 끝까지 모르는 일이라고 대답하자 갑자기 밖으로 끌어내어 7~8발의 총알을 발사했다. 그런데도 스님이 쓰러지지 않고 제자리에 완강히 버티고 서 있자 토벌대는 스님의 몸에 대고 다시 수십 발의 총알을 난사하였다. 결국 스님은 그 자리에서 목숨을 잃게 되었다.

토벌대는 스님을 무참하게 총살한 후 절에 불을 지르고 떠나갔다. 요사는 완전히 타 없어졌고 이어 법당도 절반가량이나 타버렸다.

이성봉 스님은 손재주가 좋아서 16나한과 불상 등을 직접 만들어 모셨

창건주 성봉 스님과
대승각 비구니스님의 기념비

대웅전 석가여래좌상

었다. 법당이 전소되지 않았기 때문에 불상과 탱화 등이 제주 4 · 3사건 이후까지 남아있었다. 그러나 지금은 오백나한탱만 남아 있다.

금봉사의 복원불사는 1950년 법인 스님을 시작으로 1964년 수암 스님이 주지로 취임하면서 본격적으로 진행되었다. 스님은 1966년 명부전과 요사를 건립하고 1978년 대웅전 중건, 1981년 청동순금도금 삼존불상 불사, 1984년 국묵담 대종사 사리탑 봉안, 1987년 47평 십선전과 소요각 건립 등의 불사를 이뤄내었다. 그리고 1997년 11월 9일 대웅전과 종각을 새로이 완공하고 명실상부 구좌지역의 불교포교 중심지로 거듭났다.

■성보문화재

• 대웅전

대웅전은 팔작지붕에 앞면 5칸, 옆면 3칸 규모로 1998년에 지은 목조 건축이다. 안에는 석가불상이 모셔져 있고, 수미단 좌우에 동자상 2위가 봉안되어 있다.

또 오백나한도가 있는데, 일제강점기 무렵에 조성한 것으로 보인다. 4·3 사건 당시 이성봉 스님이 총살당하고 법당이 불타던 와중에도 무사히 남아 보전되어 온 것이다. 오백나한 중 한 분을 중심에 위치시키고 나머지 나한신중을 부분적으로 묘사하여 놓았다.

• 국묵담 대종사 사리탑

국묵담(鞠墨潭) 대종사 사리탑은 오층석탑 형식으로 1984년에 조성되었다.

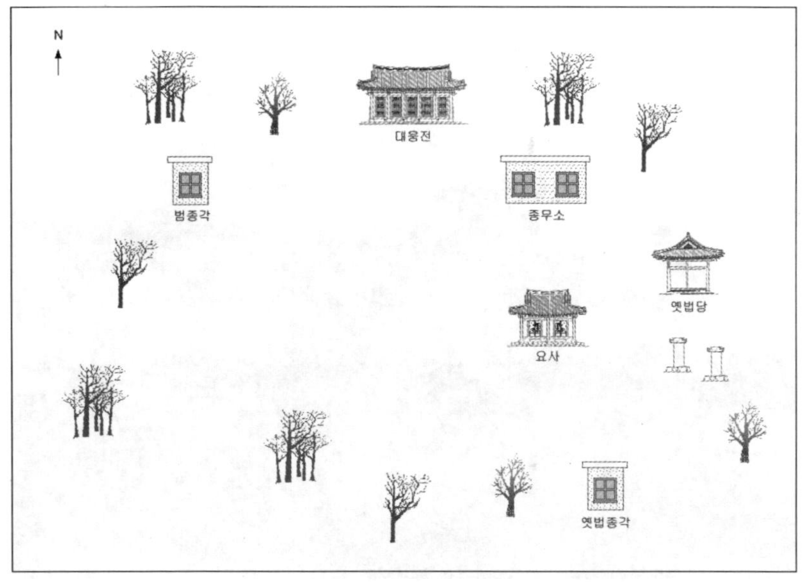

금붕사의 가람배치

덕림사

■위치 및 자연환경

덕림사(德林寺)는 제주시 조천읍 함덕리 1279번지에 자리한 한국불교태고종 사찰이다.

산호빛 파도를 헤쳐 육지로 올라오던 물소가 발끝에 젖은 저녁노을을 털어내려 잠시 뒤를 돌아보았다가 영영 바다로 돌아가지도 못하고 육지로

덕림사 내경

오르지도 못한 채 굳어버렸다는 전설이 있다. 함덕리 해안가에 위치한 물소오름 서우봉이 바로 그것이다. 이 서우봉이 마을 끝자락을 지키고 서 있는 함덕리는 제주시에서 동쪽으로 약 14㎞ 떨어진 지점에 위치한 아름다운 해안마을이다.

그러나 그 아름다움과는 달리 함덕 마을은 민족항쟁의 처절한 격전장으로 기억된다. 이곳은 1273년(고려 원종 14), 삼별초군과 고려 · 몽골 연합군과의 처절한 전투가 있었던 곳이었다. 이 전투에서 삼별초군이 참패하면서 삼별초군과 그 전투에 동원되었던 마을 사람들에 대한 보복이 막심하였다. 이후 이 함덕 마을은 군사적 요충지로 부상하여 공마(貢馬) 진상 등 부역에 종사하는 인구와 해상활동을 위한 상업 인구 등이 유입되기 시작했다. 그리고 1300년(충렬왕 26)에는 도내의 14개 현촌 중 하나로 발전하였다. 『조선왕조실록』을 보면 조정에 말을 바칠 때 교래리에서 사육한 말을 서우봉에 가두었다가 함덕 포구에서 육지로 반출했다는 기록이 있다. 현재 '장통밭' 이라든지 서우봉 입구에 있는 '정낭돌' 이 그 당시 공마 진상을 증명하는 것들이다.

이 함덕 마을은 예로부터 절이 많았다고 구전되어 오는 곳이다. 『신증동국여지승람』 권38, 제주 「불우(佛宇)」조에, '강림사는 제주 동쪽 함덕 포구에 있다(江臨寺在州東咸德浦口).' 라고 기록되어 있다. 또 김상헌의 「남사록」에도 "강림사는 중국 원나라 때 세운 절인데, 절 앞에 화표(華表)가 있다." 라는 기록이 있다.

문헌 기록에 나타나는 함덕 포구는 지금은 매립되어 사라지고 없다. 다만 강림사 절터로 추정되는 곳에서 유구의 유물로 보이는 기단석들이 대량으로 발굴되었다. 속칭 '절골', '절질' 이라 불리는 강림사지 절터는 해발 3~4m 높이의 조그만 언덕에 위치해 있다. 북쪽으로는 함덕 해수욕장과 지금은 매립되어 버린 고냉이 선창이 있다. 동북 방향으로 500m 떨어진 곳에는 서우봉이 내려다본다.

이 마을 사람들은 함덕 포구 근처를 감량개 또는 감영개라고 부른다. 이는 '강영의 개' 라는 뜻이다. '개' 는 바닷가 혹은 포구라는 뜻을 지닌 제주방언이다. 이런 점을 생각하면 이곳은 '강영이 들어온 포구' 라는 뜻임을 알 수 있다. 강영(康永)은 조선 태조 이성계의 계비 신덕왕후의 사촌 오빠로 이 마을에 유배되어 정착한 인물이다. 따라서 이 일대는 '강영' 이라는 인물 및 '강림사' 라는 사명과 관련하여 일정 부분 밀접한 관련이 있을 것으로 추정된다.

지금은 이 유서 깊은 함덕 마을에 덕림사와 정토사가 수많은 사연을 간직한 함덕 포구를 바라보며 깊은 불연(佛緣)을 이어가고 있다.

■연혁

덕림사의 전신은 1934년 11월 5일 백양사 함덕포교당으로 창건된 외꼴절이다.

백양사 함덕포교당은 함덕과 인근의 대흘리 경계, 속칭 외꼴에 자리 잡고 있었다. 그 때문에 주민들에게는 외꼴절로 더 많이 알려졌던 사찰이다.

외꼴절은 1937년 음력 10월 29일부터 11월 1일까지 3일 동안 최청산 · 김신산 · 이성봉 스님을 모시고 성대하게 법화산림 대작불사를 개최하였다. 당시 외꼴절은 함덕 지역뿐만 아니라 인근 마을주민들에게까지 널리 알려져 신도수가 매우 많았다. 그것은 이 사찰의 창건주인 신홍연 스님의 영향에 의한 것이었다. 신홍연 스님은 당시 어려웠던 함덕의 경제를 일으킨 것으로 세간에 널리 알려져 있는 분이다.

당시 함덕은 해안뿐만 아니라 마을 일대에도 모래가 넓게 분포되어 있어 타 지역에 비해 영농환경이 매우 열악했다. 신홍연 스님은 이러한 여건을 타개하기 위해 농사법을 개발하고 새로운 품종의 씨앗을 들여오는 등 노력을 아끼지 않았다. 비파 · 시금치 · 무 · 호배추 등이 당시 스님에 의해 마을에 보급된 품종들이다. 직접 농사를 지으면서 마을의 경제를 일으켜 세우기 위해 노력했던 스님의 이러한 활동은 지역 주민들과의 깊은 연대를 가져왔다. 이 사업이 결실을 맺으면서 외꼴절은 함덕은 물론 인근의 조천과 북촌 등지에 이르기까지 큰 영향을 끼쳐 신도들뿐이 아니라 일반인들에게도 열렬한 호응과 신뢰를 얻게 된 것이다. 그 결과 이 외꼴절은 각 마을 초등학교에서 견학을 오고, 소풍 장소로 지정될 만큼 유명한 곳으로 발전하였다.

그러나 1948년 4 · 3사건의 와중에 주지 신홍연 스님이 토벌대에게 총살되고 외꼴절마저 완전히 불태워지면서 결국 폐사되고 마는 운명에 처하게 된다. 외꼴절은 1948년 11월 초순 무렵 해안마을로 소개되었다. 이때 외꼴절의 불기(佛器)와 경전 등은 원당사를 비롯한 다른 사찰과 함덕리 마을의 민가 등 이곳저곳으로 흩어지게 되었다. 그러나 외꼴절이 소개 당한 뒤에도 신홍연 스님은 조천리와 함덕리 등지에 머물면서 군인들의 눈을 피해 외꼴절을 오갔다.

대웅전

대웅전 삼존불상

이러한 위험한 생활이 계속되던 중, 11월 중순 무렵 법당 내에 은신해 있던 마을청년 수십 명이 토벌대에 의해 발각이 되는 사건이 벌어졌다. 토벌대는 달아나는 무장대를 뒤쫓는 한편, 현장에서 체포한 신홍연 스님을 곧바로 법당에서 200여m 떨어진 밭으로 끌고 가 처형했다.

이렇게 해서 외꼴절은 11월 20일 무렵에 토벌대에 의해 전소되었다. 이때 외꼴절과 인접해 있는 대흘리도 함께 방화되어 마을 전체가 순식간에 사라지는 참변을 겪었다. 당시 외꼴절에는 40~50평 가량의 초가 법당과 요사 · 정자 등이 들어서 있었고 경내 평수는 700평 정도였다.

그 뒤 1956년에 해운 스님이 함덕리의 옛 지서를 구입 수리하고 외꼴절에서 모시던 불상을 봉안하여 덕림사로 개명하며 재창건하였다. 덕림사는 1977년 대웅전을 중수하고 1980년 철조 아미타불을 봉안하며 오늘에 이르고 있다.

■성보문화재

• 대웅전

대웅전은 43평 규모의 건물로 1977년에 중수되었다. 1980년 봉안된 철조 아미타불상이 주불로 모셔져 있다.

덕림사의 전신으로 신홍연 스님에 의해 창건된 외꼴절이 4·3사건의 소용돌이 속에서 전소된 후 이운된 아미타불 좌상도 함께 봉안되어 있다. 이 아미타불좌상은 조선시대 작품으로 흙으로 빚은 소조불이다. 크기는 앉은 높이 46.8㎝, 어깨 너비 17.5㎝다.

그 밖에 후불탱을 비롯하여 신중탱·지장탱·칠성탱·산신탱·독성탱·감로탱 등이 있다.

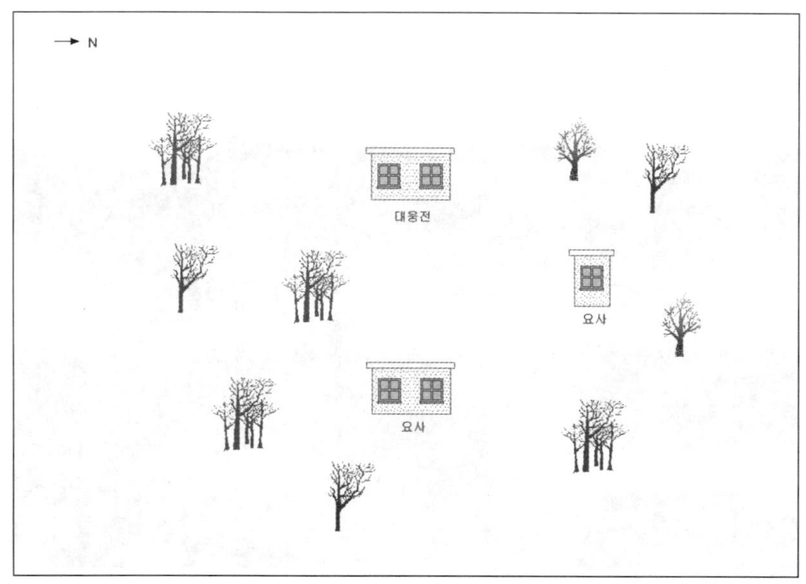

덕림사의 가람배치

백련사

■**위치 및 자연환경**

제주시 북동부 지역의 해안도로를 따라 조천·함덕·동북을 지나 김녕리 입구로 막 들어서면, 바다에서 하늘로 오르는 계단 하나를 발견하게 된다. 바로 여기 하늘 빛깔의 바다와, 바다 빛깔의 하늘이 서로 맞닿은 언덕 위에 대한불교조계종 제23교구 본사 관음사의 말사인 백련사(白蓮寺)가 있다.

백련사 대웅전

백련사는 제주시 구좌읍 김녕리 3959번지에 자리하는데, 김녕리는 세계에서 가장 긴 동굴이라는 만장굴을 비롯해서, 인근 선흘의 동백곶자왈 등 천혜의 아름다운 풍경이 주변에 산재해 있어 일반인들에게도 널리 알려진 마을이다.

이 김녕리 바닷가에는 한 달에 두 번 나타나는 두럭산이 있다. 두럭산은 산이라고는 하지만 사실은 바다 속에 깊이 잠겨 있다가 썰물 때가 되면 그 모습을 드러내는 바위다. 썰물이 되어 물이 빠지면 위가 넙적한 바위가 물 속에서 솟구치듯 드러나는데, 간조의 차가 가장 큰 3월 보름이면 더욱 선명하게 제 모습을 드러낸다.

전설에 의하면 제주에는 한라산을 비롯하여 산방산 · 영주산 · 성산 그리고 두럭산 등 5대 영산이 있고, 먼 훗날 한라산에 운이 돌아오면 제주에 장군이 탄생하는데, 그 때 이 두럭산에 장군이 탈 용마가 나타날 것이라 한다.

바다 속에 잠겨 있다가 썰물 때 그 모습을 드러내는 바위를 굳이 산이라 부르며 신성시하는 것에서도 보이듯이, 바다를 밭으로 알고 살아온 이 마을사람들의 바다에 대한 정서는 차라리 경외심에 가까운 것이다. 제주 전역에서 해녀들이 거의 사라지고 없는 오늘날에도 이 김녕 마을에는 많은 해녀들이 여전히 바다를 일구며 생계를 이어가고 있다.

마을 입구인 남흘동 바닷가 야트막한 언덕 위에 위치한 백련사 역시 이 지역 주민들에게는 이미 하나의 정서로 굳어진지 오래다.

■창건과 연혁

백련사가 이곳에서 구좌지역 불법 홍포의 거점으로 성장하기 시작한 것은 1926년무렵이다.

1924년 제주 불교는 제주시내 관음사포교소가 생기면서 전도에 걸쳐 더욱 왕성한 포교 활동을 전개하게 된다. 이러한 흐름 속에서 동부지역에 해

대웅전 관음보살좌상

당하는 구좌지역의 포교가 절실하게 요구되었고, 이에 안봉려관 스님과 상좌 목련 스님이 이곳 김녕리를 중심으로 포교활동을 시작한 것이다. 이후 백련사는 1939년 사찰령에 따라 총독부의 계출인가를 받고, 새롭게 중창불사를 단행하며 사찰의 면모를 일신하였다. 이 중창 불사가 한창이던 1941년 7월 15일, 백련사는 일섭(日燮) 금어 스님과 그 외 6인을 청하여 각단 탱화를 조성 봉안하였다. 일섭 스님은 금호 약효, 보응 문성을 잇는 근대의 유명한 화승(畵僧)으로 조계사 대웅전 후불탱을 그렸다. 1939년에 시작된 중창불사는 1942년에 이르러 마무리되었는데, 이때 기와로 된 목조건물 양식의 30평 규모의 대웅전과 요사 · 해탈문 등이 완공되었다. 또한 1942년 9월 12일에는 전라남도 강진군 도암면 백련사에서 당시 국보급 가치를 인정받던 아미타불상을 이운 봉안하였다.

그 뒤 1946년, 백련사에는 항일운동가로 널리 알려진 김석윤 스님이 주지로 머물러 있으면서 포교 활동에 전념하게 된다. 1909년 제주 항일의병을 주도했던 김석윤 스님은 관음사 창건, 무오 법정사 항쟁 등 굵직굵직한 제주 불교의 역사와도 함께 했던 분이다. 김석윤 스님이 백련사를 떠난 이후에는 석윤 스님의 속가 아들인 김인수 스님이 뒤를 이어 포교 활동을 이어가기도 하였다. 그러나 두 스님은 제주 4 · 3사건의 광풍 속에 더 이상 생을 잇지 못하고 입적하고 만다. 석윤 스님과 인수 스님이 떠난 후 백련사에는 오영무 스님이 5개월간 머물렀고, 이어 이화선 스님이 감원으로 취임한 후 상좌인 고선봉 스님과 함께 백련사를 이끌어나갔다. 화선 스님은 4 · 3사건이 끝난 후인 1950년대 초에 17세기 관음보살상을 조성 봉안하기도 했는데, 이 보살상은 현재 백련사 대웅전에 모셔져 있다.

그리고 1960년을 전후한 이른바 사찰정화 시기부터는 박용봉 스님이 주지로 있으면서 활발한 포교활동을 전개하여 사세가 날로 번창하였다. 또한 후임으로 부임한 우경 스님 역시 1980년대부터 대대적으로 중창불사를 단행하였다. 현재의 대웅전과 요사 등이 이때 완공된 전각들이다.

현재 백련사에는 17세기 관음보살상과 더불어 나무로 조각된 대웅전 내부 상단의 후불탱이 화려하게 장엄되어 있다.

법당 내부의 아름다움이 지역민에게 큰 자랑거리가 되고 있는 백련사는 근대 시기 제주 불교의 위대한 스승의 자취가 선명한 사찰로서, 현재까지 구좌지역 포교를 담당하며 적극적인 불법 홍포에 나서고 있다.

백련사의 가람배치

불사리탑사

■위치 및 연혁

불사리탑사(佛舍利塔寺)는 제주시 조천읍 조천리 2268-1번지에 자리하는 대한불교조계종 사찰이다.

고관사에서 약 200여m 떨어진 언덕 위에 인도의 산치 사리탑과 같은 독특한 형태를 띠고 서 있는 사찰이다. 고관사 주지였던 도림(道林) 스님

불사리탑사 내경

이 『법화경』의 사경(寫經) 공덕으로 조국통일과 세계평화를 발원하면서 1988년 10월 10일 기공하여 1999년 8월에 완공하였다.

이 불사리탑사에 오르면 고관사는 물론 조천 포구와 연북정, 그리고 만세동산과 제주항일기념관 등 이 마을의 역사가 해안을 따라 연대표처럼 죽 늘어서 있는 것을 한 눈에 조망할 수 있다. 그 중 만세동산은 1919년 당시 휘문고보에 재학 중이던 김장환이 3·1 운동에 참가했다가 귀향한 후 그를 통해 자세한 3·1운동의 내막을 알게 된 김시범 등 14명의 인사들이 3월 21일 마을주민들과 함께 만세를 부르며 조국의 독립을 주장했던 역사의 현장이다.

불사리탑사는 이처럼 왜곡된 현실에 정면으로 도전했던 민초들의 역사의식이 생생하게 숨 쉬고 있으며, 이곳 조천이야말로 제주불교 순교의 성지가 될 수 있다는 인식하에서 출발한 사찰이다. 제주에 유배되어 입적한 조선시대 허응 보우(虛應普雨, 1509~1565) 스님과 환성 지안(喚醒志安,

불사리탑사 법당

1664~1729) 스님, 그리고 중국의 정법(正法) 대사 등의 순교비를 세워 전법 정신을 잇고, 일제강점기와 제주 4 · 3사건 당시 억울하게 숨져간 수많은 영령들을 위로하며, 우리 민족의 숙원인 평화 통일을 이루어 내고자 하는 원력으로 창건된 것이다.

창건 당시의 이러한 원력들은 불사리탑사 곳곳에 갖가지 상징들로 형상화되었다. 우선 불사리탑사의 일주문은 우리 민족의 오랜 숙원인 평화 통일을 기원하며 북쪽의 백두산 천지를 향하도록 설계해 놓았다. 또한 불사리탑은 1층 365평, 2층 280평, 3층 108평, 총 높이 33m의 3층 구조물로 조성되어 있는데, 그 구조 자체가 특별한 갖가지 서원을 형상화한 것이다. 탑사의 외양이 마치 산치 사리탑과 같은 형태를 띠고 있는 것은 석가모니 부처님 진신사리의 원력으로 세워진 사찰임을 나타낸다. 전체 높이가 33m의 높이로 조성된 것은 우주 삼십삼천 모든 생명의 청정한 성불을 발원하기 위한 것이다. 그리고 탑을 자세히 들여다보면 다보탑과 석가탑의 특징이 곳곳에 접목되어 있는 것을 알 수 있다. 이는 우리 민족 문화의 우수성을 널리 전하기 위한 것이다. 뿐만 아니라 탑 난간은 신라 황룡사 9층탑을 형상화하여 이곳을 찾는 신도들이 탑돌이를 하며 기도 정진할 수 있도록 마련해 놓았다. 이외에도 360평의 탑사 원형 바닥은 우주의 완전한 평화와 행복을 의미한다. 2층과 3층은 각각 280평과 108평으로 280수와 108번뇌를 상징한다. 탑사의 내부로 들어가면 법당을 비롯하여 약사전 · 설법전 · 선방 · 사경실 · 문화원 등 다양한 공간이 마련되어 불자들의 수행 공간으로서의 역할을 다하고 있다. 특히 1층 법당에는 약사여래불, 2층 법당에는 석가모니불, 3층 법당에는 아미타불을 봉안하여 삼십삼천의 연화세계를 체험할 수 있도록 형상화 해 놓았다.

이 불사리탑사는 이러한 외형적 특징 이외에도 전국적 『법화경』 사경(寫經) 수행도량이라는 특성을 지니고 있는 사찰이다. 법화경 사경탑에는 5만권의 사경이 봉안되어 있다. 이외에도 지장보살 사경탑, 관세음보살 사경탑, 평화통일의 종 사경탑 등 도량의 모든 탑에 사경이 봉안되어 있다. 특히 지난 2001년에는 10만여 권이라는 법화경 사경을 모시고 법회를 개최함으로써 적멸보궁 법화도량으로서의 명성을 전국에 드날렸다. 사찰의 곳곳에 제주도내에서는 그리 흔치 않은 웅장한 불상과 탑, 그리고 비석들이 들어서 있다. 보우사상연구원도 자리를 잡고 있다.

모든 불상과 탑 속에는 미얀마 보디타타웅에서 모시고 온 부처님의 정골사리와 십대제자 사리 및 오백나한의 사리가 봉안되어 있다.

앞으로 허응 보우 대사와 환성 지안 스님, 그리고 정법 대사 세 분의 순교정신을 이어받아 불교정법 중흥을 이룩하여 세계평화와 조국통일을 발원하는 도량으로 가꾸어 나갈 각오라고 한다.

■『법화경』 사경의 인연

1988년 음력 10월 10일 우리나라에서 올림픽이 열렸다. 이 때 불사리탑

허응보우 대사와 환성 지안 스님의 순교비

사에서는 평화통일탑 건립을 시작하면서 매해 8월 15일 광복절을 기하여 3일 동안 『법화경』 사경 봉안식을 거행하였다. 그 뒤 전국, 그리고 외국에서까지 매해 1만여 명의 불자들이 『법화경』 사경을 모으고 봉안식에 참석하였으며 20년 가까이 된 지금까지 봉안의식 때면 탑과 불상 등에서 방광(放光)이 일어나는 신비한 일들이 있었다고 한다.

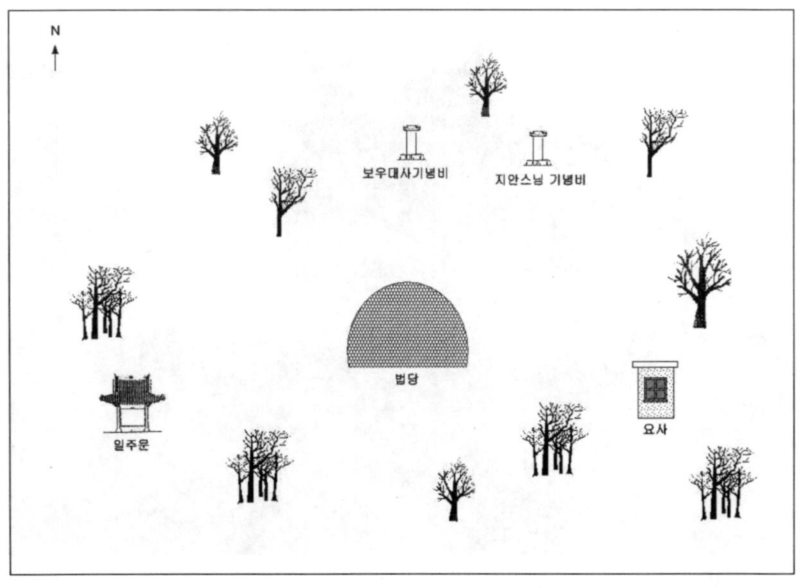

불사리탑사의 가람배치

옹포포교당

■위치 및 연혁

옹포포교당(瓮浦布教堂)은 제주시 한림읍 옹포리 252번지에 자리하는 대한불교일붕선교종 사찰이다.

1947년 연종 스님과 화주(化主) 고무애성에 의해 창건된 사찰이다. 옹포포교당이 들어선 이 일대는 옹포 포구에 있었다는 고려사찰 월계사(月溪

옹포포교당 내경

寺)의 존재를 증명이라도 하듯이 불건터 · 중밭 · 배중밭 · 돌탑 등의 지명이 있다.

옹포포교당 동쪽의 불건터는 '불당을 세운 터' 라는 뜻이며, 중밭은 '중의 밭', 배중밭은 '중들이 절하는 밭' 이라는 뜻이라고 한다. 옹포포교당은 그 가운데 돌탑이라 불리던 이곳에 움막 형태의 법당을 지으며 창건되었다. 이어 1959년에는 40평 규모의 법당 신축 불사를 마치고 4개의 요사를 건립하며 오늘에 이르게 된 것이다.

옹포포교당의 창건주 연종 스님은 근대 제주불교 중흥기에 한라산 관음사에서 오이화 스님을 은사로 사미계를 받았다. 그 뒤 이회명 스님으로부터 구족계를 받았다.

1975년에는 서경보 스님의 맏상좌로서 일붕선종회 제주도 지부장을 지내면서 일붕선교종의 역사와 맥을 같이 해왔다. 이러한 인연으로 옹포포교당에는 일붕선교종의 종지와 역사를 엿볼 수 있는 일붕존자 흉상탑, 일붕존자의 선시비(禪詩碑), 그리고 일붕 스님이 태국에서 모셔온 석가여래 진신사리를 봉안한 오층 진신사리탑 등이 정성스럽게 마련되어 있다.

그 가운데 일붕존자 흉상탑은 1992년 일붕(一鵬) 서경보(徐京保, 1914~1996) 스님이 세계법왕청 초대 법왕으로 추대된 것을 기념하기 위해 건립한 것이다. 2m 높이의 받침석 위에 1m 크기의 흉상을 세워 놓았다.

서경보 스님은 1914년 제주에서 출생했으며 1988년에 대한불교일붕선교종을 창종하였다. 박사학위 최다 취득 73개, 최다작 저술가 741권, 최다 선필 보시 50만 2,000장, 최다 통일기원시비 건립 757개 등으로 기네스북 기록까지 보유하고 있다. 서경보 스님의 맏상좌인 연종 스님은 은사의 종지를 이어 이곳 옹포포교당을 대한불교일붕선교종의 본산으로 일으켜 세운 것이다.

서경보 스님 시비

서경보 스님이 옹포포교당의 발전을 기원하며 내려주신 시를 새겨 놓은 선비(禪碑)에는 다음과 같은 시가 새겨져 있다.

옹포 포교당은 청정한 도량이라	甕浦教堂清淨界
봉암이 일붕의 마음을 얻어 전하니	鳳菴傳得一鵬心
향불이 끊이지 않아 사람들이 구름처럼 모이고	香烟不絶人雲集
천고의 법풍이 한림으로 불어오네	千古法風吹翰林

또한 도량 가운데 서 있는 오층 사리탑은 1989년 서경보 스님이 태국의 왕립사원 왓벤저에서 대승정 봉사무니 종정으로부터 봉수해온 불사리 1과를 봉안한 탑이다.

옹포포교당은 사찰의 규모는 그리 크지 않지만 곳곳에 일붕 선교종의 역사를 오목조목 새겨 놓아 제주불교의 한 단면을 정리해 볼 수 있는 의미 있는 사찰이라고 할 수 있다.

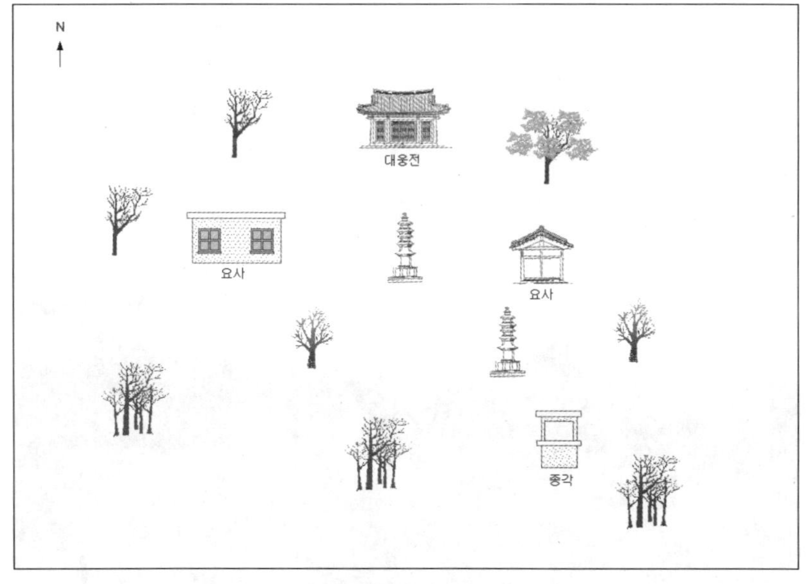

옹포포교당의 가람배치

정토사

■ **위치 및 자연환경**

정토사(淨土寺)는 제주시 조천읍 함덕리 960-4번지에 자리하는 대한불교조계종 사찰이다.

정토사는 고려시대의 사찰이었던 강림사와 관련이 있다. 『신증동국여지승람』 권38, 제주 「불우(佛宇)」조에는 '강림사는 제주 동쪽 함덕 포구에

정토사 내경

있다(江臨寺在州東咸德浦口).' 라는 기록이 있다. 김상헌의 「남사록」에도 "강림사는 중국 원나라 때 세운 절인데, 절 앞에 화표(華表)가 있다."라는 기록이 전해진다. 화표는 고대 중국에서 궁전 · 성벽 · 다리 앞에 세워 놓았던 것이다. 백성이 관리를 평가하거나 군주에게 간언하는 곳으로 이용되었다.

현재 절골이라 불리는 옛 함덕 포구 앞 강림사 폐사지에서 40여 점의 기단석과 토기 및 분청사기편 등이 발굴되었다. 또한 인근의 함덕 해수욕장으로 들어가는 입구 남쪽의 공터를 감량개 또는 감영개라고 부르는데 그것은 모두 '강영의 개(포구)' 라는 말에서 비롯된 것이다.

기록에 의하면 강영(康永)은 조선 태조 이성계의 계비 신덕왕후의 사촌 오빠였다. 그는 전라 감사까지 지냈던 당시의 실세였다. 그러나 태종 이방원이 실권을 장악한 이후인 1402년(태종 2) 제주로 유배당하였다. 강영이 제주로 유배된 것은 태조가 막내인 이방석을 세자로 책봉하자 이에 태조를 도와 조선 건국에 큰 공을 세웠던 이방원이 군사를 일으켜 이방번과 이방석을 죽이고 개국 공신들을 처치한 1차 왕자의 난으로 인해서였다. 이 1차 왕자의 난 당시에 강영은 삭탈관직을 당하고 제주로 유배된 것이다. 강영은 입도(入道) 이후 제주 고씨를 아내로 맞아 세 아들을 낳고 이 고장에 정착하면서 마을주민들에게 적잖은 영향을 끼쳤다. 그는 훗날 김해 김씨로 1393년에 제주에 유배되어 입도조(入道祖)가 된 김만희(金萬希, 1314~1404), 경주 이씨의 이미(李美), 청주 한씨의 한천(韓蕆) 등과 함께 제주사현(濟州四賢)으로 일컬어지게 된다. 자세한 기록이 전하지 않아 그 구체적인 내용을 알 수는 없으나 함덕의 강림사는 바로 이 강영과 밀접한 관계가 있는 사찰로 구전되어 오고 있다.

현재의 정토사는 이 강림사지의 북동쪽 함덕 해수욕장 인근에 자리 잡고 있다.

범종루

■창건과 연혁

정토사는 일제강점기에 한석화 스님에 의해 창건되었다. 그러나 정확한

대웅전 삼존불상

내용은 전해지지 않는다. 1963년 대광 스님이 초가 법당을 짓고 새롭게 중창하여 현재의 정토사를 일으켜 세웠다.

정토사는 1970년에 30평 규모의 대웅전을 지었다. 그리고 2000년에 70평 규모의 요사를 완공하면서 사찰로서의 면모를 갖추고 사세 확장에 노력하고 있다.

■성보문화재

• 대웅전

대웅전은 30평 규모로, 안에는 좌우에 문수 · 보현 보살이 협시하고 있는 석가여래를 봉안하였다. 탱화로는 후불탱과 신중탱이 있다.

• 칠성각

양옥 형태의 건물로, 칠성탱 · 독성탱 · 산신탱 등이 모셔져 있다.

정토사의 가람배치

황룡사

■연혁

황룡사(黃龍寺)는 제주시 한림읍 동명리 2046번지에 위치한 한국불교 태고종 사찰이다.

황룡사는 제주 근대의 역사와 같은 궤적을 밟으며 갖은 고난을 이겨낸 사찰이다. 황룡사의 역사는 1945년 3월 7일 시작되었다. 전라남도 장성

황룡사 내경

백양사의 금륜 스님이 당시 한림면 상대리 945번지 속칭 '광산이' 라 불리는 '논새물' 에 초가 법당과 객실을 겸한 30평 건물을 짓고 광룡사(光龍寺)라 칭한 것이 전신이다.

금륜 스님은 조계종 종정을 지낸 백양사의 만암 종헌(曼庵宗憲, 1876~1957) 스님의 권고로 제주에 들어가 북제주군 애월읍 고내리의 백양사 고내봉포교당 주지를 지냈다. 이후 근처인 수산봉으로 가서 원천사를 중창하는 등 불사에 힘을 기울였다. 그러다가 일제강점기 말기에 정국이 어수선해지면서 원천사에서의 불사가 어려워지자 한림읍 상대리로 거처를 옮겼다. 그리고 이곳 한림읍 상대리 945번지에 법당을 신축하며 사찰을 일으켜 세웠다. 황룡사의 전신이 되는 광룡사를 지은 것이다.

광룡사는 창건 이듬해인 1946년 3월 21일, 기와 법당 14평을 건축하고 그해 11월 11일 봉불식을 거행하였다. 다음해 1947년 2월 29일에는 객실 2동과 법당을 증축하며 상대리와 인근 지역 신도들의 정법 도량으로 자리 잡았다.

그러나 4·3 사건이 발생하면서 1948년 11월 29일 광룡사는 토벌대에

창건주 고봉 금륜 스님과 화주 대덕화의 공적비

의해 해안마을인 한림읍 동명리로 소개되었다. 이때 사찰 건물 일체는 토벌대에 의해 부서져버렸다. 당시 상대리는 14개의 동으로 이루어진 큰 부락이었다. 그러나 4 · 3 사건이 발생하면서 이 지역은 무장대의 거점으로 돌변하였고 이에 토벌대의 대대적인 초토화 작전이 연일 자행되었다. 그 결과 상대리 대부분의 마을은 흔적도 없이 사라지고 말았다. 현재 이곳에는 본동인 종구실 마을과, 지항동으로 바뀐 못거리 그리고 하동인 알동네 세 곳만이 남아 있다. 이때 광룡사 역시 4 · 3의 광풍을 피하지 못하고 현재까지 인적 없는 허허벌판으로 변하게 된 것이다. 당시 토벌대는 광룡사 법당을 뜯어내고 요사의 초가지붕까지 걷어내며 사찰 건물을 남김없이 허물어버렸다.

창건 당시 광룡사에는 석가불상과 관음 · 세지보살상 등이 봉안되어 있었다. 여러 탱화도 모두 갖춰져 있었으나 지금은 관음보살상만이 창건 초기의 유물로 남아 있다. 황룡사의 역사를 처음부터 지금에 이르도록 모두 지켜봐온 이 관음보살상은 전라남도 목포 정혜원(定慧院)에서 이운해 온 것이다. 처음엔 수산봉의 원천사에 모셔져 있다가 이후 상대리 광룡사로 옮겨졌다. 그러나 4 · 3 사건으로 광룡사가 파옥되자 지금의 금강사인 월계사(月溪寺)로 다시 옮겨졌다가 현재는 제주시 충혼각(忠魂閣)에 봉안되어 있다.

4 · 3 사건의 여파로 돌아갈 곳을 잃어버린 광룡사는 한림읍 옹포리 월계사에 임시 거처를 마련하고 7개월 동안 머물게 되었다. 당시 광룡사의 혜종스님은 불상과 탱화를 모시고 월계사, 곧 지금의 금강사로 이동한 후 사태의 추이를 지켜보며 재건의 기회를 엿보았다. 그러나 상대리 지역의 계속되는 진압작전으로 뜻을 이룰 수 없게 되었다.

이에 1950년 10월에 임시로 한림읍 동명리 216번지에 초가 법당 1동을 지어 잠시 머물렀다. 그리고 1952년 음력 3월 동명리 204번지에서 법당 재건에 착수하여, 9월에 상량하고 입주했다. 다음 해인 1953년 정월에는 기와

대웅전 석가여래좌상

법당을 완공하여 봉불식을 거행하는 등 새롭게 사찰의 면모를 갖추었다.

다사다난한 세월을 보낸 광룡사는 이후 점차 안정을 찾아감에 따라 사세 확장의 필요성을 느끼게 되었다. 이에 1958년 11월 현재의 위치인 한림읍 동명리 2046번지로 사찰을 전부 이전하였다. 1963년에는 현재의 대웅전을 준공하여 사명도 황룡사로 개명하였다. 1966년에는 후불탱을 비롯하여 신중탱 · 지장탱 · 칠성탱 · 오여래탱을 봉안하였다. 1988년 3월 27일에는 해수관음상을 봉안하고, 1995년 법당 내부에 석가불을 모시며 현재의 황룡사를 이루어 내었다.

■성보문화재

• 대웅전

대웅전은 38평 규모의 석조 법당으로 1963년 완공되었다. 안에는 석가여래좌상을 비롯하여 후불탱 · 신중탱 · 지장탱 · 칠성탱 · 오여래탱 · 독성탱 · 용왕탱 · 산신탱 · 인로왕탱 등 각단탱화가 모두 갖춰져 있다.

• **요사**

황룡사에는 요사가 2동 있다. 27평 규모의 벽돌 요사는 1962년에 처음 짓고 1971년에 개축한 것이고, 12평 규모의 석조 요사는 1950년에 처음 지은 뒤 1986년에 개축한 것이다.

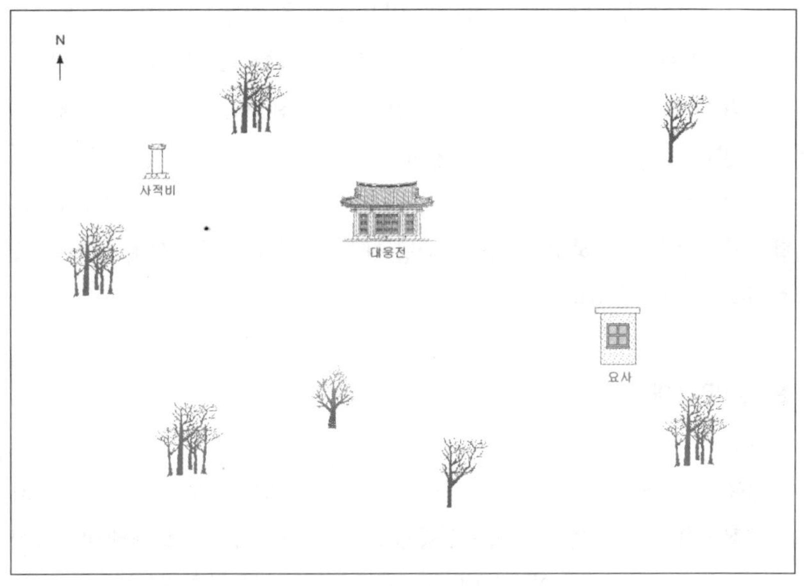

황룡사의 가람배치

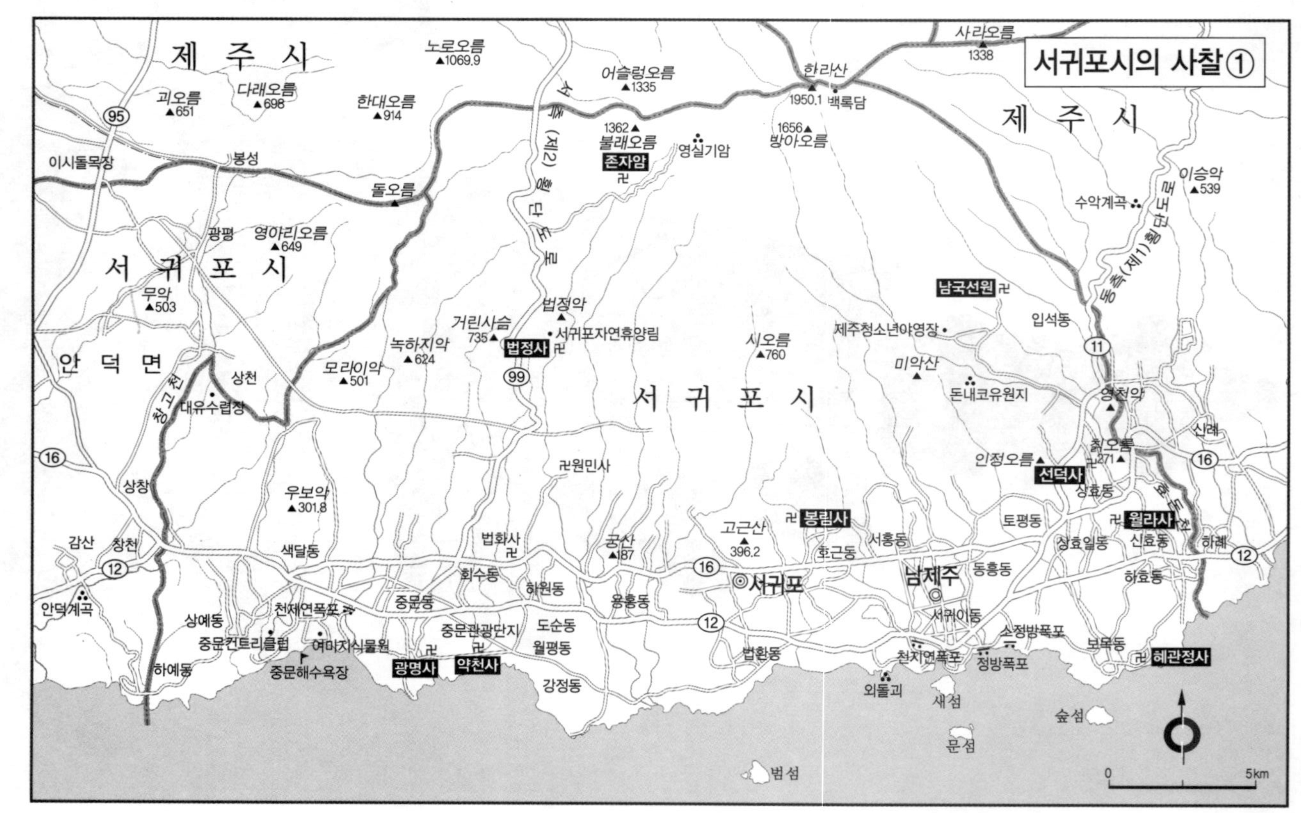

서귀포시의 사찰①
제주시
서귀포시
안덕면
사라오름 1338
한라산 1950.1
백록담
방아오름 1656
어슬렁오름 1335
불래오름 1362
존자암
영실기암
노로오름 1069.9
괴오름 651
다래오름 698
한대오름 914
이시돌목장
봉성
돌오름
광평
영아리오름 649
무악 503
상천
대유수렵장
창고천
모라이악 501
녹하지악 624
거린사슴 735
법정사
법정악
서귀포자연휴양림
서귀포(제2)횡단도로
시오름 760
서귀포시
미악산
돈내코유원지
제주청소년야영장
남국선원
입석동
수악계곡
이승악 539
동부(제1)횡단도로
영천악
칡오름 271
인정오름
선덕사
신례
상효동
월라사
효돈천
토평동
신효동
하례
상효일동
하효동
보목동
혜관정사
숲섬
문섬
새섬
소정방폭포
정방폭포
천지연폭포
외돌괴
서귀이동
남제주
동홍동
서홍동
호근동
봉림사
고근산 396.2
서귀포
법환동
범섬
궁산 187
용흥동
원민사
법화사
회수동
하원동
도순동
월평동
강정동
중문관광단지
약천사
광명사
중문동
천제연폭포
여미지식물원
중문컨트리클럽
중문해수욕장
상예동
하예동
색달동
우보악 301.8
상창
창천
감산
안덕계곡
0 5km

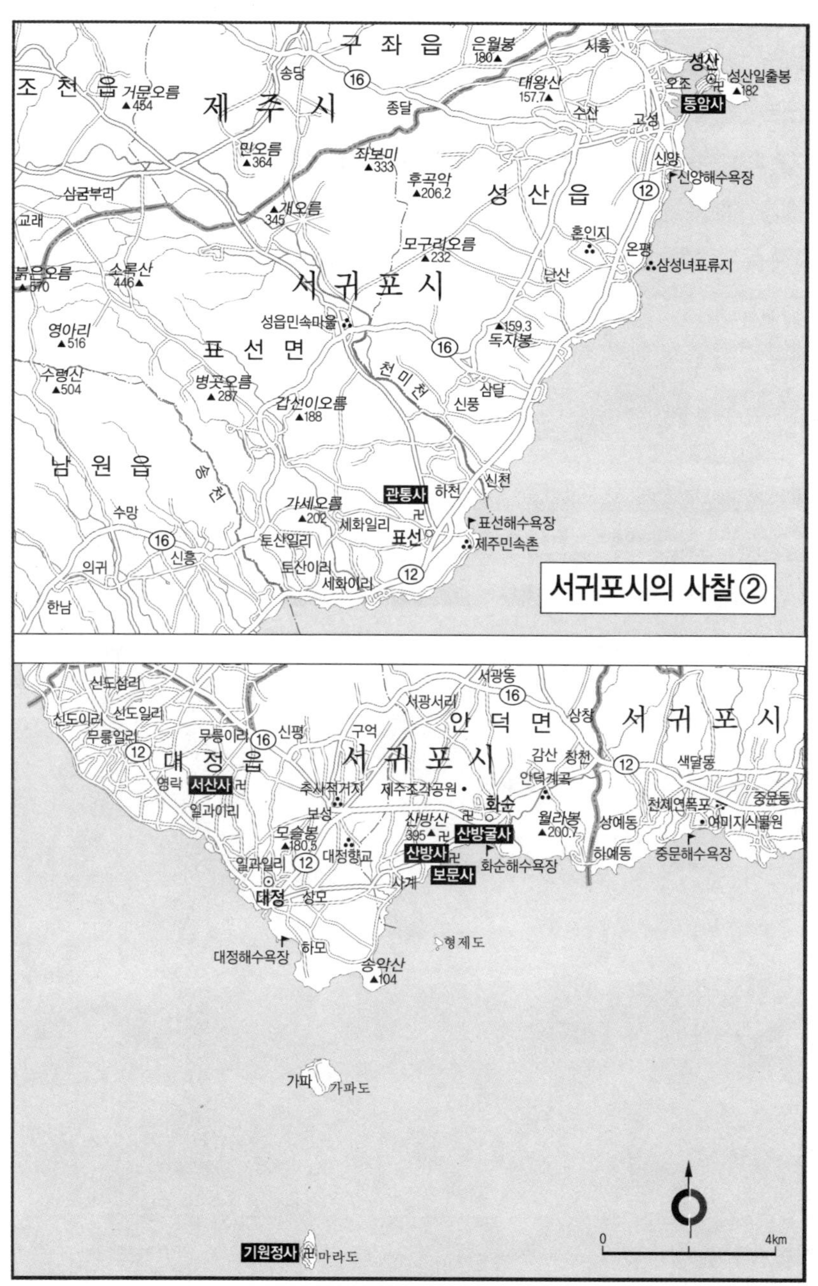
서귀포시의 사찰 ②
구 좌 읍
제 주 시
조 천 읍
서 귀 포 시
성 산 읍
표 선 면
남 원 읍
대 정 읍
안 덕 면
동암사
관통사
서산사
산방굴사
산방사
보문사
기원정사
성산
성산일출봉
▲182
오조
시흥
은월봉
180▲
대왕산
157.7▲
수산
고성
신양
신양해수욕장
송당
종달
거문오름
▲454
민오름
▲364
좌보미
▲333
후곡악
▲206.2
개오름
345
삼굼부리
교래
혼인지
온평
삼성녀표류지
모구리오름
▲232
난산
붉은오름
▲570
소록산
446▲
성읍민속마을
▲159.3
독자봉
영아리
▲516
수령산
▲504
병곳오름
▲287
갑선이오름
▲188
천 미 천
삼달
신풍
신천
하천
가세오름
▲202
세화일리
표선
표선해수욕장
제주민속촌
수망
신흥
의귀
한남
토산일리
토산이리
세화이리
16
12
신도삼리
신도이리
신도일리
무릉일리
무릉이리
신평
구억
서광서리
서광동
상창
감산
창천
안덕계곡
색달동
중문동
영락
추사적거지
제주조각공원
화순
천제연폭포
여미지식물원
일과이리
보성
산방산
395▲
모슬봉
▲180.5
대정향교
월라봉
▲200.7
상예동
하예동
중문해수욕장
화순해수욕장
일과일리
대정
상모
사계
형제도
대정해수욕장
하모
송악산
▲104
가파
가파도
마라도
0
4km

2. 서귀포시의 사찰

광명사

■위치 및 연혁

반가사유상처럼 고요한 가운데 오히려 진면목을 밝게 드러내는 자연의 아름다움이 서귀포시 중문동 성천봉(星天峰) 기슭에도 숨어 있다. 한라산의 산세가 힘차게 내려와 커다란 계곡을 이루고 있는 이곳에선 끊이지 않은 물길이 천연기념물 제182-7호 천제연 폭포로 솟아난다. 이 폭포 위에

광명사 대웅전

놓인 선임교에 서면 계곡 왼쪽으로 아담한 사찰이 들어서 있음을 볼 수 있다. 바로 서귀포시 중문동 2273번지에 자리한 한국불교태고종 제주교구 소속 사찰 광명사(光明寺)다.

광명사는 1918년 법정사 항일운동 당시 좌대장으로 참여했다가 일제로부터 6년 징역형을 선고 받아 옥고를 겪었던 방동화(方東華) 스님에 의해 창건된 사찰이다. 사찰의 위세보다 그 지나온 내력이 더욱 소중한 빛을 발하는 도량인 것이다.

창건주 방동화 스님은 1887년 8월 8일 남제주군 중문면 대포2구 371번지에서 출생했다. 1896년에는 하원동 한문사숙에서 통사 및 사서를 수학하였다. 1909년 관음사 전각이 기공식을 하며 불사가 한창 진행될 때 관음사에서 처사로 지내면서 안봉려관 스님 등과 함께 제주불교 중흥을 위해 많은 노력을 기울였다. 방동화 스님은 당시 관음사에서 만난 강창규 스님에게 커다란 감명을 받고 출가를 결심하였다. 그리고 마침내 1913년 4월 8일 경주 기림사에서 우전 도하 스님을 은사로 출가하고, 경상북도 문경 대승사에서 사미과 및 수의과를 수료하였다.

그 후 1918년에는 강창규 · 김연일 스님 등과 함께 전국적인 독립운동의 바람을 제주에서 앞장서 일으켜 세우자는 의지를 불태워 1918년 10월 법정사 항일운동을 주도하였다. 그러나 거사 후 몇 달 뒤 일제 경찰에 의해 체포되면서 6년간 목포형무소에서 투옥 생활을 하게 되었다. 1923년 감옥에서 풀려난 후, 서귀포시 법화사 복원불사에 동참하였으나 일제의 감시로 여의치 않았다. 이에 1925년에는 부산 범어사로 향하여 승림 박만하 스님에게서 구족계를 받고 곧바로 금강산 마하연선원에 들어가 참선수행에 매진하였다. 방동화 스님이 제주도로 다시 돌아온 것은 1929년의 일이다. 이때 서귀포시 하원동에 원만사를 창건하였다.

원만사는 방동화 스님이 1923년 목포 형무소에서 출옥한 후 하원동 산자락의 반 평 남짓한 자연굴에 의지하여 수행하던 곳에 세워진 사찰이다.

창건주 방동화 스님

마을 신도들이 초가로 된 법당을 짓고 스님의 수행도량으로 마련한 것이다.

1945년 해방을 맞은 제주 불교계에는 일제식민지 치하에서 자의반 타의반으로 행해졌던 친일에 대한 참회를 통해 해방 이후 제주불교의 활동 방향을 혁신하고자 하는 개혁 운동이 일어났다. 그 결과 제주 불교계는 1945년 12월 조선불교혁신 제주승려대회를 개최하고 그 활동의 구심점이 될 제주교구 교무원을 조직하게 되었다. 여기에서 방동화 스님은 초대 제주교구 교무원장으로 추대되었고, 이후 활발한 활동을 전개하며 제주불교의 개혁을 추진해 나갔다.

그러나 1948년 제주 4·3 사건이 일어나면서 방동화 스님이 주석하고 있던 원만사는 인근 법화사와 함께 토벌대에 의해 모두 불태워지고 당시 사찰에 기거하던 양홍기 스님이 총살되는 등의 아픔을 겪어야 했다. 양홍기 스님 외에도 방동화 스님과 함께 근대 제주불교를 이끌던 대부분의 스님들이 총살되고 수장되는 파란의 시대를 보내며 방동화 스님도 폐허가 된 원만사를 떠나게 되었다. 그리고 1949년 4월 8일 신도 30여 명과 함께 중문동 2264번지에 터를 마련하고 새로 절을 창건하니, 이것이 곧 광명사다.

그 뒤 광명사는 1970년 창건주 방동화 스님이 입적하자 신도들이 사찰부지 반환을 요구하여 1972년 중문동 2274-1번지로 이전하였다. 이곳에서 2대주지 이상규 스님이 30평 규모의 대웅전과 18평 규모의 요사를 건립하여 1977년 8월 22일 한국불교태고종으로 종단 등록을 신청하였다. 그러나 이 역시 1984년 11월 중문관광단지 조성계획에 의해 개발용지로 수용 당하고 말았다. 결국 1995년 12월 5일 또다시 중문동 2273번지로 이전하여 서귀포시로부터 건축허가를 받고 1996년 2월 4일 광명사 중건 불사 기공식을 가졌다. 광명사는 그 후 1998년 6월 19일 대웅전 · 요사 및 법당 내부의 불상 조성 등 중창불사를 회향하고 낙성 및 점안 대법회를 봉행하여 현재에 이르고 있다.

■ 성보문화재

• 대웅전

대웅전은 앞면 5칸, 옆면 4칸의 50평 규모의 목조 구조물로 1996년 6월 19일 완공되었다.

안에는 불단 위에 최근에 조성한 석가여래좌상과, 1926년 방동화 스님이 조성한 건칠불(乾漆佛)이 나란히 봉안되어 있다.

그 밖에 1910년 일본에서 들여온 목조 관음보살좌상이 있다. 이것은 방동화 스님이 평생 모시고 다니다가 입적하게 되자 광명사에 기증한 것이다. 또 태국 국왕이 대만의 큰스님께 전한 것을 1993년 이곳으로 모셔와

대웅전 석가여래좌상과 건칠불좌상(화면 왼쪽)

봉안한 높이 240㎝의 백옥 석가여래좌상도 있다.

탱화로는 그 밖에 1998년에 그린 후불탱을 비롯하여 신중탱(1965년)·칠성탱·지장탱·감로탱·산신탱, 그리고 최근에 그린 동화 스님과 만허(滿虛) 스님의 진영 등이 봉안되어 있다.

1993년에 봉안한
태국 백옥 석가여래좌상

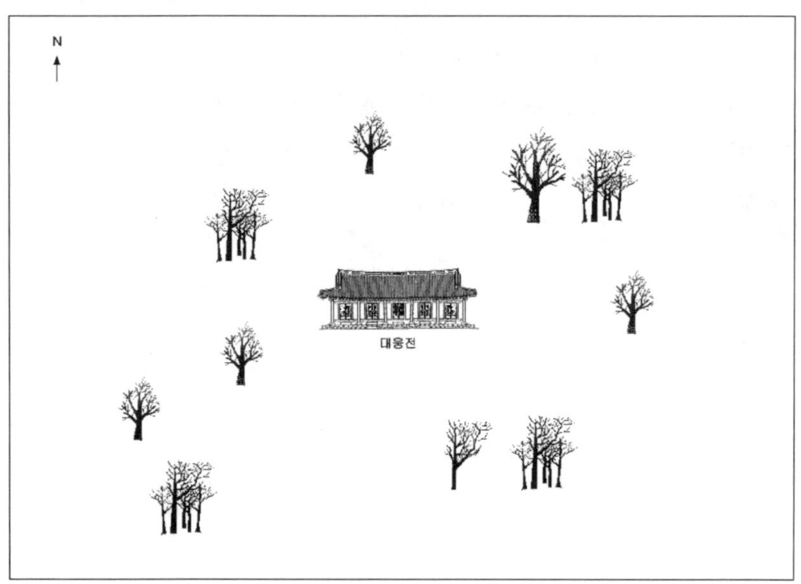

광명사의 가람배치

남국선원

■위치 및 자연환경

남국선원(南國禪院)은 서귀포시 상효동 산39번지, 한라산 국립공원의 경계에 자리하는 대한불교조계종 사찰이다.

한라산 백록담에서 남쪽으로 흘러내린 맑은 물은 서귀포시 상효동 일대의 천연 계곡 돈내코에 와서 모인다. 돈내코는 추위를 택하여 꽃을 피우는

남국선원 내경

한란의 자생지로 천연기념물 제432호로 지정되어 있다. 이곳은 암벽을 타고 내린 맑은 물이 푸른 숲을 가득 채워 수려한 경관을 자랑하는 곳이다. 남국선원에 올라 부처님 법을 만나기 전에 계곡의 물빛조차 초록으로 바꾸어 버리는 이곳 돈내코에 들어 세간의 법을 버리고 가기에 안성맞춤인 곳이다.

상효동 일대를 감싸 도는 이 돈내코 인근에는 고려시대 사찰 영천사지를 간직한 영천천(靈泉川)이 자리 잡고 있다. 이 계곡과 인접한 영천사지에서는 지금도 당시의 흔적을 확인할 수 있는 기와 파편들이 발견된다. 조선 후기의 문신으로 1840년에 제주 목사를 지낸 이원조(李源祚, 1792~1871)가 1843년에 쓴『탐라지초본(耽羅誌草本)』「산천조」에, "영천천은 정의현 서쪽 오십오 리에 있는데 냇가 큰 바위에 '관나암(觀儺岩)'이라는 세 자가 새겨져 있다. 옛적에 영천암 스님이 새겨놓은 것이다."라는 기록이 있다. 이 '관나암'은 제주도에서 가장 오래된 마애명(磨崖銘)으로, 영천사에서 나례의식이 거행되었음을 보여 주는 것이다.

한라산의 정기를 머금은 물이 대지를 적시며 흘러 내렸으니, 추운 겨울에 피어 오히려 정결한 향기를 뽐내는 한란처럼 이곳 돈내코 일대에 참선 수행도량 남국선원이 들어선 것은 수류화개(水流花開)의 당연한 이치에 따른 것이다. 이 돈내코에서 산 쪽으로 약 2㎞ 정도 올라간 곳에 자리한다.

■창건과 연혁

속칭 덕생이오름이라 불리는 이곳에 남국선원이 창건된 것은 1977년 혜국 스님이 인법당과 요사를 건립하면서부터다. 혜국 스님은 14세 때 일타(日陀) 스님을 은사로 출가한 이후 오직 참선 수행에만 매진해 오신 분이다. 이 혜국 스님이 해인사 장경각에서 수행할 때 제주도에는 왜 선원이 없는가 하는 성철(性澈) 스님의 일갈을 받고, 가섭존자도 미소 지을 참선 수행도량을 세우리라는 서원을 세우게 되었다. 선원을 세우기 위해 제주도 곳곳을 탐색하고 다니던 혜국 스님은 마치 삼태기처럼 생긴 이곳의 입지가 참선 수행에 최적의 조건을 갖추고 있음을 확인하였다. 더구나 이곳에는 대여섯 명이 충분히 사용할 수 있는 용천수가 샘솟아 절터로서 손색이 없었다. 이에 혜국 스님은 인법당을 짓고 석가부처님을 봉안한 후 만공스님의 제자인 겸우 스님을 모시고 남국선원의 선문을 일으켜 세웠다.

이후 남국선원에는 전국의 납자들이 모여들었다. 더불어 사찰 확장의 필요성도 계속 거론되었다. 이에 남국선원은 대규모 불사에 들어가 1994년 봄 마침내 70평 규모의 대웅전과, 2층으로 된 총 100평 규모의 무문관 및 제방선원을 완공하였다. 그리고 누각 형태의 시민선원과 종각, 60평 규모의 지대방, 요사등을 갖추고 오늘날의 남국선원을 중창하기에 이르렀다.

현재 남국선원에서 수행하는 스님들은 한 번 들어가면 다 깨우치기 전에는 나올 수 없는 무문관(無門關) 선원과, 안거가 있는 제방선원에 나뉘어 수행에 정진하고 있다. 그중 무문관 수행이란 중국 송나라 때의 선승인 무

남국선원 무문관

문 혜개 스님의 48개 공안을 모은 '무문관' 이라는 공안집(公案集)에서 처음 비롯된 말이다. 오늘날은 몇 년씩 기한을 정하고 문을 걸어 잠근 채 수행하는 곳을 뜻한다. 이 무문관에 들면 수행이 끝날 때까지 하루 한 끼만 먹는 일종식(一種食)과 묵언을 행하며 오직 화두에만 매달려 참구하게 된다. 현재 이곳 남국선원에서는 1층의 5개 무문관과 2층 제방선원의 좌우에 위치한 2개의 무문관 등 모두 7개의 무문관에서 스님들이 안거에 들어 정진하고 있다.

또한 2층에는 좌우 무문관을 협시로 둔 제방선원이 중앙에 자리하고 있다. 이곳에서도 철마다 스님들이 안거에 들어 일생일대의 화두를 참구한다. 제방선원의 스님들은 새벽 3시에 입선하여 아침 6시까지 정진한다. 다시 오전 8시에 입선하여 11시까지 화두를 붙들며 오전 정진을 마친다. 그리고 오후 3시 입선하여 5시까지 정진, 다시 저녁 7시에 입선하여 밤 10시까지 총 11시간 동안 결가부좌를 틀어 참선 삼매에 젖어든다.

제방선원에서 수행하는 스님들은 무문관 스님들의 시중을 직접 들며 그 일마저 수행으로 삼는다. 깨달음의 길에 의지처가 필요할까마는 이곳 남국선원에서는 무문관 스님들과 제방선원의 스님들이 서로를 뗏목으로 삼고 여실지(如實智)의 세계를 체득하기 위해 피나는 정진을 계속하고 있는 것이다. 현재 남국선원에는 무문관 입방을 기다리는 스님들이 2층의 일반 선원에서 정진하거나 무문관 안의 스님들을 시봉하며 무문관에 들 날을 기다리고 있다.

이러한 선원의 선기는 그대로 재가불자에게도 이어져 인근 지역에서뿐만 아니라 전국에서 일반 재가자들이 끊임없이 찾아들게 되었다. 이에 현재 남국선원을 이끌고 있는 성묵 스님은 민간신앙과 융합되어 기복 불교로 흘러왔던 제주불교가 크게 달라지고 있음을 확인하였다. 그리고 제주를 청정 정법의 세계로 이끌겠다는 대용맹심을 일으켰다. 시민선원의 활성화가 바로 그것으로 이곳에서는 재가자들도 선원의 스님들과 똑같은 일과로 안거기간에 정진하게 된다. 이 시민 선원이 큰 호응을 얻자 남국선원은 2004년 하안거 결제일에는 재가자 60여 명의 신청을 받아 상설 시민선원을 열었다. 또한 안거 기간 이외에도 시민들을 위해 선원을 개방하고 참선을 비롯한 불교 수행 지도를 계속해나가고 있다. 특히 매달 둘째 넷째 토요일과 일요일에는 저녁 9시부터 새벽 3시까지 용맹정진을 실시한다. 이때에도 청소년에서부터 70세 노인에 이르기까지 30여 명의 재가자들이 참여한다. 이처럼 남국선원이 전국적인 명성을 얻게 된 것은 이곳 스님들의 남다른 구도의 열정 때문이기도 하지만, 수행 정진하는 도반들을 깨달음의 길에서 만난 귀한 선우로 모시고 온갖 번거로움도 수행의 도구라 여기는 남다른 선풍이 이곳에 들어차 있기 때문이다.

남국선원의 주변 입지 또한 참선수행을 하기에 매우 적합하다. 여름에는 남풍이 불어 시원하고, 겨울에는 한라산이 찬 바람을 막아주어 포근하다. 겨울에도 영하로 내려가지 않는 포근한 날씨로 인해 눈 쌓인 풍경을 제대로 구경할 수 없을 정도이다. 하지만 그 대신 밤이면 한라산의 노루들이 대웅전 앞 도량으로 내려와 노니는 풍경을 자주 목격할 수 있다.

남국선원은 개발이라는 미명 하에 위기에 몰려있는 일부 지역의 선원들과는 달리 여여한 선원의 자태를 잘 지켜내고 있으며, 제주불교 미래의 한 축을 담당할 전법도량으로서 그 명성을 다하고 있다.

■성보문화재

• 대웅전

대웅전은 70평 규모의 팔작지붕 건물로 1994년에 중창되었다.

안에는 석가불을 주불로 하여 좌우 협시로 관음보살과 지장보살을 봉안하였다.

대웅전 삼존불상

• 무문관과 제방선원

남국선원의 무문관과 제방선원은 대웅전 뒤편에 자리 잡고 있다. 2층으로 된 총 100평 규모의 선원이다. 1층에는 5개의 무문관이, 2층에는 중앙의 제방선원과 제방선원 좌우 2개의 무문관이 있다.

• 시민선원

남국선원의 시민선원은 대웅전 맞은편에 자리 잡고 있다. 누각 형태의 이 시민선원은 일반 재가자들의 참선 수행을 돕기 위해 마련된 것이다. 스님들의 안거기간에 맞춰 결제에 들어 수행하는 것은 물론, 매달 격주 토요일, 일요일에는 철야로 정진하는 불교 수행법인 용맹정진이 행해진다.

• **전적**

2004년에는 남국선원 소장 불교전적(典籍)문화재가 제주도유형문화재 제21호로 지정되었다. 고려시대 보조국사 지눌이 수행자를 위해 지은 수행지침서인 『육경합부(六經合部)』(1486년 무등산 규봉암 간행)와 『몽산화상육도보설(蒙山和尙六道普說)』, 영천 은해사에서 중간한 『묘법연화경』(1531년) 등 임진왜란 이전에 발간된 희귀 목판본들이 그것이다.

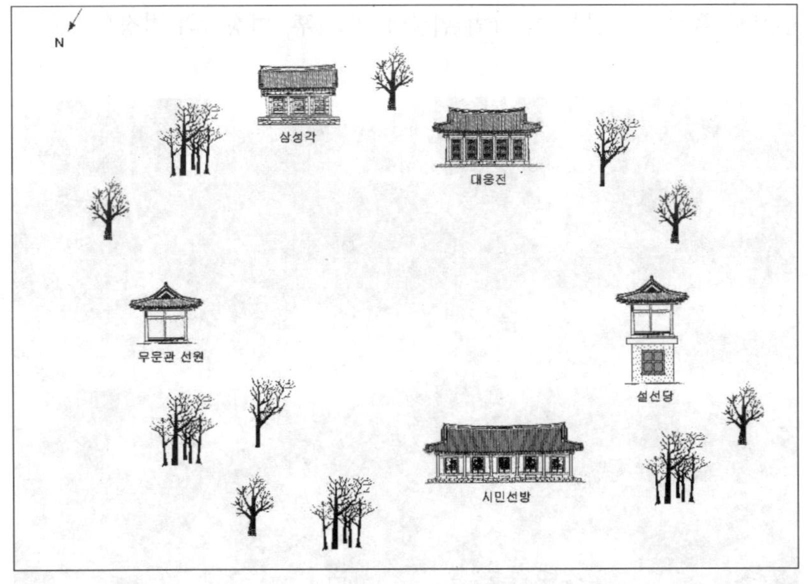

남국선원의 가람배치

법정사

■위치와 연혁

법정사(法井寺)는 서귀포시 중문동 1686번지에 자리한 한국불교태고종 사찰이다.

제주도 지도를 펼쳐놓고 보면 한라산 백록담의 하늘빛 물줄기가 영실의 숲으로 흘러 존자암을 한 바퀴 휘감아 내린 후, 법정악의 법정사에 들러

창건 당시의 법정사 옛터

참배하고 이어 법화사의 구품연지에 와서 연꽃을 피워내고 있음을 볼 수 있다.

오늘날 '무오 법정사 항일 운동'의 근거지로 더욱 주목받고 있는 법정사는 존자암과 법화사의 중간 지점에 위치한 사찰이다. 본래 이곳은 고려시대 거찰이었던 법화사의 산내 암자였다. 서귀포시 하원동의 해발 760m 되는 법정악 깊은 계곡에 안겨 있는데, 예전에는 이 법정악 계곡 곳곳에 스님들이 수도 정진하던 수행굴이 다수 자리하고 있어 스님들은 계절에 따라 한라산 존자암에서 법정사, 법화사로 옮겨 다니며 수행에 매진하였다.

근대에 들어 법정사가 다시 일어서게 된 것은 1911년 9월의 일이다. 1909년 관음사를 창건한 안봉려관 스님과 김석윤 스님이 한라산 남쪽을 대표할 사찰의 필요성을 느끼고 주변의 적극적인 후원에 힘입어 관음사 다음으로 일으켜 세운 사찰이다. 이 두 스님은 근대 제주불교의 기틀을 마련하는 선구자적 역할을 한 인물들로서 제주 각지에 수십 군데의 사찰을 창건하였다. 특히 김석윤 스님은 1909년 항일의병운동의 핵심인물로, 해방 전까지 여러 차례 투옥됨을 불사하며 항일운동을 펼친 승려이자 독립운동가였다.

■법정사와 무오 항일운동

창건 이후 법정사는 김석윤 스님의 사형인 강창규 스님의 주선으로 1914년에 경주 기림사(祇林寺) 출신의 김연일 스님을 주지로 맞이하였다. 김연일 스님은 항일의식이 투철했던 분으로 제주에 들어오기 이전부터 항일 저항세력과 지속적인 교류를 이어왔었다. 입도(入島) 이후에는 강창규·방동화 스님 등과 긴밀히 교류하면서 그들의 항일 의지를 더욱 굳건히 하였다. 이후 이 세 스님은 한라산 산천단에서 의형제를 맺고 항일 투쟁을 일으켜 민족을 구할 것을 맹세하였다. 그리고 1918년 여름, 법정사를

무오 항일운동을 이끈 법정사 주지 김연일 스님

그들의 근거지로 삼고 항일거사 성취를 위한 백일기도를 시작하면서 본격적 거사 준비에 들어갔다.

그 당시 상황을 전해들은 고(故) 혜관 스님은 다음과 같이 증언하였다.

"그분들은 제주를 배의 닻가지로 보았습니다. 닻가지가 먼저 움직여야 배가 움직이듯이 제주에서 먼저 만세운동을 벌여야 우리나라가 움직인다고 믿었습니다. 그래서 만세운동을 벌인 것입니다."

김연일 · 강창규 · 방동화 스님 등이 법정사를 근거지로 하여 일으킨 '무오 법정사 항일운동'은 1910년의 한일합방 이후 전국 최초이자 단일지역 최대의 항일운동이었다. 1919년의 3 · 1 독립운동보다도 1년이나 앞선다. 혜관 스님의 증언은 무오 법정사 항일 운동이 이곳 제주에서 발생했던 배경을 확실히 하고 있다는 점에서 매우 중요한 발언이다. 당시 김연일 스님의 고향인 경상북도 영일에서는 김인수 · 정구용 스님을 비롯한 여러 명의 승려들이 제주에 들어와 거사에 동참하였고 독립군 자금도 유입하였다. 이러한 정황들은 내륙과 제주의 승려들이 한반도 전체에 독립운동의 바람을 일으켜 세우기 위한 전초기지로 제주를 선택했음을 말해준다. 그리고 이곳 제주에서 전국적 항일투쟁의 불씨를 일으킬 대대적 거사를 준비했던 것이다.

이처럼 제주를 전초기지로 하여 전국적으로 항일운동을 확산시키고자 시작된 법정사 항일운동은 1918년 10월 5일, 김연일 스님의 총책임 아래 마침내 발화되었다. 강창규 스님을 선봉대장으로, 방동화 스님과 강민수 스님을 각각 좌우 대장으로 삼고 그 아래 33인의 무장조직을 결성하여 투쟁에 나섰다. 화승총과 곤봉 등을 들고 법정사에서 서귀포로 향하던 무장 대열에 인근 중문지역 주민들이 대거 동참하면서 이 날의 항일운동에 참여한 인원은 400여 명으로 늘어났다. 이들 항일투쟁 세력은 일제의 통치기관과 시설 등을 파괴하며 조국의 독립을 외쳤다.

1923년 대구복심법원 검사국에서 내린 정구용 스님의 판결 내용에서 당시의 사건의 개요를 살펴볼 수 있다.

전라남도 제주도 도순리 한라산 서남쪽 기슭 법정사의 주지 김연일은 일찍부터 제국(일본) 정부의 조선통치에 대해 불평을 품어 대정 7년(1918) 음력 6, 7월경부터 몇 명의 동지와 의논하여 불교도 및 농민을 모아 작당을 하고 폭행, 위협으로 도내에 거주하는 일본인 관리를 섬 밖으로 내쫓음으로써 제국정부의 통치에 반대하는 기세를 보일 것을 꾀해 그 절에 모여드는 신도들에게 그 취지를 전달, 가담토록 독촉하던 바 동년 음력 8월 10일(양력 9월 14일) 김연일은 스스로 불무황제라 칭하며 그 즉위식을 거행, 모사(謀師) 이하 선봉 · 중군 · 후군 각 장수의 부서를 정하고 깃발 · 곤봉 · 총기 등의 준비를 마치고 자기는 2~3명과 함께 절에 머물고 동아리

30여 명은 동년 음력 9월 3일(양력 10월 7일) 새벽 절을 내려가 장정을 모아 단숨에 서귀포를 습격하려고, 우선 좌면(중문면) 영남리를 거쳐 우면(서귀면) 서호리, 호근리에 들어가 각 리에서 장정 모집을 위해 구장에게 민적부를 내놓도록 강요, 공포를 쏘면서 이민을 위협하고 또한 격문을 뿌리면서 장정을 징발하려 했으나 예기(豫期)한 대로의 가입자를 얻지 못하자 지휘자는 즉시 서귀포를 친다는 것이 불리하다는 것을 깨달아 길을 바꿔 좌면 중문리 경찰관 주재소를 습격하려고 남쪽 연안으로 나가 동면 강정리 · 도순리 · 하원리에서 전기(前記)와 동일한 방법으로 이민의 가입을 강요, 강정리 · 도순리 사이의 대천(大川)의 서안(西岸) 부근에서 전선 및 전주 2본을 절단하고 하원리에서 고이즈미세이싱 및 2명의 조선인에게 폭행을 가해 그 세력이 점차 늘어 약 300여 명이 된 폭동단은 일시에 중문리에 쇄도, 그곳 경찰관 주재소에 방화하여 해당 건물을 태워 없애고 동일 오전 11시경 끝내 수명의 순사에게 격퇴당해 사방으로 흩어졌지만 피고 정구용은 이 거사에서 전기 연일 등의 모의에 참여했을 뿐 아니라, "우리 조선은 일본에 탈취 당해 괴로워하고 있다. 이제야 옥황상제 성덕주인이 나와 이들 조선인민을 구제토록 명을 받았다. 이제 각 면 이장은 즉시 이민 장정을 모아 솔군(率軍)하여 동월 3일 오전 4시 하원리에 집합하라. 그래서 4일(양력 10월 8일) 대거 제주향(濟州鄕)을 습격하여 관리를 체포하고 보통 일본인을 추방하라. 이 명령을 위반하는 자는 군법에 처한다."는 불온 문구를 기재한 격문 수통을 작성하여 이를 서귀포 법환리에 배부하고 또한 전기(前記)의 많은 군중이 지나갈 때 영남리 · 호근리의 각 구장을 협박하여 민적부의 제출을 강요, 장정을 징발함으로써 솔선하여 폭도의 기세를 도와 치안을 방해했다.

이 판결문은 최근에야 공개된 자료로서 무오 법정사 항일운동의 진실을 밝혀 주었다. 그 동안 '김연일 이하 보천교도들이 일으킨 난' 이라고 왜곡

무오 법정사 항일운동 발상지
戊午 法井寺 抗日運動 發祥地

제주도지정문화재 기념물 제61-1호(지정. 2003. 11. 12)
명　칭 : 무오 법정사 항일운동 발상지
소재지 : 서귀포시 도순동 산1. 하원동 산1-1
면　적 : 230,346㎡(보호구역 189,940㎡)

무오법정사항일운동은 "기미(1919년) 3·1운동"보다 5개월 먼저 일어난 제주도내의 최초 최대의 항일운동이자 1910년대 종교계가 일으킨 전국 최대 규모의 무장항일운동이다. 1918년 10월 7일(월) 서귀포시 도순동 산1번지에 있는 법정사에서 평소 일본제국의 통치를 반대하던 불교계의 김연일(金連日)·방동화(房東華) 등 승려들이 중심이 되어 법정사 신도와·선도교도 민간인 등 400여명이 집단으로 무장하여 2일 동안 조직적으로 일본에 항거한 항일운동으로서, 1919년대의 3·1운동을 비롯하여 민족항일의식을 전국적으로 확산시켜나가는 선구적인 역할을 하였다. 무오법정사항일운동은 당시 법정사 주지인 김연일 스님 등 30여인에 의하여 1918년 5월부터 10월 7일 거사일 까지 무장항일거사 계획을 면밀하게 추진해 나가면서 『우리 조선은 일본에 탈취 당해 괴로워하고 있다. ..... 1918년(음) 9월 3일 오전 4시 하원리에 집합하라. 그래서 (음)9월 4일 대거 제주항(濟州港:제주시)을 습격하여 관리를 체포하고 보통 일본인을 추방하라.』 라는 격문을 만들어 법환동·호근동·영남동 등 각 마을 구장에게 격문을 돌리도록 하고. 10월 7일(음 9. 3)새벽 무장항일운동을 전개하였다.
공격의 1차 목표는 서귀포순사주재소였으나 여의치 못하자 2차 목표인 중문리 순사주재소를 습격하였다. 이 과정에서 '큰내'(江汀川)을 가로지르는 전선과 전주 2개를 절단 무너뜨렸고, 하원리에 이르자 항일항쟁에 참여한 가담자가 300~400명에 이르렀다. 중문주재소를 습격하기 위해 중문리로 향하던 일행은 하원리에서 일본인 고이즈미세이싱(小泉清身), 장로교의 윤식명(尹植明)과 일행 부용혁(夫容赫)을 때려 상처를 입히고, 중문순사주재소에 불을 질렀다. 이후 연락을 받고 출동한 서귀포순사주재소 순사들에 의해 총격을 받고 퇴각하면서 흩어지게 되었다.
무장항일운동에 참여했던 주요 가담자 66명은 광주지방법원 목포지청으로 송치되었으며, 그 중 48명이 소요보안법 위반으로 기소되었고, 1919년 2월 4일. 실형 선고 31명. 벌금 15명. 재판전 옥사 2명, 수감 중 옥사 3명, 불기소 18명이었다. 항일운동의 발상지인 법정사는 '법정악' 능선 해발 680m지점에 있다. 법당은 우진각 지붕의 초당이었으며, 면적은 87.3㎡의 작은 절이었으나, 당시 항일지사들의 체포와 동시에 일본순사들에 의해 불태워졌고 지금은 축대 등 건물 흔적만 남아 있다.
서귀포시에서는 1996년도부터 항일운동발상지의 성역화사업을 추진하여 왔으며, 2004년도에는 400인의 합동신위와 66인의 영정을 모신 의열사가 준공되었다.
※ 문화재보호구역 및 주변에서는 취사· 흡연· 야영· 산림훼손 등 문화재보호에 영향을 미치는 각종 행위를 허가 없이 할 수가 없습니다.

법정사 부근에 있는 법정사 무오 항일운동 발상지 기념 안내판

되어온 이 항일운동이, 사실은 스님들이 주축이 되어 일으킨 불교항일운동이었음을 증명하는 근거가 된 것이다.

지금까지 법정사 항일운동은 보천교도들이 일으킨 것으로 왜곡되어 왔다. 그러나 1923년 판결 당시의 기록에는 보천교 내지 그 전신인 태을교에 관한 언급은 일체 존재하지 않는다. 오히려 그러한 왜곡은 모두 후대에 들어와 이루어졌음이 밝혀졌다.

한편 최근 일부에서는 이 판결문 발표 이후에도, 1934년 『고등경찰요사』에 실린 것처럼 1918년 9월 19일(음력 8월 15일)에 열린 법정사에서의 우란분절 법회가 보천교 창립일인 9월 19일과 동일하다는 근거를 제시하며 기존의 입장을 계속 되풀이하였다. 그러나 이 주장도 음력과 양력의 차이를 미처 생각하지 못한 어이없는 해프닝으로 끝이 났다. '보천교도의 난' 이라고 했던 기존의 주장들이 모두 근거가 없는 오류였음이 증명된 것이다. 참고로 보천교 창립일은 음력 9월 19일이다. 법정사 항일운동의 일정 중 음력 8월 15일에 있었던 법회와는 전혀 관련이 없는 날이다. 해방된

법당 내부

지 반세기가 넘은 이 시점에서도 음지에 가려진 제주불교의 역사는 제 모습을 되찾지 못하고, 아직도 일부 왜곡된 시선 속에 묻혀있는 실정이다.

이 법정사 항일운동에서 일제에 의해 체포되어 검거된 인원은 총 66명이었다. 그 중 재판에 회부되어 실형을 받은 대상자는 31명, 옥사한 사람은 5명이었다. 그리고 이 운동의 주동세력 즉, 김연일 스님은 사건을 주도했다는 이유로 10년 형을 언도받았다. 그 밖에 강창규 스님은 8년 형, 방동화 스님과 김상언 스님은 각각 6년 형을 선고 받고 감옥에 투옥되면서 법정사 항일운동은 그 막을 내리게 되었다.

■근대의 법정사

법정사는 무오 항일운동 직후 일본경찰에 의해 폐사되었다. 그리고 인근의 수행굴조차 일제의 삼엄한 감시와 함께 통제되어 일반인의 접근은 엄두도 낼 수 없게 되었다. 그 뒤 해방은 되었으나 법정사는 폐사된 채 복원되지 못했다. 다만 이곳은 마을사람들의 산신 기도처로 바뀌어 수행굴이나 천막에 머물면서 기도하는 사람들로 북적이게 되었다.

지금으로부터 약 20여 년 전 이곳에 천막을 치고 산신기도를 하던 미만화보살이 기존의 법정사 터에서 약 500m가량 떨어진 곳에 법당과 요사를 지어 법정사라 명명하고 2002년 태고종 제주교구 사찰로 등록하였다.

현재 서귀포시에서는 항일운동 발원지인 이곳의 역사적 의의를 되새기기 위해 서귀포 70경(景) 중의 한 곳으로 지정해 놓고 있다. 또한 법정악 일대에서 대대적인 법정사 항일운동 성역화 사업도 계속 추진 중에 있다.

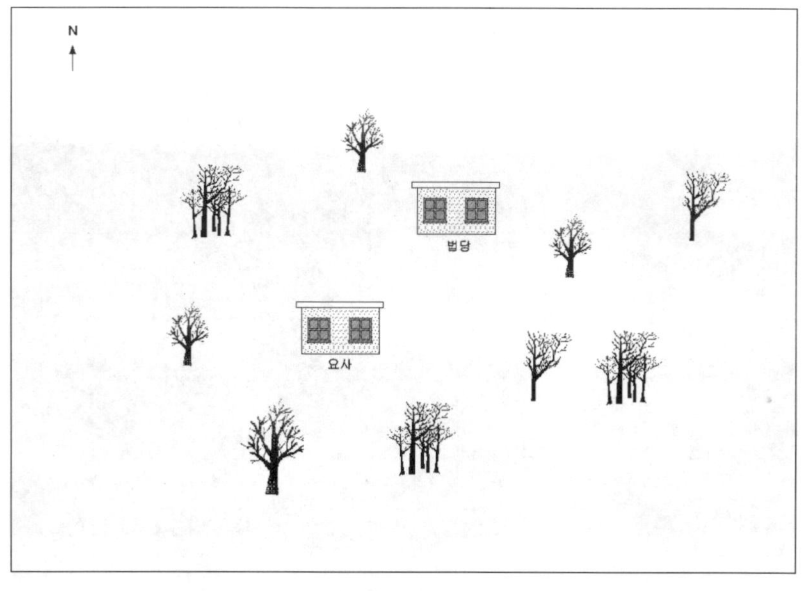

법정사의 가람배치

봉림사

■위치 및 자연환경

봉림사(鳳林寺)는 서귀포시 호근동 186번지에 위치한 대한불교조계종 제23교구 본사 관음사의 말사다.

봉림사가 자리한 호근동은 서귀포시 중심부에서 서북쪽으로 약 4㎞ 지점에 자리 잡은 마을이다. 이 마을은 한라산 남북간의 급경사를 타고 내려

봉림사 대웅전

온 지형에 형성된 까닭에 마을 자체가 매우 경사진 곳에 위치하고 있다. 호근동 지경에 있는 서귀포여자고등학교에서 산 쪽으로 흘러가는 샘물인 거슨새미, 그리고 서호초등학교가 있는 솔대왓을 거쳐 솔왓동산, 빌렛동네까지도 이 마을의 가파른 경사는 계속된다. 너럭바위의 제주 사투리인 빌렛동네라는 지명과, 이 마을 안팎에 산재한 동산이라는 지명에서도 이 마을의 지형적 특성을 짐작해 볼 수 있다.

그러나 과거 이 비탈에 살았던 호근마을 사람들은 이러한 열악한 지리적 조건을 극복하기 위해 일찍이 가파른 경사를 따라 팽나무 · 식나무 · 풍개나무 · 동백나무 · 대나무 등을 심어 바람을 막고 조경을 도왔다. 지금은 경사를 따라 형성된 그 모습이 더욱 인상적으로 다가오는 곳이다.

또한 이 마을은 해안선까지도 가파른 절벽으로 이루어져 있는데, 수려한 경관을 자랑하는 해안 경승지 돔배낭굴에서 망 앞까지 모두 깎아지른 절벽으로 형성되어 있다. 그리고 이 마을 앞 바다에 마치 한 폭의 그림과도 같이 고요히 떠올라 있는 범섬의 아름다움은 눈으로 확인하기 전에는 알 수 없는 것이다. 일설에 의하면 바로 이 마을 앞 바다에 떠있는 범섬 때문에 마을 이름조차 호근이라 불리게 되었다 한다. 봉림사는 이 호근동에 위치한 삼매봉과 일직선으로 마주한 고지대에 위치해 있다.

■창건과 연혁

봉림사의 처음 이름은 용주사(龍珠寺)로서 1929년 최혜봉 스님에 의해 창건되었다. 1929년 당시 혜봉 스님이 이곳에 사찰을 창건할 원력을 세우자 김복남 거사가 절터 437평을 시주하며 스님을 도와 이 사찰을 창건하게 된 것이다. 최혜봉 스님은 1945년 12월에 열린 조선불교혁신 제주승려대회에서 용주사 대표로 참여하여 교무회원으로 활동하기도 하였다.

그러나 1948년 4 · 3사건이 일어나면서 이 사찰 역시 건물이 전소되는 피해를 입게 되었다. 당시 용주사에는 18평 규모의 초가 법당과 요사 등이

봉림사의 전신인 황림사 중창비(1968년)

자리 잡고 있었으나 1948년 11월 무렵 토벌대에 의해 전부 불타버렸고, 남아있던 사찰의 부속 건물과 불기 등도 모두 태워졌다. 그리고 사찰에 거주하던 스님 등은 모두 인근 서호동 지경 속칭 '박애작 동산'으로 소개(疏開)되었다. 소개 당할 당시 용주사 스님이 3자 크기의 석가모니불상과 각단의 탱화를 등에 지고 피신을 하기도 했다. 소개 후에는 남의 집을 빌려 임시 거처로 사용하다가, 다시 인근 밭을 빌려 16평 정도의 인법당을 짓고 5년 남짓 머물렀다.

그 뒤 1953년 무렵에 본래의 터로 돌아와 20평의 초가 법당과 15평의 요사를 짓고 용주사의 재건에 힘썼다. 그리고 1968년 대웅전을 중건하여 황림사(黃林寺)로 개명하였고, 사세를 더욱 확장하면서 인근 신도들의 신앙의 근본도량으로 발전하게 되었다. 이후 1983년에는 다시 사명을 봉림사로 바꾸어 현재에 이르고 있다. 지금의 대웅전은 1994년에 완공된 것이다.

4 · 3사건 당시 스님이 등에 지고 피난 시켰던 탱화 중 일부는 소각되었고, 남은 일부는 법정사에 모셨으나 현재는 모두 소실되고 없다. 그리고 석가모니불상은 훼손 상태가 심하여 1970년대에 새롭게 삼존불을 모시면서 교체되었다. 현재 사찰 내에 초창기 유물은 전부 소실되고 없는 상태다.

다만 이 봉림사 대웅전과 요사 사이에 자리한 용천수에는 파란만장했던 사찰의 역사만큼이나 많은 이야기들이 현재까지 전해 내려온다.

지금으로부터 60여 년 전, 봉림사 인근에 살고 있던 한 노보살이 불공을 위해 '택미'를 하던 중 법당 밖에서 펑펑 울리는 소리를 듣게 된다. 놀란 노보살이 밖으로 나가보니 용천수가 넘쳐흐르고 있었다. 이 일이 있고 난 뒤, 마을 여인네들이 제주의 물맞이 풍습에 따라 용천수에 모여들었으나 그때는 용천수의 물이 금세 줄어들어 버렸다. 그 뒤부터 마을사람들 사이에는 "무슨 일이든 정성을 다할 때만 물이 넘친다."는 이야기가 퍼지게 되었다.

대웅전 삼존불상

이 사찰의 주지인 일경 스님에게도 이 용천수에 얽힌 사연이 많다. 대웅전 불사가 한창일 때, 아무리 가뭄이 들어도 사찰 용천수만큼은 물이 줄지 않았던 것이다. 덕분에 스님과 그 많은 일꾼들은 식수 걱정 없이 불사에 전념할 수 있었다고 한다.

또 한번은 어린이 법회에 다니던 한 아이가 매일 물을 떠 집으로 가져가는 것을 스님이 보게 되었다. 스님이 그 연유를 물었더니 아이는 "어머니가 많이 편찮으신데, 이 사찰의 물을 드리면 나을 것 같아서 매일 물을 떠 간다."라고 대답했다. 우연의 일치인지는 모르지만, 이후 아이의 어머니는 건강을 되찾게 되었다. 이러한 일련의 일 때문에 이곳 봉림사의 용천수에 대한 스님의 사랑은 남다른 것이 되어서, 지금도 1년에 서너 번 용왕제를 지내며 감사의 뜻을 새기고 있다.

봉림사의 가람배치

선덕사

■위치 및 자연환경

한라산을 가로지르는 초록의 길, 5 · 16도로를 타고 서귀포 방향으로 달리다보면 서성로 입구를 지나 남서교와 만난다. 이 숲 속의 아름다운 다리, 남서교는 서귀포시와 남원읍 경계에 위치해 있다. 이 다리를 지나 우회전하여 울창한 숲 속 길을 따라 500여m를 더 가면 산 빛만큼이나 고운

선덕사 대적광전

절이 나타난다. 서귀포시 상효동 86-15번지에 맑은 기운으로 산문을 열어 놓은 선덕사(善德寺)다.

선덕사는 한라산 정기가 모여 있다는 선돌로 오르는 길의 초입에서 당당한 모습으로 그 위용을 자랑한다. 선돌은 신선바위 등과 어우러진 깊은 산속의 수려한 경관으로 인해 서귀포 명승 70경으로 지정된 곳이기도 하다.

이 선덕사의 정확한 창건연대는 자세히 알려져 있지 않으나, 1870년 무렵 쌍월 선사와 응월 스님이 이곳에서 수행했던 것으로 알려져 있다. 또한 인근의 상효동 85-1번지에는 중세시대 사찰인 두타사 터가 남아있는데, 일설에 의하면 이 사찰은 암자형태로 1930년대까지 존속했었다고 전한다.

■창건과 연혁

이곳에 1982년 오늘날의 선덕사가 중창된 것은, 조계종 3 · 4 · 6대 종정이었던 고암 상언(古庵祥彦, 1899~1988) 스님의 뜻에 의해서였다. 고암

대적광전 삼존불상

스님은 손상좌인 학균 스님에게 이곳에 부처님의 바른 법을 이어갈 선불장(選佛場)을 일으켜 세울 것을 권하였고, 그것이 바로 오늘날의 선덕사가 창건된 계기가 되었다.

당시 이곳 선덕사 자리에는 150평의 부지에 30여 평의 법당과 작은 요사가 들어앉은 선도암이라는 암자가 자리 잡고 있었다. 은사 스님의 뜻을 받든 학균 스님은 이 선도암을 중심으로 주변의 3만여 평 부지를 마련하여 불사에 들어갔다. 그리고 1982년 마침내 고암 대종사를 모시고 학전선원을 개산하면서 새로운 산문을 일으켜 세우게 된 것이다.

■성보문화재

현재 선덕사에는 대적광전 · 삼성각 · 응진전 · 범종각 · 불이문 · 보광당 · 사천왕문 · 범종루 · 선불장 · 구층석탑 · 석조 약사여래상 · 옥칠불전 · 일주문 · 석조 관음보살상, 오층석탑 · 금강문 · 종무소 등이 건립되어

옥칠불전 내의 옥으로 만든 불보살상

도량을 장엄하고 있다.

특히 선덕사의 전체 건물은 모두 목조 건물로 우리나라의 보편적인 가람 양식을 잇고 있어서 2003년 제주도유형문화재로 지정 보호되고 있다. 또한 2005년에는 서귀포시 향토유형유산 제3호로도 지정되었으며, 같은 해에 선덕사 대적광전이 제주도문화재자료 제8호로 등록되어 그 아름다움을 널리 알리게 되었다.

선덕사에는 대적광전과 더불어 고암 대종사가 전수한 선덕사 소장 『묘법연화경』 3종도 제주도유형문화재 제19호로 지정 보호되고 있다.

또한 선덕사 법당 안에 봉안된 후불탱화와 신중탱화, 오백나한 탱화는 탱화 부문 인간문화재인 송봉구 스님이 그의 수제자와 더불어 5년에 걸쳐 완성한 것으로 문화재적 가치가 매우 높은 것이다.

법당 내부에는 범종과 금고(金鼓)가 각 2구씩 보존되어 있는데, 국내 최초로 통일신라시대의 밀랍주조법을 재현하여 주조한 것이다.

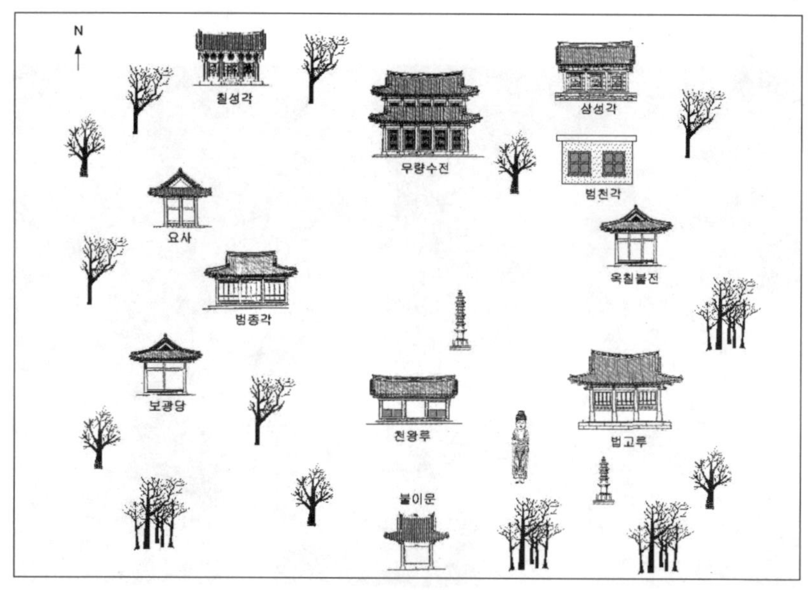

선덕사의 가람배치

약천사

■위치 및 연혁

서귀포시 대포동 1165번지에 위치한 약천사(藥泉寺)는 대한불교조계종 제10교구 본사 은해사의 말사다.

서귀포라는 지명의 '서귀(西歸)'는 서방정토(西方淨土)의 아미타부처님께 귀의한다는 뜻이다. 그런 의미에서 아미타 부처님이 계신 서방정토를 형상화해 놓은 절이라고 할 수 있다. 약천사는 사찰의 웅장한 규모만으로

약천사 전경

는 제주도 내에서 첫손 꼽히는 사찰이다. 이곳 약천사의 대적광전은 단일 건물로는 동양 최대의 법당으로 8여 년에 걸친 공사 끝에 완공되었다.

약천사는 그 이름의 유래에서도 보이듯이 '되새미' 라는 약수가 샘솟던 곳을 발원지로 하여 세워졌다. 되새미 약수터는 사찰이 창건되기 훨씬 이전부터 산신 기도처로 민간에 널리 알려진 곳이었다. 그런데 이곳 약수터 근처의 자연굴에서 1960년 무렵 인근에 살던 김평곤 법사가 신병을 치료하기 위해 관음기도를 시작하였다. 김평곤 법사는 기도 도중 관세음보살이 현몽하여 몸에 침을 놓아 준 후로 오랜 지병이 완치되어 쾌차하게 된다. 이에 이것은 오로지 부처님의 가피라고 생각하고 이후 450평 남짓한 절터에 18평의 초가삼간을 지어 약천사라 명명하고 불법을 홍포하기 시작하였다. 이곳에 1981년 인연이 닿은 혜인 스님이 대찰을 짓겠다는 원력을 세우고 1988년부터 불사에 착공하였다. 그리고 1996년 단일 건물로는 동양 최대라고 하는 대적광전 불사를 마치게 된 것이다.

창건주 혜인 스님은 일타(日陀) 스님의 맏상좌로 남제주군 화순에서 태

약천사 대적광전

어났다. 혜인 스님이 직접 설계의 초안을 잡은 약천사 대적광전은 1988년 2월 착공에 들어갔다. 그리고 1991년 음력 9월 보름, 동양 최대 규모인 지상 29.5m의 외부 3층, 내부 4층 구조의 1,023평에 이르는 큰 법당의 모습을 세상에 드러내었다. 이 대적광전의 기본 구조는 금산사의 미륵전과 같은 외부 3층 구조의 양식을 취하고 있다. 내부 법당은 화엄사 각황전의 웅장한 구조미를 모본으로 삼은 것이다. 대적광전 큰 법당의 규모는 최대 2천여 명까지도 수용할 수 있는 크기이다. 이날 대적광전 상량식에서는 일타 스님이 직접 상량문을 쓰고 상량법회를 가졌다. 이어 1992년 가을부터는 단청기술자 전창우의 주도 하에 대규모 단청불사에 들어갔다.

1993년 음력 9월 15일에는 1층 큰 법당에 비로자나불이 봉안되었다. 이 불상은 백두산에서 구해온 나무로 조성한 것이다. 크기는 좌대까지 합쳐 무려 9m에 이르는 국내 최대의 목불 좌상이다. 이외에도 2층 법당에는 8만 금동불상이 빼곡하게 안치되어 있다. 3층에도 수많은 인등들이 기원의 은하수를 이룬다.

약천사가 이 대적광전 단청 불사와 봉안된 불상의 개금까지 모두 마친 것은 착공된 날에서 무려 8년 6개월이 지난 1996년 음력 9월 15일의 일이었다. 그 장엄한 모습을 온전히 드러낸 이날 낙성식 대법회에서는 큰 법당뿐만 아니라, 법당 지하에서 내부 통로로 연결된 820평의 요사와 3층 누각 형태의 북각과 종각도 완성된 모습을 선보였다. 법고와 범종을 걸고 타종식을 행하여 약천사 대작불사의 일단계 완성을 널리 알린 것이다.

오랜 기간에 걸친 대작불사를 모두 회향하고 마침내 제주 산남(한라산 이남 지역)지역을 대표하는 사찰로 우뚝 선 약천사는 그 위세에 걸맞게 지역주민들을 위한 포교활동과 문화행사에도 많은 노력을 기울였다. 1993년 제1회 경로잔치를 개최하는 것을 시작으로 해마다 경로잔치 및 동(洞)별로 노래자랑을 개최하고, 그 밖에 다도교실과 사찰음식 교류전 등을 통한 불교문화 전파에도 앞장서고 있다.

대적광전 삼존불상

2001년 10월 30일에는 범종을 새로이 제작하여 타종식을 가졌고 더불어 오백나한 봉안식 및 국제가사불사 회향대법회를 개최하였다. 2003년 5월에는 '공생-대승불교의 생명관'이라는 주제로 한·일 불교문화교류대회가 이곳에서 열렸다. 이 행사는 한국 측 스님 100명과 일본 측 스님 300명이 참석한 대규모 행사였다.

비로자나불을 모신 큰 법당, 약사여래불을 모신 굴법당, 오백나한을 모신 영산전 등을 고루 갖춰 제주도 내 손꼽히는 대찰로 거듭난 약천사는 최근에도 제주도 내외의 불법 홍포에 전력을 다하며 그 명성을 더해가고 있다.

■성보문화재

• 대적광전

대적광전(大寂光殿)은 단일 법당으로는 동양에서 가장 큰 규모를 자랑한다. 대적광전의 외형은 전라북도 김제에 있는 금산사(金山寺) 미륵전의 3층 구조를 응용하여 설계되었다. 또한 대적광전 내부의 큰 법당은 전라남

굴법당 내부

도 구례 화엄사(華嚴寺) 각황전의 웅장한 구조를 모본으로 삼아 건축한 것이다. 외부에서 볼 때는 3층의 구조물이지만 내부에 들어서면 4층의 구조로 설계되어 있다. 이것은 창건주 혜인 스님이 직접 설계한 것이다.

주불로 모신 비로자나불상은 백두산에서 가져온 목재로 조성되었다. 좌대를 포함한 높이가 9m에 이른다. 이 불상의 광배에는 53분의 작은 부처님들이 모셔져 있다. 이것은 화엄경의 선재동자가 구법 과정에서 만나게 되는 53 선지식을 의미하는 것이다. 좌우보처로는 청동으로 조성한 약사여래불과 아미타불을 모셨다. 후불은 나무로 조각하여 채색한 목각탱이다. 각 부처님마다 3층으로 된 닫집을 만들어 그 화려함을 더하고 있다. 대적광전의 총 높이는 29.5m이고, 면적은 지하 강당을 포함해서 540평이다.

• 굴법당

약천사에서 제일 높은 곳에 위치한 굴법당은 대적광전이 완성되기 전에 조성된 법당이다. 주불로 약사여래불을 봉안하였고 백의관음과 지장보살

오백나한전 내부

을 좌우협시로 모셨다. 불단 오른쪽에는 부동명왕이 모셔져 있다. 약천사의 모든 재앙을 물리쳐 주는 분이다. 현재 이곳 굴법당은 약천사를 참배하는 불자들에게 조용한 기도 공간으로 이용되고 있다.

• 영산전(오백나한전)

영산전은 약천사에서 가장 먼저 아침 햇살이 비치는 곳에 위치하고 있다. 이 영산전은 2층 구조의 건물로 대적광전 낙성식 때 상량식을 올렸다. 2층에 오백나한이 모셔져 있어서 오백나한전으로도 불린다.

• 삼성각

삼성각은 약천사에서 가장 먼저 조성된 전각이다. 나한전 뒤쪽에 자리하고 있다. 나반존자가 주존으로 모셔져 있고, 좌보처로는 용왕, 우보처로는 산신을 모셨다. 약천사의 여러 전각 중 유일하게 용왕이 모셔져 있기 때문에 인근 해안지역 주민들의 발걸음이 끊이지 않는다.

• 범종각

범종각은 요사 건물 위에 마치 망루같이 자리하고 있다. 이곳에서 1997년 대웅전 낙성식 때 타종 의식을 가졌다. 그러나 종소리가 맑지 않은 관계로 새롭게 제작하여, 2001년 10월 30일 가사불사 및 나한전 봉불식과 더불어 타종식을 가졌다. 이 약천사 범종은 신라 범종을 표본으로 삼고 있으며 표면에는 비천상과, 공양보살상을 조각하였다.

• 요사

요사는 2층 구조의 건물이다. 1층 우측은 후원과 공양간이 자리 잡고 있다. 나머지 공간은 모두 불자들의 수행 공간으로 개방되어 있다. 150명 이상 머물 수 있는 규모의 달마실과 100명이 머물 수 있는 유마실을 비롯하여 20~30명이 머물 수 있는 방 등, 참배객들의 다양한 수행 공간으로 마련되어 있다.

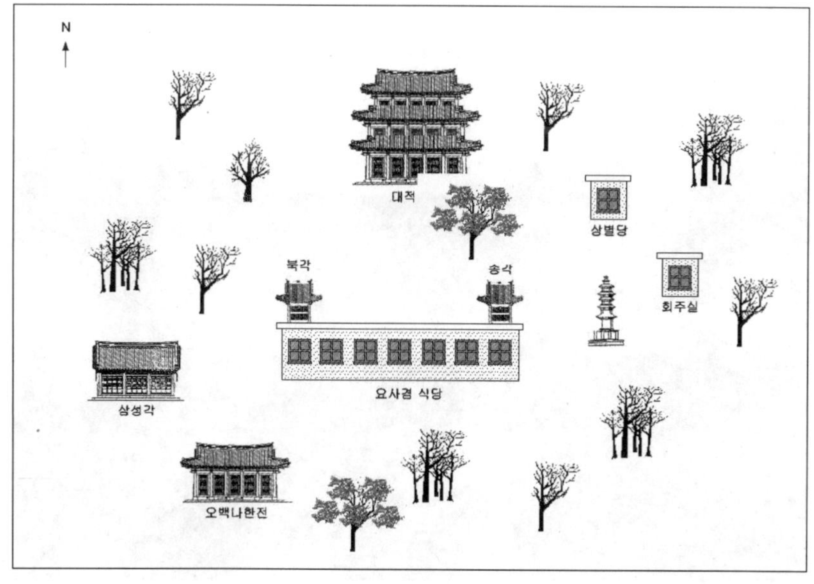

약천사의 가람배치

월라사

■위치 및 자연환경

대한불교조계종 제23교구인 관음사의 말사인 본사 월라사(月羅寺)는 서귀포시 신효동 579번지에 자리하고 있다.

월라사가 자리 잡고 있는 신효동은 서귀포에서 동쪽으로 약 3km 지경에서부터 5km사이에 위치한 마을이다. 동북쪽으로는 효돈천을 경계로 하례

월라사 대웅전

월라사 대웅전 내부

리와 접하고 있고, 동남쪽으로는 하효동과 인접하여 경계를 이룬다. 또한 서쪽으로는 토평동과 서상효, 북으로는 동상효와 서상효, 그리고 남쪽으로는 하효동과 보목동이 접하여 산간부락이 아님에도 불구하고 바다와 이어지지 않은 제주도 내 몇 안 되는 마을 중 하나다.

신효동에는 산남 지방에서 가장 큰 규모를 자랑하는 효돈천이 마을 동쪽을 감싸 흐르고 있는데, 이 효돈천은 한라산 정상에서 발원한 계곡으로, 여러 계곡천이 합류하여 큰 내를 이룬 곳이다. 효돈천 외에도 신효동의 서쪽으로는 그 근원지가 영천동 미약산과 인근의 인정오름이라 하는 엄내도 깊은 산길을 은근히 흘러내리다 상효동에 와서야 그 맑은 모습을 드러낸 후 마침내 신효동의 서쪽을 통해 보목동으로 흘러간다. 효돈천과 엄내의 고운 물은 오래전부터 이 마을 주민의 식수원으로 사용되었고, 가축의 식수로도 이용되었다. 이렇듯 천연의 풍부한 수량과 서귀포보다 온화한 기후는 이 마을 선조들이 이곳에 정착하여 생활의 터전을 마련하는 계기가 되었다.

■창건과 연혁

부드럽고 온화한 기색의 신효동에 월라사가 들어선 것은 1933년 8월 25일 법주사 신효포교소가 창건되면서부터다. 초창기 월라사는 당시의 여러 가지 여건으로 보아 인법당 형태로 출발했을 것으로 추측되는데, 창건 이후 1934년에는 김남하 스님이 이곳 신효포교소에서 승려교육을 실시하기도 했다. 그리고 1937년 5월에 월라사는 변옥희 화주의 원력으로 법당과 요사를 새로 지으면서 사세 확장에 힘쓰게 된다. 1937년 당시 월라사 감원(監員)은 유상섭 스님이었는데, 유상섭 스님은 같은 해 12월 5일 은사 김신산 스님이 운영하던 법주사 동홍포교소를 병합시키면서 본격적인 포교 활동에 나섰다.

그러나 제주 4 · 3사건의 광풍이 한창 몰아치던 1948년 11월 하순, 월라사는 무장대와 연루되었다는 혐의 아래 경찰에 의해 건물 일체가 파옥당하는 아픔을 겪게 된다.

제주 4 · 3 사건 당시 신효리는 서귀면 동부지역 일주도로변에 하효리와 나란히 위치해 있는 해안마을로서, 중산간으로는 상효 마을과 인접하고 있었다. 그 당시 이 신효 마을에는 경찰지서가 자리 잡고 있던 까닭에 주민들은 토벌대의 철저한 통제 아래 놓여있었으며, 무장대의 피해 역시 전혀 발생한 적이 없는 곳이었다. 그럼에도 불구하고 이 신효리에서도 주민 30명 가량이 토벌대에 의해 희생되는 상황이 발생했다.

1937년 5월 신효 포교소 자리에 완공된 월라사는, 변옥희 보살이 신효리로 시집와 불행하게 되자, 딸을 불쌍하게 여긴 부모 형제들이 월라봉 아래에 기와 건물로 절을 지어 올린 것이라 한다. 변옥희 보살은 이후 적극적인 포교활동을 펼쳐 1942년 본사 법주사에서 공로패를 수여 받기도 했다. 당시 월라봉의 월라사 터는 현재 과수원으로 바뀌었으며, 파옥으로 인해 현존하는 유물은 전혀 없는 상태다.

토벌대의 파옥으로 폐사 위기에 처했던 월라사는 사태가 진정되고 난 후

대웅전 삼존불상

1952년에 들어 마을 신도들이 합심하여 신효동 226번지에 대웅전과 요사를 새로 짓고 이전하면서 재창건의 기반을 다졌다. 그리고 또다시 1956년에 현재 위치인 신효동 579번지로 자리를 옮겨 20평의 석조 아연 구조의 대웅전과 12평 규모의 초가 요사를 짓고 명맥을 이어오다 이후 몇 차례 증축을 거듭하였다.

그러다가 다시 1999년 태풍 올가와 2002년 태풍 매미의 영향으로 1970년도에 중건한 33평 규모의 대웅전과 둑이 무너져 더 이상의 유지보수가 어렵게 되었다. 이에 월라사는 다시 신도회의 도움과 석주(昔珠) 스님이 서예전을 열어 마련한 기금으로 2002년 8월 6일 철골조 58평 규모의 교육관 신축공사를 시작하여 동년 12월 18일 준공하기에 이르렀다. 그 뒤 2003년 4월 8일 대웅전 기공식을 시작으로 신도는 물론 효돈 지역 주민들이 마치 자기 일처럼 동참하여 전통양식의 목조 대웅전을 중창하는 불사의 마무리가 한창이다.

2006년 4월 현재 앞면 5칸, 옆면 3칸의 팔작지붕 형태의 대웅전 공사는 단청불사와 조경만을 남겨 놓고 있다.

현재 월라사는 신도회 산하 반야봉사회, 연등회, 합창단, 어린이회 등 1,500여 명의 불자들이 활발한 활동을 펼치며 도내의 포교 중심 도량으로 거듭나고 있다.

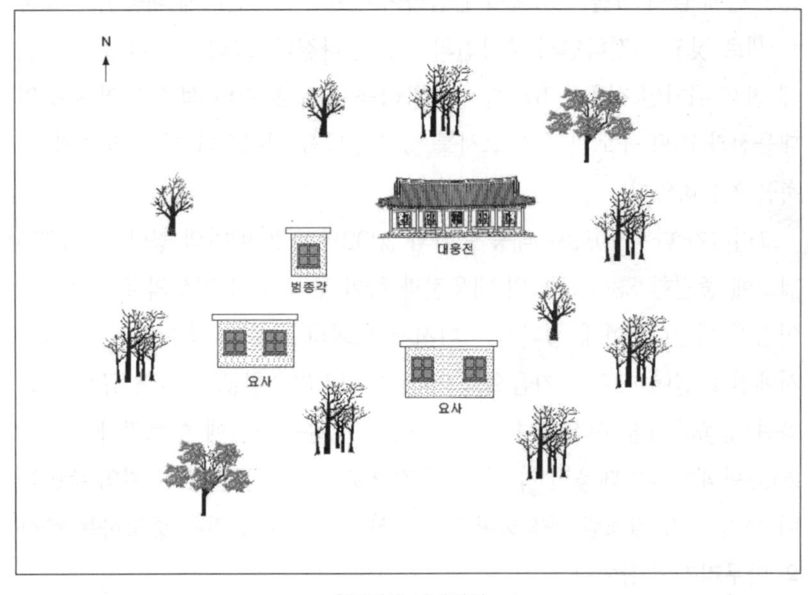

월라사의 가람배치

존자암

■위치 및 자연환경

존자암(尊者庵)은 서귀포시 하원동 산1-1번지 한라산에 자리한 대한불교조계종 사찰이다.

한라산 해발 고도 약 1,280m에 신선이 산다는 골짜기 영실(靈室)이 있다. 물참나무 · 졸참나무 · 눈향나무 · 서어나무 등이 울창한 숲을 이루고

존자암 내경

있는 이곳 영실은 오백 나한, 혹은 오백 장군이라 불리는 수백 개의 기암절벽들이 들어서 있어 영주십경의 하나로도 꼽힌다. 가히 세인들이 가까이해선 안 되는 선계 중의 선계로 오랜 세월 외경의 대상이 되어왔던 곳이다. 그 때문에 과거에는 한라산 백록담에서 국가에 재(齋)를 지낼 때에도 영실을 가로지르지 못하고 존자암 옆으로 멀찍이 돌아서 정상으로 올라가야 했다. 이때 잡스런 말이나 행동을 하면 구름이 끼거나 안개가 덮쳐 앞길을 가로막았다 하는 한라산의 숨골이 바로 이곳이다.

존자암 세존사리탑

이 영실의 신령스러움을 그대로 이어 받아 기암절벽 건너편에 어슬렁오름 · 망체오름 · 불래오름 등이 일어서 있다. 그중 제일 오른쪽인 서북편 방향에 솟아있는 오름이 바로 부처님이 오신 오름, 불래(佛來)오름이다. 그리고 이 1,362m 불래오름을 주봉으로 남사면의 평평한 등선마루에 올라서 있는 사찰이 존자암이다.

■창건

존자암의 창건 시기는 기록마다 조금씩 차이가 있다. 그 가운데 존자암의 기원을 『법주기(法住記)』에서 찾는 이들은 이곳을 주저 없이 한국불교 초전 법륜지로 부른다. 고려대장경 『법주기』에 의하면 석가세존의 제자 16존자는 부처님께서 열반에 드신 후 전도를 위하여 곳곳으로 흩어졌다. 그런데 그 중 여섯 번째 존자 발타라가 그 권속인 900아라한과 더불어 탐

몰라주에 들어와 살았다고 한다.

이 탐몰라주에 대하여 근대의 불교학자 이능화(李能和, 1869~1934)는 1918년에 펴낸 『조선불교통사』에서 이렇게 말했다.

"탐몰라주는 탐라를 말하는 것으로 지금의 제주도다. 『동국여지승람』을 살피건대 제주 존자암은 한라산 서령(西嶺)에 있으며 그 동(洞)에 있는 암석이 승(僧)이 수행하는 모양과 같아서 속전에 수행동(修行洞)이라 하였다. 존자암이란 곧 발타라 존자의 이름인 까닭이라 함은 그럴듯하다. 이른바 500장군석은 또한 500나한석이 와전된 이름이라 함도 그럴듯하다."

한라산 존자암이 16아라한 중의 한 분인 발타라 존자에 의해 창건되었다는 것이다. 그러나 지금에 와서는 이 주장은 기원전 원시불교에 대한 자료의 검증이 불확실한 현실에서 나온 이야기로 여기는 것이 일반적이다.

존자암의 창건 시기에 관한 또 다른 주장은 탐라의 기원과도 관련되어 있다. 1519년 기묘사화에 연루되어 제주로 유배되어 왔다가 1520년 사약을 받고 죽은 충암(沖菴) 김정(金淨, 1486~1520)은 『충암집』에서 "존자암은 삼성(三姓)이 처음 일어났을 때 만들어져서 삼읍의 정립 후까지 오래 전해졌다."고 말하고 있다.

존자암의 창건에 관해서는 이외에도 여러 견해가 대두되고 있지만, 현재까지 그 정확한 창건 시기를 단정할 수는 없는 형편이다. 그러나 그 창건 시기가 미궁에 빠져 있다고 해서 존자암의 위상마저 외면할 수 있는 것은 아니다.

■연혁

존자암은 조선시대에 들어와서는 국가의 안녕을 비는 국성재를 지내던 비보사찰로서의 위상을 지니고 있었다. 무오사화에 연루되어 1498년 유배된 뒤 8년을 넘게 제주에 살았던 홍유손(洪裕孫, 1431~1529)이 1507년에 존자암을 중수하기 위해 지은 「존자암개구유인문」에서 그러한 면모를 엿볼 수 있다.

"존자암은 비보소(裨補所)이자 이미 세상에 이름이 난 지 오래다.…뿐만 아니라 나라에서 이 암자에 논을 하사하여 벼를 심어 재를 지낼 경비로 삼고, 음력 4월 길일을 잡아 세 읍의 수령 중 한 사람을 뽑은 다음 목욕재계하여 이 암자에서 제사 지내게 하고 이를 국성재라 하였는데, 지금은 이 제사가 폐지된 지 6, 7년이 되었다."

이 기록에서 알 수 있듯이 존자암은 16세기 초까지 나라에서 경비를 지급받아 국성재를 지내던 비보사찰이었다. 서귀포시 법화사, 제주시 수정사 등과 더불어 제주를 대표하는 거찰이었던 것이다. 이 존자암은 제주 지역의 호족과 관가의 관원들뿐만 아니라 민가의 아낙들까지도 안녕을 기원하는 사찰로 중요하게 여겼다. 또한 중앙에서 파견된 대부분의 관리들이 주요 방문지로 손꼽았을 만큼 이름난 명소였다. 현재 이곳에서 발굴되고 있는 유물들과 다양한 문헌 자료 등을 통해서도 존자암이 고려시대부터 조선 중기에 이르기까지 국가로부터 전폭적인 지원을 받았던 사찰임이 확실히 드러난다.

1993년부터 시작된 발굴조사 결과 이곳에서는 고려 말기 이전에 제작되었을 것으로 보이는 존자암 세존사리탑 이외에도 석축시설 등의 유구와 기와편 등의 유물이 다량 출토되었다. 조사에 따르면 건물지와 석축시설 등은 매우 정교하게 축조된 것으로 밝혀졌다. 그리고 한라산 영실까지 건물 축조에 필요한 물자를 운반하여 상당한 크기의 사찰을 준공하는 데는 수많은 인력이 동원되어야 했을 것으로 확인되었다.

문헌상으로는 1540년(중종 25)에 편찬된 『신증동국여지승람(新增東國輿地勝覽)』을 비롯하여 임제(林悌, 1549~1587)의 「남명소승(南溟小乘)」, 김상헌(金尙憲, 1570~1652)의 「남사록(南槎錄)」 등의 기록과, 광해군 초기에 제주 판관을 지낸 김치(金緻, 1577~1625)의 「유한라산기(遊漢拏山記)」 등에서 이 존자암이 문헌 기록 이전부터 존재하고 있던 명소임을 알 수 있다. 제주를 찾은 관리나 시인 묵객들은 한라산 존자암을 참배하고 그 여정을 글로 남기며 존자암의 위상에 자신들의 명성을 견주어 보곤 했던 것이다.

그러나 이 존자암도 조선의 배불정책이 강화되면서 서서히 소멸되어 가기 시작했다. 존자암의 변화는 여러 문헌에서 찾아볼 수 있다. 그 가운데 대표적인 것이 이원진(李元鎭, 1594~1665)의 『탐라지(耽羅誌)』다. 1653년에 나온 『탐라지』에 이런 말이 보인다.

"옛날엔 한라산 영실에 있었다. 그 동굴에 수행하는 승의 모습인 돌이 있어 수행동이라 전한다. 지금은 서쪽 기슭에서 밖으로 10리쯤으로 옮겼는데 곧 대정 지경이다."

이원진이 제주 목사로 부임하여 재직했던 시기는 1651년(효종 2) 7월에서 1653년 10월까지다. 이로 보아 존자암은 효종 이전, 그 어느 시기에 영실에서 대정 지경으로 옮겨진 것이 된다. 그 밖에도 「대정현」조에, "존자암은 한라산 서쪽 기슭에 있는데 대정현에서 동쪽으로 60리 거리다. 암자 동쪽에는 샘이 있어 물이 솟는데 백 보쯤 흘러 땅속으로 스며든다."라고 하여 존자암에 변화가 생기고 있음을 보여주고 있다. 이렇듯 위상에 변화가 생긴 존자암은 이곳저곳으로 옮겨지다가 조선후기의 대대적 억불정책에 의해 완전히 폐사된 것으로 파악된다.

존자암이 조금씩 옛 영화를 되찾아가게 된 것은 1993년 제주대학교 박물관에 의해 학술조사가 시작되면서부터다. 1993년 1차 학술 조사에서 4단의 석축시설과 건물지, 비각지, 부도와 부도지, 배수시설, 적석(積石)시설 등이 확인되었다. 또한 1994년 2차 확장조사에서는 존자암이 처음 건립될 당시의 모습이 밝혀졌다. 조사 결과 이곳의 건물지는 두 번에 걸쳐 들어선 것으로 확인되었다. 그 중 1차시기 건물지는 고려 말에서 조선 초인 14~15세기의 것으로 판명되었다. 이외에 제1단 석축시설, 적석시설, 목탑지(木塔址) 추정지, 부도지 등과 더불어 건물지 두 곳이 추가로 확인되었다. 2차시기 조사에서는 조선중기인 16~17세기 건물지와 비각지도 발굴되었다.

한편 1차 발굴 조사에서 발견된 존자암 세존사리탑은 그 시기가 고려 말 혹은 조선 초기의 것으로 추정되는 도내 유일의 부도이다. 제주도 현무암으로 만들어진 팔각대석과 사리공 시설이 독특한 특징을 하고 있어 2000년 11월 1일 제주도유형문화재 제17호로 지정되었다. 그런데 이 부도는 열반한 스님의 법명을 새겨놓는 일반적인 부도의 형식을 따르지 않은 독특한 것이다. 이로 인해 일각에서는 이 사리탑이 특정한 명문을 새길 필요가 없는 석가세존의 진신 사리탑으로 추정하고 있다.

또한 이곳에서는 사찰 기와의 특징인 당초무늬를 하고 있는 당초문 기와 1,000여 편도 발굴되었다. 발굴된 기와들은 '만호겸목사(万戶兼牧使)' 명문 기와가 대부분을 차지한다. '…이월수정선사대부김충광 만호겸목사봉…(二月水精禪寺 大夫金沖光 万戶兼牧使奉)' 이라 새겨진 이 명문기와들은 만호 겸 목사를 지냈던 김충광이 제주에 부임한 1373년에서 1384년 사이에 제작된 것이다.

도자기류로는 청자 상감화분, 청자 상감병, 청자 대접, 청자 화형전접시, 청자 대접 등을 비롯하여 분청인화국화문 접시 등과 인화, 철화, 귀얄, 덤벙분장의 분청 대접, 접시 등도 출토되었다. 그 외의 발굴 유물로는 청동제 지국천왕상과 청동개(靑銅蓋) 벼루 등이 있다.

한편 2001년 12월, 한라일보 한라산 학술탐사팀이 존자암 인근에서 수행굴을 발견하면서 옛 기록에 자주 등장하는 수행굴의 존재 여부 또한 확실히 드러나게 되었다.

이 수행굴은 길이 28m, 높이 1.5~5.5m, 폭 7~8m의 40여 명 정도가 들어갈 수 있는 규모의 동굴로 내부의 지형은 3단으로 형성되어 있었다. 수행굴 내부의 상층부에는 가로 세로 각 1.5m 정도 되는 공간이 자리 잡고 있고, 특히 상층부 1.5m의 정사각형 크기의 공간은 불상을 모셨던 자리인 듯 돌들이 가지런히 정비되어 있었다. 1601년 김상헌(金尙憲)이 「남사록」에서 "존자암에 도착하여 조금 쉬었는데 산 밑에서 존자암까지 30여 리가 되고 존자암에서 영곡까지 역시 30여 리다. 또 수행굴을 지났는데 굴속에는 넉넉히 20여 명은 들어갈 만하며 옛적에는 고승 휴량이 들어가 살던 곳이다."라고 기록한 그 존자암 수행굴인 것이다.

이와 같은 각계의 발굴조사에 힘입어 존자암은 고대 탐라와 관련된 기록이 전하는 제주도내 유일의 유적으로서 그 귀중한 가치를 인정받게 되었다.

이에 1998년 여름부터 복원 불사에 들어갔다. 이 불사는 이때부터 지금까지 주석하고 있는 법정(法正) 주지스님의 노력이 컸다. 법정 스님은 국성재각 · 대웅전 · 요사 등을 중창하며 대가람을 복원하고 옛 명성을 되찾기 위한 불사를 계속 추진 중이다.

대웅보전

■성보문화재

• 대웅보전

제주대학교 박물관의 학술조사 보고서에 의하면, 존자암의 금당전으로 추측되는 건물지는 직사각형으로 동서 11.6m, 남북 4m 이상의 규모로, 현무암으로 된 주춧돌의 배치와 축조 상태로 보아 앞면 4칸, 옆면 1칸의 건물이었을 것으로 파악되었다. 이 발굴 조사의 결과를 바탕으로 10여 년에 걸친 복원사업 끝에 2002년 11월 주요 건물들이 완전 복원되었다.

현재 대웅보전은 앞면 5칸, 옆면 3칸, 연면적 95.04㎡에 팔작지붕 형태로 이루어져 있다.

• 국성재각

존자암 국성재각(國聖齋閣)은 2002년 11월 앞면 3칸, 옆면 2칸 연면적 25.83㎡의 맞배지붕 형태의 전각으로 복원되었다.

세존사리탑(제주도유형문화재 제17호)

김상헌의 「남사록」에, "4월 중 좋은 날을 택하여 삼읍(三邑)의 수령 중 한 사람이 존자암에 가서 국가의 안녕을 비는 제사를 지냈는데 이를 국성재라 이름 하였으며, 1592년에서 1593년 사이에 임진왜란으로 중단되었다."고 기록되어 있다. 이 기록에 따라 복원된 국성재각에서 해마다 국태민안을 기원하는 재(齋)를 올리고 있다.

• 세존사리탑

존자암의 세존사리탑은 2000년 11월 1일 제주도유형문화재 제17호로 지정되었다. 이 사리탑은 고려 말 혹은 조선 초기의 것으로 추정되는 도내 유일의 부도다. 총 높이 181㎝에 제주도 다공질 현무암을 정으로 정교하게 다듬어 놓았다. 팔정도를 상징하는 팔각형 기단 위에 둥근 괴임돌을 놓고 탑신을 얹은 후 옥개석과 보주를 올린 모습이다. 탑신석은 석종형(石鍾形)에 속한다. 그러나 아래위는 평평하게 다듬고 중앙부로부터 상·하단에 이르기까지는 유려한 곡선으로 처리한 장구형(長球形) 사리탑이다.

옥개석의 하면은 평평하지만 낙수면은 제주 초가지붕마냥 부드러운 곡선으로 처리하였다. 그 위에 조성된 보주 또한 세련된 조각미를 연출하고 있다. 더욱이 이 옥개석과 보주는 같은 돌로 치석되어 있다. 이러한 예는 지금까지 국내에서 발견된 적이 없는 것으로 그 가치가 매우 높게 평가된다.

• 청동 지국천왕상

존자암에는 사천왕 가운데 동방을 지키는 청동 부조(浮彫) 지국천왕상(持國天王像)이 전한다. 왼손은 칼을 들고 오른손은 허리춤을 짚고 있는 모습이다. 도포의 가슴선 등이 세밀하게 표현되어 있으며 다리 부분은 없어진 상태다.

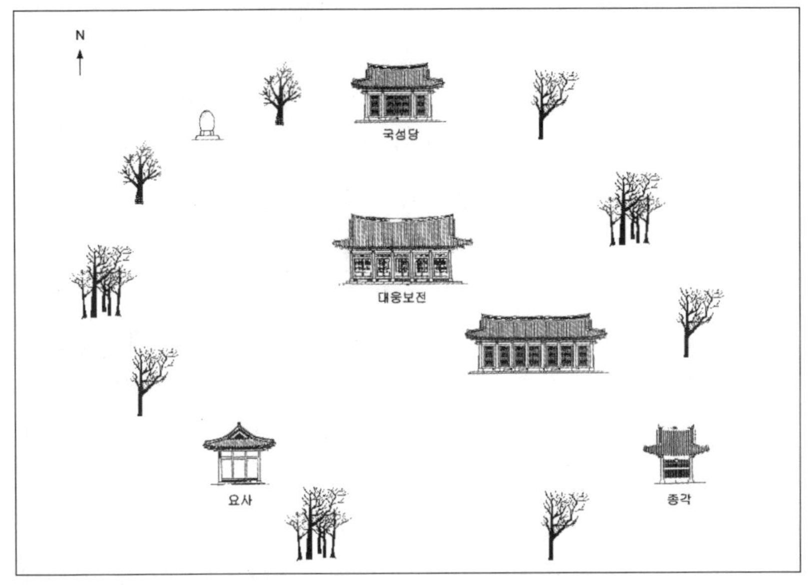

존자암의 가람배치

혜관정사

■위치 및 자연환경

대한불교법화종 제주교구 사찰인 혜관정사(慧觀精舍)는 서귀포시 보목동 388번지에 위치한다.

혜관정사가 자리 잡고 있는 보목동은 예로부터 불교와 관련된 지명과 설화가 많은 곳으로 유명하다. 우선 고려시대 사찰 터였다는 이곳 '보목동'

혜관정사 내경

은 그 지명부터가 '보리수' 라는 어원에서 파생된 말이다. 보목동의 동서를 가로지르는 옛길은 지금도 '보살길' 이라 부른다. 보목동 앞바다에 떠있는 파초일엽의 자생지인 '섶섬' 의 어원은 부처님의 십대제자인 가섭존자의 '섭' 자에서 유래되었으며, 보목동에 있는 '정술내' 라는 큰 내는 스님들이 목욕을 하던 곳이라 해서 '중통' 이라 불렸던 곳이다. 또한 혜관정사의 줄기를 이루고 있는 '제제기 오름' 은 예전에 오름의 굴사(窟寺)를 지키던 절지기가 살았다 하여 '절오름' , 혹은 '절지기오름' 이라고 부르다가, 오늘날 제제기 오름으로 와전된 기생 화산이다. 이 오름의 남사면에는 1940년대까지도 스님이 주석하던 수행굴과 절터가 지금까지도 남아있다.

■창건과 연혁

이처럼 예로부터 깊은 불연(佛緣)을 갖고 있던 이 보목동에 1960년 3월 9일 원혜관 스님이 15평 규모의 법당과 12평 규모의 객실을 짓고 창건한

창건주 혜관 스님 진영

사찰이 혜관정사다. 그 뒤 1974년 9월 9일에 대웅보전을 중창하고 1987년에는 법화신앙의 상징체인 여래전신칠보묘탑을 완성하였다. 마치 둥근 수행굴과 같은 형태를 하고 있는 혜관정사 대웅보전의 독특한 모습은 남방불교의 건축 양식 중 하나인 차이티아(Chaitya) 양식을 모본으로 삼은 것이다. 그래서 기단석은 대웅전, 탑신은 여래전신칠보묘탑을 이루고, 옥개석으로는 하늘을 받쳐 들어 하나의 커다란 연꽃 형상을 취하고 있다.

창건주인 원혜관 스님은 근대 제주불교의 교육사상가였던 이세진 스님의 상좌이자, 계몽 운동가였던 원문상 스님의 속가 동생이다. 원문상 스님은 1927년부터 서귀포시 하원리에 '소년명진회' 라는 단체를 조직하고 야학을 실시하는 등 적극적 사회 활동에 앞장섰던 개혁 운동가였다. 스님은 자력갱생 · 문맹퇴치 · 민족정신 등을 고취시키는 계몽운동에 앞장섰으며, 야학 동지인 이경주가 설립한 중문중학원에서 교사로 활동하였다. 또한 1945년 12월에는 조선불교혁신 제주승려대회를 주도적으로 이끌어 중앙교무회와 연계를 추진하는 등 제주교구 설립과 불교혁신운동에 적극 동참하기도 했다.

원문상 스님의 사상을 이어받은 혜관 스님 역시 1945년 11월 30일에 개최된 제주도불교청년단 결성대회 이후 제주불교의 핵심 활동가로서 활동하였다. 그러나 1948년에 일어난 제주 4 · 3사건으로 정신적 스승이었던 이세진 스님과 원문상 스님을 모두 잃고 폐허가 되어버린 제주불교의 현실 앞에서 힘겨운 나날을 보냈다. 그러다가 스승 없는 세상에서 땅을 짚고 일어선 것은 1960년에 들어서이다. 스님은 제주불교의 재도약을 기원하며 1960년 혜관정사의 창건과 함께 다시 일어섰다. 그리고 2001년 입적하기 전까지 한시도 포교 일선에서 물러서지 않은 제주불교의 큰 스승이었다.

혜관 스님의 입적 이후 혜관정사는 2004년 3월 28일 석가여래상을 새로 봉안하며 일신에 나섰고, 또한 100평의 자재원을 건축하여 향후 시민선방으로 활용할 계획을 추진 중이다.

■성보문화재

• 대웅보전

대웅보전은 1974년 중창된 40평 크기의 양옥 구조물이다. 1987년 9월 여래전신칠보묘탑을 대웅보전 위에 세우면서 현재의 모습을 갖추게 되었다. 둥근 수행굴 형태의 이 대웅보전은 남방 불교의 차이티아 양식을 모본으로 삼아 건립한 것이다.

대웅보전 위의 여래전신칠보묘탑에는 흰 구름 같은 상행보살상이 탑 귀퉁이마다 지키고 서 있고 여래수량품 2,038자가 벽면에 가득 새겨져 있다. 여래수량품 법문을 따라 탑 안으로 들어가면 영산회상에서 설법하시는 석가모니 부처님이 정면에서 맞는다. 헤아릴 수 없이 많은 보살과 천자, 석제환인 및 그들 권속들은 물론, 부처님의 설법을 듣고 만다라 꽃비를 맞으며 해탈의 기쁨을 누리는 중생들과, 거칠고 억센 성정으로 악업에서 벗어나지 못하고 지옥에서 고통 받는 육도중생들까지 탑 안의 탱화에

대웅보전 삼존불상

장엄되어 있다.

안에는 목조 석가불상을 봉안하였고, 2004년 3월 28일에 좌우 협시로 3자 크기의 목조 문수보살과 보현보살도 함께 모셨다.

혜관정사의 가람배치

관통사

■ **위치 및 자연환경**

대한불교조계종 제23교구 본사 관음사의 말사인 관통사(觀通寺)는 서귀포시 표선면 표선리 1636번지에 위치한다.

관통사가 자리한 표선마을은 고려 충렬왕 무렵 지금의 '웃말개미' 에 처음 생긴 마을로, 당시 마을 이름은 촉지리(燭旨里)였다. 제주시에서 동쪽

관통사 내경

우회도로를 따라 60㎞ 지점, 서귀포시에서는 동쪽으로 30㎞ 지점에 위치한 해안마을이다. 제주민속촌, 표선해수욕장 등이 가까이 있어 정겨운 풍속과 아름다운 풍경을 한꺼번에 만날 수 있는 곳이다.

현재 관통사가 들어서 있는 자리는 속칭 췻말이라 불리는 곳으로, 한라영봉의 지맥이 그대로 이어져 내려와 예로부터 금계포란형의 명당으로 널리 알려졌다. 특히 서북쪽으로 세화 1리와의 경계에 솟아있는 매봉은 관통사를 내려다보며 매의 날개로 감싸 안은 듯한 형국을 보여준다.

■ 창건과 연혁

관통사가 창건된 것은 1930년 무렵의 일로, 창건 시에는 백양사의 제주도 표선면 토산포교당으로 출발했다. 창건 이후 강용문 화주의 노력으로 포교소를 유지해오다가 1937년 현재의 위치에 새롭게 터를 마련하고, 1938년에 법당을 완공하여 사명을 관통사라 하였다. 당시 설립자는 백양

대웅전 삼존불

사의 만암 종헌(曼庵宗憲, 1876~1957) 스님이며 포교사는 최혜봉 스님이었다.

그 뒤 1942년에 초가삼간의 작은 법당을 증축하여 불사에 나섰고, 1947년부터 현응환 스님이 주지로 부임하여 지속적인 불사를 벌여 나갔다.

끊임없이 사세 확장을 위해 노력해온 관통사는 1962년에 2차 대웅전 중창불사를 실시하여 완공하였고, 1966년에 석조 18평의 봉향각 신축, 1970년 영각단 건립, 1978년 범종각 설립과 범종 봉안 등 수많은 불사를 원만히 회향하며 이 지역 주민들의 정신적 귀의처로 자리 잡았다. 사찰의 기반을 확고히 하면서 이곳을 찾는 불자들도 더욱 늘어나 관통사는 다시 1989년 3차 중창 불사에 들어갈 수 있었고, 그 결과 60평 규모의 관통사 대웅전과 12평 규모의 종각, 유치원 등의 시설을 증개축하여 대작 중창불사를 원만히 성취하였다. 대작 중창 불사 이후에도 1990년에는 800관의 대 범종을 주조하였고, 1992년 1월에는 혜연 스님이 주지로 임명되면서 창건

관음보살 입상

당시 흙으로 조성하여 도금한 대웅전 본존 불상을 청동 삼존불로 새롭게 조성하여 원만히 봉안하였다. 그리고 다음 해에는 후불탱화를 비롯한 각 단 탱화도 모두 새롭게 단장하였다.

최근에는 2001년 10월에 백양사 총무국장으로 재직하던 이진우 스님이 관통사 주지로 임명되면서, 사찰의 위의와 기도 도량 분위기를 살리기 위해 심혈을 기울이게 되었다. 그 결과 2002년에 관통사 담장을 축조, 수행 도량으로서의 새로운 모습을 간직하게 되었다. 또한 사찰 면모의 일신과 더불어 2004년에는 한국불교태고종 관통사로 등기되어 있던 토지와 건물을 대한불교조계종 관통사로 토지와 건물 일체를 등기 이전하여, 2005년 대한불교조계종 관통사로 거듭나게 된 것이다.

현재 관통사는 근대 제주 불교의 역사를 간직한 기도 참배 도량으로, 인근 지역민들의 정신적 귀의처가 되어 있다.

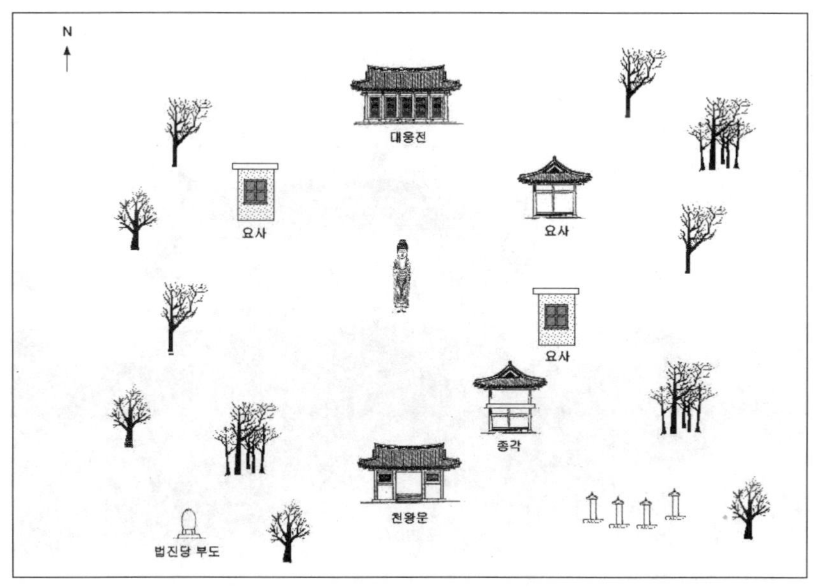

관통사의 가람배치

기원정사

■ 위치 및 자연환경

기원정사(祇園精舍)는 서귀포시 대정읍 마라리 산12번지에 자리한다.

우리나라 국토 최남단에 마라도가 있고 그 마라도에 기원정사가 있다.

마라도는 동경 126도 8분, 북위 33도 16분, 섬의 동서 길이 500m, 남북 길이 1.2km, 해발 39m, 해안선 총길이 4.2km, 뱃길 11.5km, 면적 약 10만

기원정사 경내 앞

평이다.

별똥별이 떨어져 바다 한 가운데 반쯤 가라앉은 것만 같은 이 마라도에 사람이 살기 시작한 것은 1883년(고종 21)부터다. 제주 사람 김명오 일가가 파산하여 본 섬인 제주 땅에 거처할 곳이 없는 처지가 되자 관에 간청하여 입도를 허가 받았다. 이에 이웃사촌 라씨, 한씨, 이씨 가족들과 함께 마라도로 들어왔으나, 식량이라고 할 만한 변변한 먹을거리가 없어 바다에 널린 해조류를 구해 연명할 수밖에 없었다. 그러다가 농사를 지을 만한 땅을 얻기 위해 화전을 일구듯 당시 울창했던 숲에다 불을 놓게 되었다. 그러나 한번 붙은 그 불은 기세 좋게 일어나 3개월이나 계속되며 마라도 전체를 태워버렸다. 섬에 서식하던 여러 종류의 새들이 일시에 날개를 파닥이며 망망대해를 향해 날아갔고, 수많은 뱀들은 꼬리에 꼬리를 물고 동쪽바다로 헤엄쳐 갔다. 오늘날 마라도에 나무도 뱀도 없는 것은 모두 이 때문이라고 한다.

■ 연혁

마라도에 기원정사가 들어서게 된 것은 1987년 10월의 일이다. 바다를 밭으로 알고 살아가던 마라도 주민들은 가족들의 안녕을 기원하기 위해 부처님을 모시고 법당을 마련하는 것이 오랜 소원이었다. 그러나 법당이 창건되기도 전에 부처님의 목이 잘려나가는 훼불 사건이 발생하는 등 어려움이 닥쳤다. 이에 마을 사람들은 제주불교 본사 관음사를 찾아가 사찰 창건에 관한 도움을 청하게 되었다. 그리하여 정관 스님이 이곳 마라도의 법당 창건에 관한 소임을 맡게 되었다.

국토 최남단에 부처님 정법을 전하게 된 정관 스님은 마라도 주민들의 해상 활동을 보호하는 것은 물론, 더 나아가서는 이곳 국토의 끝에서 백두의 끝까지 평화 통일의 원력이 이어지기를 기원하는 마음으로 사찰 창건에 나섰다. 그리고 마침내 북쪽을 향해 법당과 해수관음상을 모시고 1987

해수관음상

년 10월 기원정사를 창건하기에 이르렀다.

그러나 기원정사는 상주하는 스님이 계시지 않음으로 해서 매년 들이닥치는 태풍과 그보다 더한 일부 관광객들의 몰지각한 행위 등에 대해 대처할 방법이 없었다. 이에 기원정사는 날이 갈수록 피해가 더해져 마침내 존폐위기에 처하게 되었다. 이후 정관 스님마저 입적하면서 기원정사는 일반인에 의해 경매로 넘어가 민박집으로 전락할 위기에 처하기도 했다. 현재의 기원정사는 이를 안타깝게 여긴 부산 문수사 지원 스님이 2003년 이곳을 다시 매입하고 지금의 혜진 스님이 상주하면서 사찰로서의 모습을 회복시켜 놓으며 시작되었다.

그리고 2004년 8월에 해수관음전과 일주문을 신축하고 9월에는 봉불점

안법회를 거행하면서 창건 당시의 원력을 다시 일으켜 세웠다.

현재 이곳 기원정사에서는 마라도를 방문하는 관광객은 물론 국토최남단 해수관음성지로서 불자들의 발길이 끊이지 않도록 애쓰고 있다. 또한 국토의 최남단에 해수관음보살님이 상주한다는 경전의 유래에 따라 이곳에 해수관음보살상을 조성하는 모연불사도 진행 중에 있다. 어렵게 개화한 바다 위 연꽃 세상이 전국 불자들의 수행 공간으로 거듭나길 바라는 마음에서 불자와 일반인의 쉼터 및 기도 도량으로 개방하고, 마음을 아는 명상센터를 운영할 계획이다.

■성보문화재

• 대웅전

대웅전은 60평 규모의 구조물이다. 통나무를 이용하여 조성하였다.

대웅전 내부

• **해수관음전**

해수관음전(海水觀音殿)은 2004년에 지었다. 안에는 관음보살상을 봉안하고 있다.

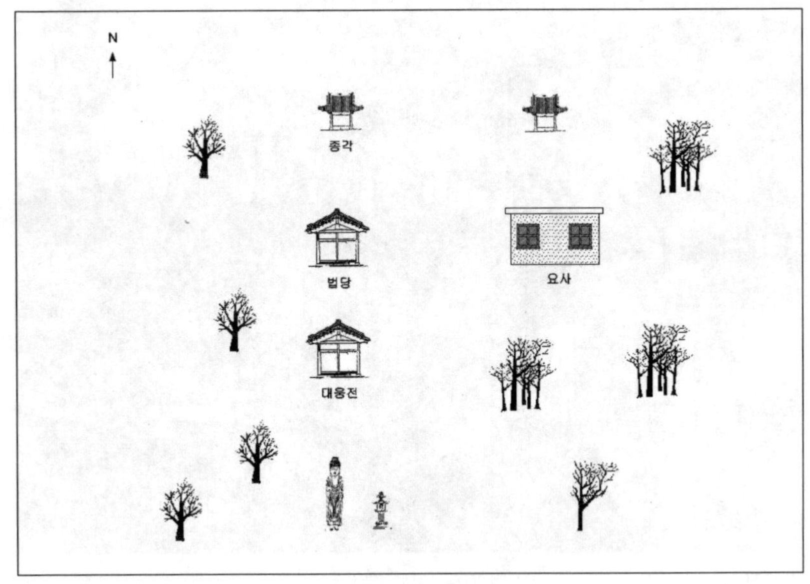

기원정사의 가람배치

동암사

■위치 및 자연환경

동암사(東巖寺)는 서귀포시 성산읍 성산리 116번지에 자리하는 한국불교태고종 사찰이다.

바다 저편에서 춤을 추며 올라온 붉은 해가 성산봉을 향해 부서진다. 그리고 온 법계에 무량한 화엄세계의 법음을 토해낸다. 햇살 속에서 마치 장

동암사 내경

좌불와에 든 선승과도 같이 의연히 빛나는 이곳 성산일출봉(城山日出峰)은 제주의 열 가지 아름다운 경관을 말하는 영주십경(瀛州十景) 중 제일경이라는 찬사가 전혀 무색하지 않으며, 현재 천연기념물 제420호로 지정 보호되고 있다.

성산일출봉은 지름 600m에 넓이가 무려 8만 평에 달한다. 또한 분화구를 둘러싸고 있는 분화구벽의 기암들은 최고 182m에 이르는 세계에서 가장 큰 괴암이다. 깎아지른 절벽 위에 거대한 분화구가 초원을 이루고 있고, 분지 둘레에는 한라산 아흔아홉 골의 기암괴석과 같은 숫자인 99개의 작은 봉우리들이 빙 둘러서 있다. 마치 작은 한라산을 마주하고 있는 듯한 천연의 비경이다. 더욱이 이곳은 그 아름다운 경관에 견줄 만한 설문대 할망의 전설을 간직하여 태초의 신비로움을 더한다.

전설에 의하면 제주 섬은 설문대 할망이 만들었다고 한다. 설문대 할망은 잠을 잘 때는 한라산을 베개 삼고 다리는 제주시 앞 바다에 있는 관탈섬에 걸칠 정도로 체구가 컸다. 빨래를 할 때도 한라산을 엉덩이로 깔고 앉은 후 한쪽 다리는 제주시 앞 바다의 관탈섬에 디디고, 또 다른 한쪽 다리는 서귀포시 앞바다의 지귀섬에 디디고 서서 성산 일출봉 앞의 우도를 빨랫돌로 삼아 빨래를 했다. 설문대 할망은 옷을 한 벌만 만들어 주면 성산과 우도 사이에 다리를 놓아 주겠다고 약속한 적도 있었으나 제주 백성들이 옷감을 99필밖에 구하지 못해 결국 할머니의 다리 공사는 중단되고 말았다. 이 설문대 할망이 밤에 바느질을 하려고 등잔을 올려놓던 곳이 바로 성산 일출봉 기슭에 높이 솟은 등경석(燈擎石)이다. 삼별초의 대몽항쟁을 이끈 김통정(金通精, ?~1273) 장군도 일출봉 아래 토성을 쌓고 진지를 지킬 때 이 돌 위에다 등(燈)을 밝혔다고 전한다.

마치 바다에 세워놓은 거대한 요새 같은 이 석봉이 성산(城山)이라 불리게 된 것은 고려시대인 1271년(원종 12) 삼별초의 김통정 장군이 이 괴암 북쪽에 성을 쌓고 고려와 몽골 연합군의 침입에 대처하면서부터다. 조선

동암사에서 바라본 성산 일출봉

시대에 들어와서는 1601년(선조 34) 제주에 어사로 왔던 김상헌(金尙憲, 1570~1652)이, "길이 2,000척, 높이 9척의 성산 토성은 가히 성내에 수만 명을 수용할 만하다." 하고 말한 바 있다. 그리고 이미 그 이전 1579년(선조 12)에 제주 목사를 지낸 이경록(李慶祿, 1533~1599)은 이 성 안에 사찰이 창건되어 사람들이 오간다고 기록하였다.

■창건과 연혁

동암사는 초대 주지 최진수 스님과 화주 기산옥 씨의 후원으로 1937년 음력 2월에 기공식을 갖고 함석으로 지은 법당과 초가로 된 요사를 완공하였다. 그리고 두 달 뒤인 음력 4월 8일 부처님오신날을 맞아 봉불식도 거행하였다.

창건 당시 절이름은 일광사(日光寺)였고, 불상은 최진수 스님이 육지에서 모셔온 석불을 봉안하였다. 이 석불은 이후 대웅전 중수 불사 과정에서 현재의 동암사 법당 칠성단 앞 땅 속에 회향하였다.

창건과 함께 동암사는 1937년 5월 1일 전라북도 완주 위봉사(威鳳寺)의 성산포교당이 되었다. 그리고 1943년 6월 8일에 백양사포교소로 명의 변경되었다. 이 사명은 일광사로 시작해서 일출사 · 동화사 · 경봉사 등으로 몇 차례 바뀌었다. 현재의 동암사로 변경된 것은 1964년부터다. 1972년에는 송재술 스님이 주지로 부임하면서 사세 확장을 위해 많은 노력을 기울였다. 그 결과 지금의 35평 대웅전의 기반이 되는 슬레이트 지붕으로 된 대웅전을 준공할 수 있었다.

동암사에서 바라보이는 수매밑 일대는 옛날 제주산 국마를 성산포구에서 육지로 실어낼 때 말을 받아들였던 곳이다. 일제강점기에는 일본군 제주도 방어사령부 제58군의 해군 특공기지가 건설되었던 곳이기도 하다. 현재 성산포 서쪽 해안 절벽에는 당시 일본 군대가 전라남도 화순탄광 지역의 노무자들을 동원하여 파놓은 21개의 동굴이 남아 있다. 이 동굴들은

동암사에서 바라다 본 성산포구

법당 삼존불상

대부분 3~6m 내외의 폭에, 길이 약 30m에 이르는 것들이다. 이 동굴들은 일제가 그들의 통신시설과, 미군 함정에 어뢰 공격을 수행하기 위한 폭약과 어뢰정 등을 감추어 놓기 위해 구축한 것들이다.

태평양 전쟁 당시 제주도민을 인질로 삼아 미군과 최후의 결전을 벌이고자 계획했던 일제가 물러가자 제주도민들은 한반도 내륙의 어떤 곳보다 더 큰 안도와 기쁨으로 출렁였다. 그러나 그 식민시대의 고통이 채 가시기도 전인 1948년 제주 4 · 3 사건이 발생하면서 이곳 수매포와 성산 해안 일대 주민들은 일제가 남긴 고통 위에 또 다른 집단 학살의 공포에 대한 기억을 고스란히 간직하게 되었다. 인근의 고성 · 수산 · 오조리 사람들이 터진목으로 붙잡혀와 일렬로 세워진 뒤 무차별 총살되었다. 해안마을이라 그나마 안전지대에 있던 이 성산 마을사람들도 우묵개 동산에서 집단 처형되었다. 이러한 역사의 상처를 그대로 지켜본 동암사에서는 이제 과거의 모든 원한을 해원하고 마을 주민들의 안식처이자 수행도량으로 거듭나기 위해 다각적인 노력을 기울이고 있다.

동암사는 창건 후 세 차례의 중수 불사를 이뤄내었다. 그 사이에 진수 · 영두 · 양광선 · 김광순 · 송재술 · 정순 · 도원 등 많은 스님들이 머물다 갔다. 1995년에는 진철 스님이 주지로 취임하여 종각을 건립하는 등 사찰의 면모를 쇄신하며 오늘에 이르고 있다.

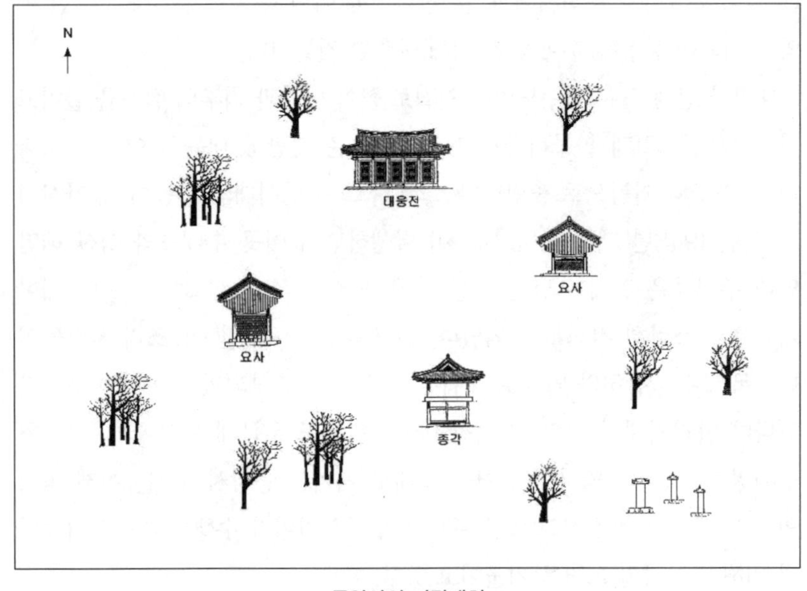

동암사의 가람배치

산방굴사 · 산방사 · 보문사

■위치 및 자연환경

서귀포시 안덕면 사계리 동쪽 화순 해안에 높이 395m의 작은 산이 솟아있다. 예로부터 고승 대덕들과 시인 묵객들이 즐겨 찾으며 그 아름다움을 찬미하여 마지않았던 산방산(山房山)이다. 제주도 서남부의 평야지대 어디에서나 조망 가능한 이 산방산은, 제주도의 다른 오름들과는 달리 종

산방산에서 바라다본 바다

상화산체(鍾狀火山體)다. 정상에 분화구가 없고 마치 커다란 범종 같은 모양을 하고 있는 것이다. 지질학적으로 볼 때도 이 산방산은 산 자체가 비고(比高) 345m의 거대한 용암덩어리로 이루어져 있다. 이 조면암질 용암의 절대 연령치는 포타슘-아르곤 연대측정치가 약 70~80만년에 이른다. 제주도의 지표 지질을 구성하고 있는 화산암 중 가장 오래된 것이라는 뜻이다. 이 산방산에는 그 오래된 역사만큼이나 재미있는 전설이 전해 내려온다.

한 사냥꾼이 한라산에 사슴사냥을 갔다가 정상까지 오르게 되었다. 그곳에서 사슴을 발견한 사냥꾼은 급히 활을 치켜들었다. 그러나 그만 실수로 옥황상제의 엉덩이를 활 끝으로 찌르고 말았다. 이에 화가 난 옥황상제는 한라산 봉우리를 뽑아 서쪽으로 내던져 버렸다. 이때 날아와 박힌 것이 산방산이다. 그리고 움푹 팬 자리는 바로 한라산 정상의 백록담이라는 것이다. 실제로도 산방산은 백록담에 쏙 들어앉을 만한 크기와 형세를 하고 있어 한라산의 잃어버린 봉우리를 이곳에서 만나는 듯한 묘미를 느끼게 한다.

이곳에서는 때때로 구름이 산머리에 걸터앉아 쉬어가는 탈속의 풍경도 만날 수 있다. 그 허허로움은 고려시대 이곳에 주석했던 시승(詩僧) 혜일, 그리고 조선시대 지란지교의 우정을 나누었던 추사 김정희와 초의 의순 선사가 남기고 간 것이다. 현재 이곳에는 고려시대 혜일 스님이 창건한 것으로 알려진 산방굴사가 산방산 중턱 150m 지경에 위치해 있다. 또한 산방산 입구에는 산방사와 보문사가 나란히 산문을 지키고 있으며, 산방산이 자리 잡고 있는 사계리 마을에도 고려시대 폐사지 두 곳이 남아있다. 현재 발굴조사 중인 이 지역의 폐사지는 아직까지 정확한 사찰명이나 규모가 확인되지 않았기 때문에 사계리 절터 1, 사계리 절터 2 등으로만 구분한다.

산방산이 있는 사계리는 '양가물'이라는 용천수를 중심으로 윗동네와

아랫동네를 구분한다. 그중 윗동네의 '절왓' 이라 불리는 경작지에서 절터가 발견되었고, 이곳을 사계리 절터 1로 부르고 있다. 여기에서는 기와편을 비롯하여 상감청자편, 분청사기편, 청자편, 백자편 등의 도자기편이 다량 출토되었다. 또한 이곳에서 북쪽으로 500여m 떨어진 단산과 산방산 중간의 사계리 절터 2에서도 많은 유물들이 발견되었다. 이외에도 양가물동네 주거지역을 비롯한 북쪽의 경작지와 과수원, 임야 등지에서도 도자기편과 기와편들이 발굴되고 있어 과거 이곳에 대사찰이 존재했었음을 말해준다.

산방굴사

■창건과 연혁

산방굴사(山房窟寺)는 서귀포시 안덕면 사계리 142-7번지에 자리한 대한불교조계종 사찰이다.

산방산 중턱 해발 150m 쯤에 커다란 소나무가 당간지주 마냥 우뚝 솟아 있다. 몇 백 년은 족히 되었음직한 이 소나무 바로 앞쪽에 자연 동굴이 자리 잡고 있다. 길이 약 10m, 너비와 높이가 약 5m의 해식(海蝕)동굴이다. 산방굴사는 이 자연 동굴 속에 자리 잡고 있다. 자연 동굴에 의지한 이 산방굴사의 앞쪽으로 용머리 해안과 형제섬, 가파도와 마라도 등 해안의 절경이 함께 하고 있어 제주의 열 가지 아름다운 경치를 말하는 영주십경(瀛州十景)의 하나로도 꼽힌다.

산방산 절벽에 돋아난 자연석굴에 산방굴사가 창건된 것은 고려시대의 시승(詩僧)인 혜일 스님에 의해서라고 한다. 혜일 스님은 고려 우왕(禑王, 재위 1374~1388) 때의 고승으로 알려져 있다. 중국에서 불법을 닦고 충렬왕(忠烈王, 재위 1274~1308)대에 제주도에 들어와 법화사 · 서천암 · 보문사 · 묘련사 등을 노래한 시를 남겼다.

임제(林悌, 1549~1587)가 1577년 11월 25일 제주를 여행하면서 쓴 『남명소승』에도 이 산방굴사에 대한 내용이 다음과 같이 기록되어 있다.

산방굴사 전경

"감산을 지나 산방산으로 향해갔다. 산허리에 동굴이 있어 저절로 석실을 이루었다. 제법 크고 널찍한데 영원(靈源)의 한 가닥 물이 바위틈에서 뚝뚝 떨어져 스님들이 거기에 의지해서 두어간 암자를 지어 살고 있었다. 그 암자 이름을 굴사라 하니 산 이름을 산방산이라 한 것 역시 이 때문인가 한다."

산방이라 함은 산(山)의 방(房), 곧 굴사(窟寺)를 뜻하는 것이니, 이곳에 암자가 있는 연유로 산 이름조차 산방산(山房山)이라 명명하게 되었다는 내용이다.

1653년(효종 4) 제주 목사를 지낸 이원진(李元鎭, 1594~1655)도 『탐라지』에서 이렇게 말했다.

"대정현 동쪽 10리에 있다. 민간에서는 '한라산의 한 봉우리가 무너져서 이곳에 우뚝 섰다.' 고 전한다. 그 남쪽 절벽에 큰 돌 굴이 있는데, 어떤 승려가 굴속에 집을 지어 굴암(窟庵)이라고 불렀다. 물이 굴 천정에서 점점이 떨어져 샘을 이룬다. 또한 그 남쪽에 돌구멍이 있는데 암문(暗門)이라 부르고, 동쪽에서 서쪽까지 50여 자가 된다. 그 북쪽에 또 큰 구멍이 있는데, 깊이는 알 수 없다."

특히 산방굴사를 찬탄하는 이원진의 시는 그 아름다움으로 인해 제주 문인들의 오랜 사랑을 받았다.

큰 신령은 기이한 자취를 남기고 巨靈留異跡
고승은 사찰을 찾네 高釋覓祇園
산중에는 계단과 같은 험로를 만들고 地設山梯級
하늘에는 석실문을 열었다 天開石室門
누워서는 떨어지는 물방울을 맛보고 臥嘗懸乳液
앉아서는 암벽을 눌러 밀어내네 坐壓出雲根
산방굴사 앞 바다를 스쳐보며 流眺旃檀海
날이 어두워도 돌아갈 생각을 않네 忘歸到日昏

하늘에 석실 문을 열었다라고 표현된 이 산방굴사는 1840년 대정현에 유배되어 내려온 추사(秋史) 김정희(金正喜, 1786~1856)가 1848년까지 9년 동안 제주에 살면서 즐겨 찾았던 곳이다. 추사 김정희는 이곳에서 초의의순(草衣意恂, 1786~1866) 스님과 지란지교의 우정을 더욱 돈독하게 하였다.

조선시대 후기 최고의 서예가로 불리는 김정희는 실사구시를 내세웠던 실학사상의 대표적 선두 주자로, 청나라 학자들과 빈번히 교류하며 동아시아 사상의 큰 흐름과 어깨를 나란히 하던 인물이었다. 또한 그는 서울

봉은사(奉恩寺)에서 구족계를 받기도 한 신심 깊은 불제자로 해동의 유마거사로도 불렸다. 그가 제주로 유배 온 것은 1840년(헌종 6) 10월 1일이다. 이후 1848년까지 인성마을에서 유배 생활을 계속하면서 제주지역 문화에도 커다란 영향을 끼쳤다. 그런 그가 제주에 유배 온 지 4년째가 되던 해인 1843년 봄, 부인을 잃고 깊은 시름에 빠진 일이 있었다. 먼 곳에서 이 소식을 들은 초의 스님은 오직 벗을 위하여 제주도로 건너와 6개월 동안 머물렀다. 30대 초반에 만나서 칠순이 넘도록 깊은 우정을 나눈 초의 선사와 추사 김정희의 금란지교는 전해 듣는 것만으로도 그 향기를 짐작할 수 있는 가히 아름다운 것이다.

초의 선사는 귀양살이 중인 김정희에게 오직 새로 난 차를 전해주기 위해 험한 뱃길을 마다 않고 제주도에 오가기도 하였다. 이에 차를 받은 김정희는 감사하는 마음으로 명선(茗禪)이라는 글을 써서 초의 선사에게 올렸다.

훗날 김정희가 타계하게 되자 초의 선사는 그의 죽음을 애도하며 「완당 김공 제문」을 지었다. 제문에는 "함풍 8년 무오(戊午) 2월 청명 일에 방외(方外)의 벗 의순은 삼가 맑은 술잔으로 감히 김공 완당 선생의 영전 앞에 고합니다. … 아! 42년 금란교계(金蘭交契) 변치 않아 몇 천 백겁에 함께 향화(香火)를 맺을 인연이나 멀리 떠나 만나기 드무니 편지로 항시 대면을 가름했고 존귀함에 구애 없이 이야기할 때는 외형(外形)을 잊었습니다. 제주도에서 반년을 위로했고 용호(蓉湖)에서는 두 해를 머물렀습니다." 하고 벗을 잃은 안타까움을 그대로 전하고 있다.

이처럼 김정희와의 인연으로 제주를 찾았던 초의 스님은 산방굴사에 머무르며 수도에 전념하는 것은 물론, 김정희에게 『밀다경(密多經)』을 써서 널리 유포하도록 청하였다. 당시 조선시대 배불정책의 여파로 불법에 목말라 했던 제주 땅에 부처님 법을 널리 전하게 한 것이다.

초의 스님과 제주도와의 인연은 계속되어, 초의 선사가 제주목의 망경

삼방굴사 여래좌상

루에서 당시 제주 목사였던 이원조에게 시를 지어주었으며 그 외 전라도 지방에 있는 이연죽에게 7편의 시를 써서 보내기도 했다. 이원조 목사는 『탐라지초본』(1843)에서 초의 선사를 초조하게 기다려 시를 받게 된 기쁨을 전하고 있다.

이러한 사실은 이형상 목사의 대대적인 제주불교 탄압 이후에도 제주 땅의 깊은 불연(佛緣)은 계속되고 있었음을 보여주는 대목이다.

현재도 이곳 산방굴사에는 석가불좌상이 모셔져 있어 인근의 산방사와 보문사에서 순번을 정해 때마다 예불을 드리며 산방굴사의 맥을 이어가고 있다.

산방사

■연혁

산방사(山房寺)는 서귀포시 안덕면 사계리 184번지에 자리한 한국불교 태고종 사찰이다. 산방산 산방굴사로 오르는 길의 초입에 자리 잡고 있다.

산방사가 창건된 것은 1928년 4월의 일이다. 창건 이후 산방사는 1961년에 새롭게 대웅전 및 객실 · 조왕단 등을 건립하여 중창 불사를 마쳤으

산방사 내경

며, 그 뒤 다시 1996년에 대웅전 · 요사 · 조왕단 등 대대적 사찰 중수를 실시하여 현재의 산방사로 탈바꿈하였다.

■성보문화재

대웅전은 1928년 4월에 지었고 1961년에 1차 중창 공사를 마쳤다. 그리고 1996년 다시 25.7평의 규모로 중수하였다. 이 건물은 한국 전통사찰의 공법을 그대로 이용한 것으로 문화재적 가치가 높다.

안에는 아미타여래를 중심으로 좌우에 관음보살과 대세지보살을 봉안하였다. 탱화로는 후불탱을 비롯하여 지장탱 · 칠성탱 · 신중탱 · 독성탱 · 산신탱 · 용왕탱 · 천신탱 등이 있다.

종각은 1976년에 건립되었다가, 1997년에 개축하며 1,500관 규모의 범종을 봉안하였다. 또 사찰 경내에는 해수관음상과 미륵불상 등도 조성되어 있다. 특히 해수관음상은 경기도 포천에서 운반해온 화강암 통돌로 1996년에 조성한 것이다. 높이가 9.09m, 무게가 60여 톤에 달하는 제주도내 최대의 석불이다.

해수관음상

보문사

■연혁

보문사(普門寺)는 서귀포시 안덕면 사계리 181번지에 자리하는 대한불교일붕선교종 사찰이다.

보문사는 산방굴사의 맥을 이으며 산방산을 지키고 있는 또 하나의 사찰

보문사 내경

대적광전에 봉안된 천불상

로, 김대현 스님이 1964년에 12평 건물을 구입하여 수행에 매진하던 것이 인연이 되었다. 이후 본격적 불법 홍포의 뜻을 펼치기 위해 1969년 4월 15일 25평의 대웅전을 건립하며 창건되었다. 현재 대웅전 앞 오층탑엔 석가여래의 진신사리 33과가 봉안되어 있다. 또한 보문사 오층탑 옆에는 18척 높이의 용두관음상이 자비로운 모습으로 옛 고려시대 사찰 터를 굳건히 지키고 있다.

서산사

■위치 및 창건

서산사(西山寺)는 대한불교조계종 제23교구 본사 관음사의 말사로 서귀포시 대정읍 동일리 3159번지에 자리한다.

서산사가 위치한 대정읍 동일리는 예로부터 가시가 많아 가시오름이라 불리는 주변 오름을 중심으로 북서쪽에 위치하고 있는 마을이다. 이 마을

서산사 내경

의 유서 깊은 사찰 서산사는 1943년 6월 7일 강창규 스님에 의해 창건된 사찰로서, 일제 강점기의 제주 불교와 제주항일 역사 등 제주 근대사를 생생히 증언해 주고 있는 사찰이다.

창건주 강창규 스님은 1918년 법정사 항일운동 주역 중의 한 사람으로, 당시 무장 항일조직의 선위 선봉대장으로 활약했다. 무오년 법정사 항일운동이라 함은 김연일 스님을 비롯한 강창규 · 방동화 스님 등 몇 명의 스님들의 주도 아래 일본인 관리와 상인을 몰아내고 일제에 빼앗긴 국권을 회복하려는 의도로 일으킨 항일 운동이다. 당시 이 항일 운동에는 법정사의 신도를 비롯한 주민 400여 명이 의거에 대거 동참하였다. 이 무오 법정사 항일운동은 1919년의 3 · 1운동보다 1년 앞서 일어난 단일 지역 최대 규모의 항쟁으로 그 역사적 의미가 매우 높다.

법정사 항일 운동으로 옥고를 치룬 후 강창규 스님이 다시 제주에 돌아올 수 있었던 것은 1940년대 초다. 그리고 곧바로 1941년 이곳 동일리에

법당 삼존불상

서산사 목조보살좌상(제주도유형문화재 제20호)

서산사를 창건하게 된다.

그러나 고달픈 제주 민중의 삶을 온몸으로 지고 가려 했던 강창규 스님의 일생은 마지막까지도 힘겨운 것이었다. 강창규 스님은 일제 강점기의 억압된 생활 속에서 힘겨운 나날을 보냈고, 해방이 되고 대한민국이 수립된 이후에도 대부분의 독립운동가가 그랬던 것처럼 여전히 왜곡된 시선과 생활고에 허덕여야 했다. 더구나 스님의 입적은 1960년경 서산사 앞 바닷가 돌 틈에서 사체로 발견되어 그 쓸쓸함을 더했다. 거기에 최근 몇 년 전까지만 해도 법정사 항일 운동의 진실이 제대로 규명되지 못하고, 당시 항일 거사에 나섰던 스님들까지 보천교도로 왜곡되어 세간에 회자되는 등 안타까운 현실이 계속되어야 했다.

서산사는 1958년 6월 18일 강창규 스님과 이단명심 보살, 그리고 당시 주지였던 박용봉 스님 등의 협의 하에 인근 보청사와 법상사, 그리고 서산사를 통합하여 성불사로 탈바꿈하였다. 박용봉 스님은 성불사를 인수한 후 법당과 요사를 증축하는 등 중창불사를 단행하였고, 1962년 10월 13일에는 대한불교조계종에 사찰을 등록하였다. 서산사는 1966년에도 대대적 중창불사를 실시하였는데, 그 당시의 재건기념비가 서산사 도량 내에 세워져 있다. 성불사는 이후 다시 서산사로 사명을 고쳤으며, 그 동안 혜운 스님, 동철 스님 등이 주지로서 인연을 맺었다. 현재는 1992년에 부임한 동제 스님이 사세를 확장하며 대정지역의 포교에 매진하고 있다.

서산사의 유물로는 1534년 봄에 조성된 목조 보살좌상이 제주도유형문화재 제20호로 지정되어 보존되고 있다.

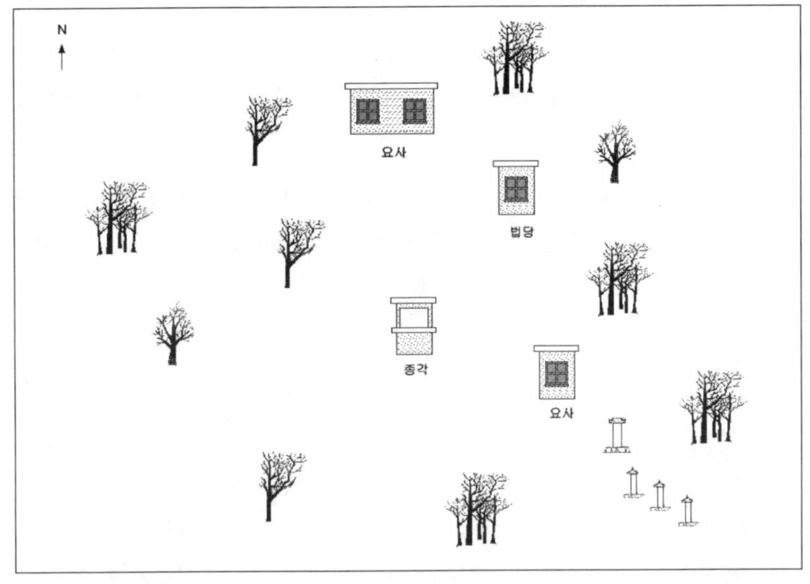

서산사의 가람배치

제Ⅲ부 제주 불교사

제주불교의 역사와 현재

■제주불교의 기원

제주도에 언제 불교가 전래했는가에 대해서 여러 가지 가능성이 제기되고 있다. 우선 옛 기록을 따라가며 그 가능성을 생각해 보는 게 순서일 것 같다.

존자암 전경

■**남방 전래설**

제주에 불교가 전래된 것은 남방, 곧 고대 인도에서부터 직접 수입되었다는 주장이다. 여기에 대해서는 조선시대부터 여러 사람들이 글로 써왔는데, 그 내용을 소개하면 다음과 같다.

우선 1498년(연산군 4) 무오사화로 제주도에 유배되었다가 1506년 중종반정으로 풀려났던 홍유손(洪裕孫, 1431~1529)의 『소총유고(篠叢遺稿)』 중 「존자암개구유인문(尊者庵改構誘引文)」에 이런 말이 보인다.

"존자암은 삼성(三姓)이 처음 일어났을 때 만들어져서 삼읍(三邑)이 정립된 후까지 오래도록 전해졌다."

삼성은 탐라를 개국한 고을나(高乙那) · 양을나(良乙那) · 부을나(夫乙那)를 일컬으며, 삼읍은 제주도의 행정구역이었던 제주목(濟州牧) · 정의현(旌義縣) · 대정현(大靜縣)의 셋을 말한다.

아득한 옛날 제주도에 세 명의 신인(神人)이 삼성혈(三姓穴)에서 솟아나왔다. 또 오곡의 종자와 송아지 등의 가축과 세 명의 처녀가 담긴 상자가 동쪽 바닷가에 흘러 들어왔다. 서로 짝을 지어 결혼하고 오곡을 뿌리고 소와 말을 길러 풍요롭게 살았다. 탐라의 개국신화인 삼성신화다. 신화적 연대는 그렇다고 해도, 고고학적 연구에 의하면 탐라국의 개국은 대략 AD 300~400년 무렵으로 추정되고 있다. 그렇다면 앞에 인용한 홍유손의 글에 의하면 제주도에 불교가 전래된 것은 바로 탐라의 개국, AD 300~400년이었다는 뜻이 된다.

고려대장경에 당나라 현장(玄奘, 602~664) 스님이 645년에 번역한 『대아라한난제밀다라소설법주기(大阿羅漢難提蜜多羅所說法住記)』가 있다. 흔히 『법주기』라고 부르는 것으로, 불법이 세계 각 처로 전파되게 된 배경을 기록한 것이다. 아라한인 난제밀다라가 설법한 내용으로 이루어져 있으며, 부처님의 제자들이 불법을 전해 받고 수호하며 중생을 제도하는 것에 대해서 말하고 있다. 부처님 열반 후 800년 뒤, 곧 서기 344년에 사자국(獅子國, 지금의 스리랑카)의 대아라한 난제밀다라는 죽음을 앞두고 여러 제자들에게 앞으로 정법을 호지하고 중생들을 이롭게 할 열 여섯 명의 대아라한에 대해 설법한다.

바로 이 「법주기」의 기록을 들어 이능화(李能和, 1869~1934)는 『조선불교통사』에서, "16나한이 각각 사는 곳이 있었는데, 여섯 번째 발타라존자(跋陀羅尊者)는 900아라한과 더불어 탐몰라주(耽沒羅州)에 나누어 살았다. 예로부터 전하기를 탐몰라주는 곧 탐라를 말하는 것으로 지금의 제주다."라고 하여 남방으로부터 제주도에 불교가 전래된 시기를 추측할 수 있게 하고 있다. 이 주장은 난제밀다라에 의해 탐몰라주가 언급된 시기가 AD 344년이니까 탐라국의 활동연대와 맞아떨어지는 공통점을 발견할 수도 있다.

이은상(李殷相, 1903~1982)도 『탐라기행』(1937년)에서 『법주기』의 내용을 다음과 같이 말하고 있다.

"제6 발타라 존자의 상주처인 영실(靈室)에는 한라산의 만물상으로 오백 장군이라는 돌 나한이 있다. 법주기에 의하면 16나한 중 여섯 번째 발타라존자는 오백나한을 데리고 탐몰라주에 상주한다. 이 기록으로부터 오백나한과 수행동과 아울러 존자암이라는 이름이 기원한다."

이 같은 남방으로부터의 전래 주장은 탐라에 관한 역사 기록에 의해 점점 구체화되어 가는 듯하다.

3세기 무렵 제주도 사람들은 한반도 사람들과 생김새나 풍속이 달랐고, 머리를 깎았으며 언어도 같지 않았다는 중국측 기록인 『삼국지(三國志)』「위지(魏志)」 〈동이전(東夷傳)〉을 비롯하여 『속일본기(續日本記)』에서의 제주 음악에 관한 내용, 3~6세기 무렵 『북사(北史)』의 수나라의 탐라 묘사, 『당회요(唐會要)』의 661년 탐라 조공사(朝貢使) 기록, 『구당서(舊唐書)』에 나오는 665년 당나라 국가의례에 참석했던 탐라의 기록, 『일본서기(日本書紀)』에 나오는 661년 이후 탐라와 일본의 전복 및 철제 실생활 도구의 교류 등에서 탐라의 활동을 짐작해 낼 수 있다.

특히 661년 당시의 탐라민은 천문항법을 사용해 원양 항해를 하던 단계였다는 연구가 제기되어 있다. 이러한 기록들로 미루어 보면 고구려 · 백제 · 신라를 통하지 않고도 제주도는 중국 · 일본과 교류하였음이 증명되고 있다.

이러한 교류의 흔적은 제주도의 불교가 고구려 · 백제 · 신라의 삼국으로부터 유입되지 않고도 중국이나 그 밖에 다른 곳에서 전래되어 올 수 있다는 가능성을 증명하고 있다. 제주도의 문화는 모두 한반도로부터 유입되었다는 고정관념에서 벗어나려는 시각으로 이로써 제주불교의 전래설을 유추하는 데에도 더욱 폭 넓은 기회를 가질 수 있을 것이다.

그러나 제주도 불교의 남방 전래설은 문헌적 자료 근거가 미약하며 유물 출토를 통해 증명되지는 않아 가야불교의 전래설과 같은 맥락에서 이해할 수 있을 것이다.

■삼국시대 전래설

불교가 우리나라에서 공인된 것은 고구려 372년(소수림왕 2), 백제 384년(침류왕 1), 신라 527년(법흥왕 14)이었다. 공인되었다는 것은 불교가 전래 되어 일반화되는 얼마간의 기간이 흐른 뒤에 국교로 인정되었다는 얘기다. 불교공인 이전 어느 시기에 이미 전래되어 기존 토착 종교와의 갈등을 해소하며 이 시기에 국가로부터 공인되는 것을 의미하는 것으로, 불교가 전래된 이후 이미 그 세력을 인정해야했던 시기임을 말하는 것이다.

탐라는 476년 백제 문주왕 2년에 처음으로 백제와 방물(方物)을 바치는

법화사 내경

관계를 맺은 기록을 남겼다. 문주왕은 탐라인에게 백제의 세 번째 관직인 은솔(恩率)을 하사하였고, 후에는 제1 관등인 좌평(佐平)을 받은 탐라인도 있었다. 이후 탐라는 고구려에 방물을 바치는 관계를 맺었다가 662년에 신라와 관계를 맺었다. 661년 이후에는 일본 지역과 자율적으로 활발하게 교류하였으며, 665년에는 당나라의 국가의례에 참석하는 등 중국지역과도 교류하였다.

이러한 기록들은 제주도 섬이 변방이라는 인식의 폭을 넓히게 하는 기록들이다. 당시 이미 중국과 고구려 그리고 일본까지도 교류를 하고 있었으며, 또한 백제가 멸망하자 그 유민들이 일본으로 건너간 경우를 생각하면 제주도로 건너온 백제인들도 상당수 있었을 것임에 틀림없다.

탐라가 백제와 처음 교류를 할 무렵 백제는 이미 불교문화가 꽃을 피우기 시작한 이후였으며 고구려 · 신라도 마찬가지였다. 이러한 시대적 상황과 탐라의 활동을 고려해 본다면 삼국시대에는 이미 제주도에도 불교가 전래되어 왔을 가능성이 충분하다고 할 수 있다.

고고학적 유물로 살펴보면 절터에서 삼국시대와 통일신라시대의 토기와 질그릇, 청자편 등이 출토되어 삼국시대에는 충분히 제주도에서도 불교가 신앙으로서의 역할을 하고 있었을 것으로 생각된다.

예를 들어 제주 법화사(法華寺)는 통일신라시기 장보고(張保皐, ?~846)에 의한 창건 가능성이 제기되어 현재 연구 중에 있다. 9세기 무렵 장보고가 중국 산둥반도에 창건한 법화원(法華院)과 장보고의 활동 중심지였던 청해진(淸海鎭)의 법화사와 함께 제주도의 법화사가 신라 일본 중국의 무역활동 교류지로서 매우 중요한 역할을 했을 것이라는 주장이 제기되어 있다. 또한 법화사 인근의 옛 지명 당포(唐浦)가 당나라와의 교류를 의미하는 것이라는 추측과 함께 통일신라시기 불교전래설의 타당성을 검토 중에 있는 것이다.

그러나 삼국시대 전래설이 구체적 문헌으로 증명되어 있지는 않고, 출토 유물들도 시기적 편차가 커서 전래시기를 확신하기에는 어려운 점이 많다. 이는 불교 역사뿐만 아니라 제주도의 역사가 전체적으로 그러한 상황이다. 역사의 중심축에서 멀리 떨어져 있는 지역적 특성으로 인해 기록을 남기지 못하는 입장이었을 것으로 보고 있다.

그러나 앞서 예로 든 여러 가지 정황들로 미루어 볼 때 삼국시대에는 이미 제주에도 불교가 전래되어 있었을 것임에 틀림없다 하겠다.

■고려시대 전래설

제주도는 1034년(고려 정종 1)부터 국가의례인 팔관회에 참석하기 시작하였다. 탐라는 태조(太祖, 재위 918~943)대 이후 고려에 14회 정도의 방물을 바친 기록이 남아있으며, 945년(정종 1) 이후는 국가의례마다 상례적으로 참석하였다는 기록이 있다. 이때 개경으로 올라가는 탐라민 일행은 80여 명에서 200여 명에 달하는 상당한 규모였다. 또한 1057년(문종 11)에는 한반도 육지부의 사찰 창건을 위한 벌목과 조영에 탐라민이 동원된

지금은 공원으로 변해버린 수정사지

적도 있었다. 이렇게 왕성하게 고려와 교류를 가졌음으로 미루어 탐라의 불교를 그려볼 수 있다.

이와 같이 팔관회의 참여 등 고려 조정과의 교류 흔적, 9~10세기 무렵의 해무리굽 청자편이 출토되는 점으로 짐작되는 수정사(水精寺)의 창건 시기 등으로 미루어 보아 고려시대에는 제주도에도 불교가 신앙되었을 것임이 분명하다. 그래서 고려시기에 들어 불교가 제주에 전래되었다고 보기보다는 이미 제주불교는 고려불교와 같은 상황이었을 것으로 짐작할 수 있다.

■고려시대의 제주불교

제주도의 고려시대 불교를 증명해 주는 것은 법화사와 수정사 · 존자암 · 불탑사(佛塔寺) 오층석탑의 유적과 몇몇 역사서의 기록에 불과하다. 제주도에 관한 역사적 기록의 희귀성과 함께 고려시대 제주불교의 전모를 속 시원히 밝혀줄 만한 유적 또한 그리 많지 않다.

그러나 발굴 조사된 사찰들의 규모만으로도 고려시대 제주불교의 전모를 상상하기에는 충분하며, 남겨진 역사적 기록에 의해 법화사와 수정사 그리고 존자암은 고려시대의 비보사찰(裨補寺刹)이었음이 밝혀져 있다. 지방의 비보사찰은 국가지원에 의해 보호를 받기만 하는 것이 아니라 국가의 사원 통제와 관리를 맡는 역할을 수행하였다. 제주불교 역시 고려 조정으로부터 경제적 지원을 받으며 성장 발전하였다. 존자암은 국가의 안녕을 기원하는 역할을 수행하였으며, 법화사와 수정사는 원의 지배 이후 국가의 지원을 받아 한라산 남쪽과 북쪽 지역의 사찰들을 관리하는 비보사찰이었던 것으로 판단된다. 고려시대 전반에 걸친 불교의 형태처럼 제주불교도 국가적 지원 아래 융성한 모습이었음을 알 수 있다.

고려시대의 대표적 사찰로는 제주의 비보사찰인 존자암 · 법화사 · 수정사 등이 있고, 또한 원당사 역시 고려시대의 역사가 남아있다. 이상의 사찰의 개별적 역사에 대해서는 이 책 제1부와 제2부에서 자세하게 설명하

원당사에 있는 고려시대의 불탑사 오층석탑

였다.

이상의 사찰 외에 고려시대 사찰로는 묘련사 · 서천암 · 보문사 등이 있다. 고려 충렬왕 무렵에 활동한 혜일 스님이 이들 사찰에 대한 시를 남기고 있다(혜일 스님이 지은 이 시들은 제Ⅳ부 「제주의 불교 인물」 중 〈혜일 스님〉편에서 소개하였다).

이와 같이 크고 작은 사찰들이 제주도 전역 곳곳에 흩어져 있었음은 여러 가지 방법으로 현재까지 연구되고 있다. 발굴이 된 고려시대 사찰로는 강림사지 · 곽지사지 · 고내리 사지 · 금덕리 사지 · 일과리사지 · 해륜사지 · 서천암지 · 오조리 사지 · 광령리 사지 · 성불암지 · 상귀리 사지 · 보문사지 · 관음사지 · 해안동 사지 등이 있다. 이들 폐사지에서는 고려시대 도기 편들이 다수 출토되었다. 그 외에도 산방굴사를 비롯한 20여 개의 사찰에서 고려시대의 기록 또는 유물이 출토되었다. 전체적으로 대략 100여 곳의 고려 중기에서 조선초기까지의 사찰이 추정되고 있으며 그 가운데 현재 조사되고 있는 폐사지는 80여 곳이다.

고려시대 제주불교는 이와 같이 개경의 팔관회에 참여하였던 점, 법화사 · 수정사 · 존자암이 비보사찰이었다는 기록, 발굴조사로 출토된 고려시대의 유물, 그리고 묘련사 · 보문사 · 서천암 · 산방굴사 등이 고려시대의 사찰로 기록에 남아있는 점, 또 고려시대 유물이 출토되는 폐사지 등으로 보아 고려불교의 전체적 흐름과 마찬가지로 제주불교도 국가적 지원을 받아 가장 융성한 시기였을 것으로 짐작할 수 있다.

고려시대 제주불교는 전도에 걸쳐 골고루 퍼져 민간의 일상생활에까지 막대한 영향을 끼치고 있었다. 그러나 현재 제주도의 고려시대에 관한 역사적 연구는 미미한 형편이다.

한편 고려시대의 불교유물 가운데 독특한 위상을 간직하고 있는 복신미륵을 주목할 필요가 있다. 고려시대의 미륵불로 추정되고 있는 복신미륵은 제주시내를 중심으로 동쪽과 서쪽에 하나씩 자리하고 있다. 동쪽 건입

용화사 서자복미륵

동에 있는 것을 동자복, 서쪽 용담동의 것을 서자복이라 이름하고 있다.

제주도 현무암으로 만들어진 불상으로 얼굴 모습이나 옷 주름 등에서 토속화된 불상의 모습을 잘 보여주고 있다. 복신미륵 · 돌미륵 · 미륵부처 등으로 불리면서 신앙되어 토속화된 민간의 미륵신앙의 모습을 보여준다. 동자복미륵은 만수사(萬壽寺) 경내에, 서자복미륵은 해륜사(海輪寺) 경내에 있었다. 만수사와 해륜사는 1702년 이형상 목사에 의해 헐리고 미륵불만 남았다.

현재 서자복미륵이 있는 용화사(龍華寺)는 1939년에 다시 세워졌고, 동자복은 민가 뒤뜰에 있다. 현재 제주도 민속자료 1-1호와 1-2호로 각각 지정되어 있다.

■조선시대의 제주불교

조선의 억불숭유 정책은 선교 양종으로 종파를 병합하고, 사찰의 경제적 기반을 축소시켜 나가는 등의 정책으로 불교를 점차 쇠퇴하게 하였다. 조선시대 제주 불교 역시 같은 맥락에서 이해할 수 있을 것이다. 국가의 지원이 중단됨에 따라 사원은 단순한 개인적 신앙에 의지하여 유지되었는데, 특히 지방의 불교사원의 존폐는 지방관리의 결정에 따라 큰 영향을 받을 수밖에 없었다.

그러나 조선 후기의 불교가 침체되었기는 했지만 완전히 소멸되어 없어진 것은 아니었다. 오히려 깊은 불교신앙이 민중들의 생활 속에 토착화되어 있었다. 정치적 제도권에서 밀려난 불교는 여러 가지 억압을 받으면서 사상적 측면보다 신앙적 측면이 주를 이루면서 민중들 속으로 깊숙이 스며들었다. 제주불교 역시 같은 맥락에서 이해할 수 있다.

■억불정책

태종은 불교탄압 정책으로 1406년에 전국의 선교양종 사찰의 수와 토지, 노비의 수를 제한하고 각 지방의 비보사찰에 대해서도 제한을 가하였다. 제주도에서도 1408년 고려의 비보사찰인 법화사와 수정사의 노비를 모두 30명으로 줄임으로써 불교의 세력을 약화시켜 나갔다.

그러나 조선 전기까지는 아직 중앙정책이 지방에까지 커다란 영향력을 미치지 못하고 있었던 모양이다. 『세종실록』에는 신하가 건의하기를, "제주의 승려들은 내놓고 아내를 거느리며 사찰을 자신의 집으로 삼고 제자들에게 일을 시켜 자기 처자를 양육하면서도 관청의 부역도 별로 하지 않고 앉아서 배부르고 따뜻이 입고 지내니 내륙지방의 승려들이 모두 소문을 듣고 깊은 물에 고기떼가 모이듯 모여들어 그 모양을 따른다. 하지만 관에서는 예삿일로 알고 금하는 일이 없으니 실로 폐단이 굳어진 바, 청컨대 제주의 승려들을 모두 조사하여 모조리 목자(牧者)로 하거나 군역에 보충하도록 하십시오.” 했던 기록이 있다.

제주도의 사찰에 대한 국가지원이 전면 중단되는 것은 홍유손의 『소총유고』 중 「존자암개구유인문」(1507)에 보이는 “존자암은 비보소(裨補所)다. 나라에서 이 암자에 논을 하사하여 벼를 심어 재를 지낼 경비로 삼았다.”는 말을 통해서 짐작할 수 있다.

조선의 국성재를 지내던 존자암에 대한 국가적 지원의 중단은 제주지역의 다른 사찰에 대한 지원도 중단되었을 것이라고 짐작하게 한다. 국가적 지원이 없어지면서 경제적 여력이 취약한 제주도 내의 사찰들은 급격히 사세가 기울어 갔다.

역시 홍유손의 「존자암개구유인문」에서 퇴락한 존자암의 사세와 당시 제주도민의 불교 신앙의 양상을 볼 수 있다.

“정의현의 대족들이 나쁜 병에 많이 걸리는 것이 이 암자를 폐한 뒤부터이고, 비바람 때문에 흉년이 드는 것도 이 암자를 중수하지 않았기 때문이라고 한다. 민간의 호족들과 관가의 관원으로부터 논밭을 가는 사내와 물을 긷는 아낙들은 말할 것도 없고 지팡이를 짚고 다니는 늙은이와 초동, 목동들까지도 모두 달려와 이 절을 중수하자고 하소연하지 않는 이가 없었다. 이에 중수하는 일이 법에 저촉된다고 하며 아무리 만류하여도 그들의 마음은 더욱 끓어올라 어떻게 막을 도리가 없었다.”

사찰은 퇴락하여 버려두고 있으나 도민들의 불교 신앙은 여전하여 법에 어긋난다 하여도 존자암을 중수해야 하겠다고 하였다. 점차 사찰은 그 위세가 약해졌으나 유학자나 목자들을 곤혹스럽게 할 정도로 불교는 민간에 뿌리 깊게 자리 잡고 있었다. 1520년 제주에 유배 왔던 김정(金淨)도 「제주풍토록」에서, “음사(淫事)와 함께 부처에 기울이지 않은 사람이 없다.”고 묘사하고 있어 당시 제주도의 신앙형태를 표현하고 있다. 대사헌 · 형조판서 등을 지내며 왕도 정치의 실현을 위해 미신 타파에 앞장섰던 김정은 그러나 「수정사 중수 권문」을 짓기도 하였다. 이 중수 권문에는 제주사람들의 신앙형태가 묘사되어 있는데, 어리석은 백성들이 신당(神堂)을 열심히 위하는데 이를 막기 위해 유교 이념인 인의와 형벌로 위협하여도 막을 수가 없다 하였다. 이러한 상황이므로 그는 또한 이렇게도 말하였다.

"이를 교화하는 방법으로 오직 부처님을 가까이하고 부처님의 자비로운 가르침으로 살생을 금하여 인연(因緣)과 업보(業報)와 복과 죄의 이치를 알게 하여 대승의 도를 깨닫게 하는 계기를 마련한다면 사람들은 어리석은 풍속을 고칠 것이다. 그러므로 사찰과 불상을 위엄 있게 마련하여 숭상한다면 백성들은 이에 귀의하여 병과 액의 득실을 빌며 이에 의지하여 착한 일을 즐거이 하게 되고 악한 일을 하는 것을 두려워하게 될 것이다."

그러므로 수정사 중수를 권유하여 복구 기금을 거두는 데 힘을 합하는 것도 나쁘지 않은 일이라고 한 것이다.

조선시대 유학자들은 유교 이외의 것은 모두 미신으로 규정하여 억압하기에 힘썼다. 정통 유학자들 중의 한 사람인 김정은 제주도의 특성상 유교가 아니라 불교를 통해서 교화하여야겠다고 하며 수정사 중수를 사람들에게 권유하였던 것이다.

홍유손이나 김정은 대유학자이자 관리로서의 입장에도 불구하고 사찰의 중수를 권하는 글을 썼다. 이들은 제주도민들의 정서와 신앙 특성상 불교에 대한 억제가 어려울 뿐만 아니라 오히려 권장하여야 할 처지에 있다는 변명을 장황하게 늘어놓고 있다. 당시 민간에 깊숙이 뿌리내린 제주불교의 모습을 표현해 주고 있는 것이다.

고려 때의 불교와 무격신앙과 습합된 산천 성황(城隍)신앙은 조선시대에 들어와서도 유교 제례로 정비되어 국가 제사로 모셔졌다. 특히 잦은 해난 사고의 두려움을 가지고 사는 도서지역 주민들은 내륙지역 주민에 비하여 신을 섬기는 제사를 자주 행하였으며 국가도 해난 사고 방지를 위해 바다와 섬의 신을 섬기는 장소를 사묘로 지정해 그 제사를 주도했었다. 유교 제례 이외의 신앙 양상은 음사로 규정되어 금지령이 내려지는 일도 있었으나 조선시대 내내 일반인은 물론 왕실과 양반 지배층에서도 여전히 이어지고 있는 모습이었다. 조선의 유학자들은 유교라는 통치 이념 아래 유교 의례를 정착시키려는 노력을 계속하였지만, 개인적으로는 여전히 무격(巫覡)신앙과 불교를 계속 신앙하였다. 조선 중기 제주불교도 김정의 묘사처럼 음사와 함께 부처를 섬기던 모습이다.

이처럼 밀교적 성향이 강한 특성을 보이는 제주불교는 조선시대 유림들이 모두 놀라 지적하고 있는 승려의 결혼 생활 등에서 짐작해 볼 수 있듯이 고려 말 원나라의 100년 동안의 지배에서 오는 영향이 컸을 것으로 보인다. 이는 곧 조선시대 제주불교 탄압의 좋은 빌미가 되기도 하였다.

■ 조선시대의 기록에 나타나는 제주 사찰

1530년의 『신증동국여지승람』에 나오는 제주도의 사찰은 존자암 · 월계사 · 수정사 · 묘련사 · 문수암 · 만수사 · 해륜사 · 강림사 · 보문사 · 서천암 · 소림사 · 관음사 · 영천사 · 법화사 · 성불암 등 모두 15개다. 1651년 이원진의 『탐라지』에는 당시 현존하는 16개의 사찰과 4개의 폐사지를 싣고 있는데, 『신증동국여지승람』과 비교해 보면 안심사 · 원당사 · 돈수암 · 굴사 · 곽지사 등 5개의 사찰이 더 기록되어 있다. 이 당시 상황에 비추어 사찰이 더 신축되었다고 보기는 어렵고 이미 존재하고 있었던 사찰이라고 볼 수 있다.

그 밖의 기록들에서 기존의 사찰의 쇠락한 모습이 간간히 묘사되고 있는데 기록마다 조금씩 다르게 표현되어 있다. 존자암의 경우도 중간에 여러 번 세웠다 폐했다 하였다고 『남사록』(1602년)에 전한다. 두타사는 임제가 쓴 『남명소승』(1577년)에만 나오며, 김상헌이 들렀다는 성산성에서 이경록 목사 때 지은 성안의 절(1597년 전후)도 다른 기록들에서는 찾아 볼 수 없다. 또한 김상헌은 『남사록』에서 영천암과 강림사가 폐사되었으나 초가 몇 칸이 남아 있다고 하였는데, 이원진은 『탐라지』(1653년)에서 이들을 잔여 사찰로 기록하고 있다.

이렇게 기록 간에 차이가 나는 것은 사찰의 규모나 명성 등에 관한 기록자의 관심 여부에도 달려 있었던 것으로 짐작할 수 있다. 이원진은 『탐라지』에서 법화사를 폐사로 분류하면서 초암 몇 칸이 남아 있다고 기록하였다. 이와 같이 기록자의 보는 시각에 따라 혹은 여행자의 방문지나 사찰 규모에 따라 기록에 차이를 보이고 있다.

16세기 중반부터 제주불교는 쇠퇴기에 들어선 것으로 보인다. 비보사찰의 폐지 등 국가지원 중단과 15세기 이후 경제사정의 어려움, 그리고 목사들의 탄압에 의해 제주의 사찰들은 점차 그 규모를 축소하거나 폐사하는 처지에 놓이게 되었다. 이 시기 불교 중흥을 꾀하던 허응 보우(虛應普雨, 1509~1565) 스님이 1565년 제주로 유배와 어도봉에서 변협(卞協) 목사에 의해 장살(杖殺) 당하였고, 1565~1568년 사이에 제주에 머물렀던 곽흘(郭屹) 목사에 의해 불상과 사찰이 훼철되기 시작하였다.

아울러 제주 승려들의 삶도 힘들었던 것 같다. 『남사록』에 보면, "머리카락 깎고 승려가 된 자도 관가에서는 승려나 속인이나 불문하고 모두 병역을 치르도록 한다. 대오 가운데는 머리카락 깎은 자가 많다."고 하였다. 또 이증(李增, 1628~1686)은 남사일록(南槎日錄)(1680년)에서, "연무정 시재에 나가 무사를 뽑았는데, 입격자는 중군(中軍) 강성좌 이하 출신(出身) 6명, 한량(閑良) 86명, 사노(寺奴) 11명, 사노(私奴) 1명, 합 104명이다."라는 기록을 남겼다. 이로 미루어보아 사찰의 승려와 노비들이 군대의 병력으로 동원되는 어려운 생활에 처했음을 알 수 있다. 그러나 1680년에도 사찰이 노비를 거느리고 있었다는 것은 사찰운영이 지속되고 있었음을 보여주는 증거이기도 하다.

조선시대 중기 불교는 외형적으로 억압을 받고 있었으나 임진왜란의 국가 위기를 이기는데 활약한 승려들의 활동에 힘입어 이후 사찰의 중흥이 일부나마 이루어졌고, 불상 · 불화 등의 불교문화가 발전하는 모습을 보이기도 하였다. 존자암을 비롯한 제주도 사찰의 부침도 이러한 시대상황과 같았을 것으로 생각할 수 있다.

■이형상 목사와 제주불교의 쇠퇴

조선은 유교를 통치 이념으로 하여 불교를 유교로 바꾸려는 노력을 끊임없이 기울였으나 유교 의례는 18세기에 와서야 비로소 일반 백성들에게 정착되어 갔다. 임진왜란과 병자호란을 거치며 신분제가 붕괴되어 매관매직이 성행하게 되자 새로 편입된 양반들이 기존 양반의 흉내를 내면서 유교의례도 널리 정착되기 시작한 것이다.

1703년 제주불교는 제주를 다스리는 목사(牧使)로 부임한 이형상(李衡祥, 1653~1733)에 의해 맥이 끊어진 것으로 이야기되고 있다. 그것은 이형상 자신이 남긴 다음과 같은 글을 통해서 확인할 수 있다.

"온 섬 500리에 지금은 사찰이나 불상이나 승니도 없고 또한 염불자도 없으니 불도의 액(厄)이라 말할 수 있다. 해륜사와 만수사를 헐어 관가의 건물을 짓도록 했다."

(「남환박물(南宦博物)」)

"온 고을의 음사(淫祠)와 아울러 불상을 모두 불태웠으니, 이제 무격(巫覡) 두 글자가 없어졌다는 것을 말하지 않을 수 없다."

(『탐라순력도(耽羅巡歷圖)』 서문)

제주 목사로 내려온 이형상은 유교 사상에 걸맞게 제주의 여러 가지 풍속을 바꾸도록 지시하였다. 1년 남짓한 제주 목사 재임기간 동안 제주도 내 129개 마을의 129개 신당을 철폐하도록 지시하고 관리들로 하여금 철폐 상황을 보고하도록 하였다. 짧은 기간 동안 제주도 전역에 걸친 강압적 행정력은 사람들에게 충격으로 받아들여져 실제보다 더 많은 '절 오백, 당 오백'을 철폐한 인물로 설화가 되어 전해지기도 한다.

이형상 자신도 유교 사상을 실현하여 임금의 은혜에 보답하게 한다는 자신의 업적을 자랑스럽게 기록하였다. 『탐라순력도』의 '건포배은(巾浦拜恩)'이라는 부기(附記)는 이형상 목사의 선정에 대해 도민들이 감사의 표시로 임금께 절을 올리는 모습과 신당이 불타는 모습을 그려 놓은 것이라고 설명해 놓았고, 후에 그의 지인(知人)이 쓴 「병와선생 이공행장」에는, "도민 700여 명이 건포에 모였는데 어찌 감히 공의 명령을 따르지 않겠냐면서 신당 129곳을 불사르고, 두 곳의 사찰을 불사르고 1,000개에 가까운 불상을 바다에 던졌다."고 기록하였다.

이형상은 이러한 일들이 자신의 가르침을 받은 백성들이 스스로 한 일이라고 기록하여 자신의 공을 내세우지 않음으로써 임금의 치세를 찬양하는 군자의 모습을 보여주고 있다. 강압에 의한 통치가 아니라 덕으로 다스리는 것이야 말로 유교 국가가 이상적으로 생각하는 통치의 방식이었음을 생각할 때 이형상의 이러한 기록이 의미하는 바를 짐작할 수 있다.

그러나 이형상의 행위를 받아들이는 제주도민의 정서는 권력의 남용에 대한 비판적이고 부정적인 인식과 저항의식을 나타내는 줄거리로 구전되는 설화에 남아 있다.

결국 이형상의 강압에 제주의 승려와 무속인들은 외부적으로 드러나는 활동을 자제하고 개인적 신앙형태를 갖게 되었을 것이라고 쉽게 짐작해 볼 수 있다. 이러한 상황에서 비슷한 처지에 놓인 불교와 무교는 더욱 습합되는 현상을 띠게 되었던 것 같다. 이형상 자신의 기록으로도 사찰은 두 곳만을 철폐하였다고 했으나 절도 당도 구전으로는 500씩 철폐한 것으로 전래된다. 신당과 불교의 융합은 미륵당으로 나타나 구원을 약속하는 불교의 미륵불이 민간의 신당으로 내려가 마을과 민중의 수호신으로 함께 존재하며 제주도민들의 아픔을 보다 가까이에서 어루만져 주는 역할을 담당하게 된 것이다.

제주 불교는 부임되어 내려오는 관리들의 취향에 따라 여러 가지 양상이 연출되기도 하였다. 이형상에 이어서 부임한 이희태 목사는 다시 신당을 허락하였다. 유교식 제례를 뿌리내리고자 꾸준히 노력하였던 유학자들의 바람과는 달리 제주도는 1702년 이형상이 기록을 남길 당시까지도 "사명일(四名日, 설 · 단오 · 추석 · 동지)에 서로 모여서 예불할 뿐이다."라고 하여 일 년 중의 네 명절을 사찰에서 지내고 있었음을 말하고 있다. 사찰은 형편없게 되었으나 사람들은 여전히 절에 가서 명절을 지내고 있다는 것이다. 오래도록 이어져 오던 신앙을 비롯한 제주사람들의 풍속이 강력한 권위에 억눌린 것이라 해도 1년 여 통치기간 내에 바꿔놓을 수 있는 그런 성질의 것은 분명 아니었음을 알 수 있다.

이형상이 남긴 『탐라순력도』의 '산방배작(山房盃酌)' 에는 산방굴사 안 불상이 있어야 할 자리에 의관을 갖추고 앉은 인물이 사람들로부터 잔을 받으려 하는 모습이 그려져 있다. 이는 곧 이형상의 모습일 것으로 추정된다. 그러나 약 150년 뒤 쓰인 유학자 이한진의 「매계집」에는 "안치된 불상 빛깔은 오래된 두 돌인데" 라고 산방굴사에 불상 2위가 모셔져 있음을 기록하고 있다. 이를 통해서도 역시 이후에 불교신앙이 이어지고 있음을 알 수 있다.

이형상이 활동하던 시기의 임금인 숙종은 승병을 편성하여 활용하고 있었고 불교는 외형적 억압의 상태에서도 나름대로의 활동을 하고 있었으므로 제주불교도 이형상의 시기에 완전히 단절되었다고 보기는 어렵다. 다만 18세기는 점차적으로 유교의 의례가 일반 백성들 사이에서도 자리를

옛날 수정사의 번영을 상징했던 수정사 부근의 도그내[川]

잡아가고 있던 시기였으므로 제주불교도 이전 시기와 비교했을 때는 분명히 쇠락한 양상이었을 것임은 분명하다.

■제주의 고지도를 통해 본 제주 사찰

지도는 그 목적에 의해 서로 다르게 제작될 수 있는 것이므로 고지도의 자료가 당시의 전체 상황을 설명해 줄 수 있는 것은 아니다. 그러나 어떤 목적으로 그렸던지 간에 당시의 존재를 알리는 의미는 살아있다고 볼 수 있다.

1700년대 무렵에 제작된 『탐라전도(耽羅全圖)』에 강림사 · 만수사 · 해륜사 · 월계사 · 서천암 · 존자암 · 법화사 · 성불암 · 영천암의 9개 사찰이 실려 있다. 『조선강역총도(朝鮮疆域摠圖)』에도 법화사 · 영천사 · 성불암 · 묘련사 · 수정사 · 소림사 · 존자암 · 문수사 · 만수사 · 강림사의 10개 사찰이 표시되어 있다.

1750년 무렵에 제작된 『해동지도(海東地圖)』에 나오는 「제주삼현도(濟

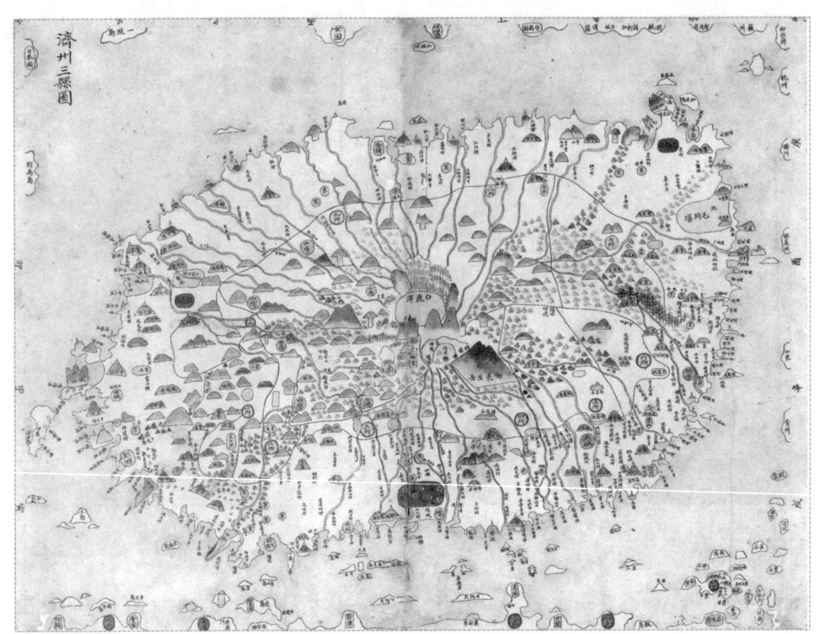

『해동지도』 중 「제주삼현도」

州三縣圖)」에는 해륜사 · 대천사 그리고 존자암 3곳이 기록되어 있다. 더욱이 1800년대 후반 김정호(金正浩)가 『대동여지도』를 그릴 때 저본으로 삼았을 것으로 추정되는 『동여도(東輿圖)』에는 수정사와 수행굴이 표시되어 있다.

1702년 제주 목사를 지낸 이형상은 제주도에 사찰이 없는 것으로 표현하고 있지만, 이들 지도를 보면 1700년대 이후에도 제주도에는 몇몇 개의 사찰들이 활동하고 있었던 것으로 보인다. 1653년 이원진의 『탐라지』에 기록된 15개의 사찰, 하나도 남아 있지 않다는 1702년 이형상의 기록, 그리고 다시 위와 같이 지도에 나타난 10개의 사찰 등, 이러한 기록들 간의 차이는 기록자의 관심도 또는 제작 목적 등이 다르기 때문에 나타나는 현상이며, 이 또한 당시의 제주불교의 모습이었던 것이 사실일 것이다.

이러한 옛 기록에 나오는 표현들을 종합해 보면 승려는 있으나 사찰은 퇴락하여 겨우 명맥을 잇고 있는 시기가 있기도 하고, 또는 쇠락한 사찰의 건물만 남아 있고 승려가 없는 시기가 있기도 하다. 또한 이형상의 『남환박물』에 나오듯이 승려 없이도 이루어지는 사찰의 예불 형태가 전해지기도 한다. 기록상 사찰의 증감은 바로 기록자 당시의 이러한 사찰의 사정에서 비롯되는 것일 수도 있고, 부임해 온 관리들의 탄압 강도에 따른 활동의 정도에 따른 것일 수도 있으리라 짐작된다. 어쨌거나 조선 후기 사찰의 부침은 끊임없었고 그 활동도 아주 어려웠음은 분명하다.

■조선 말기 유학자의 불교신앙

유명한 추사 김정희(金正喜, 1786~1856)와 당대의 대선사 초의 의순(草衣意恂, 1786~1866) 스님, 그리고 개화기 외무대신 김윤식(金允植,

초의 의순 스님의 진영

1835~1922)의 제주에서의 유배생활에 조선 말기 제주불교의 모습이 담겨 있다.

추사가 1840년부터 1848년까지 9년간 유배되어 제주에 사는 동안 절친한 친구인 초의 스님이 제주도로 건너와 6개월간 벗하여 살았는데, 이 시기 산방굴사에서 수도하며 김정희에게 『밀다경(密多經)』을 쓰게 하여 세상에 전하였다고 한다. 이원조(李源祚, 1792~1872) 목사는 『탐라지초본』에서 초의 스님을 초조하게 기다리다 시를 받다볼 수 있게 된 기쁨을 전하고 있고, 추사의 제자 이한진은 초의 스님과 그의 제자 백운(白雲) 스님과의 인연을 지속하였다고 한다. 이러한 기록들로 보아 당시에 제주도에 내려온 초의 스님은 관리나 유림들과 깊은 교분을 맺으며 생활하였던 것 같다. 한편 이한진이 남긴 시 가운데 『사봉낙조(紗峰落照)』 편에서 '아득히 먼 절의 종소리 달에서 쏟아지는 듯하다' 라고 읊어 사라봉에 사찰이 있었던 것은 아닌가하는 추측을 낳기도 한다.

갑오개혁의 김홍집(金弘集) 내각에서 외무대신을 지냈던 김윤식(金允植)은 1898년 제주도로 유배되었다. 이 때 쓴 『속음청사(續陰晴史)』에는 사월 초파일 부처님오신날을 기념하여 등을 매달았고, 제주 유림의 유학자들과 『전등록(傳燈錄)』을 읽었다는 것, 제주 유림 중 한 사람이 정성스레 나한상을 봉안하는 모습, 해인사와 전라남도 강진의 스님이 찾아와 인사를 나누었다는 등의 표현으로 제주의 유림들과 교분을 쌓는 가운데 불교를 신봉하는 모습을 보여주고 있다.

또한 1909년 항일 의병장으로 알려진 김석윤 스님은 1891년 제주 광양 서재에서 김설월 문하에서 『금강반야경』을 공부하였다고 자신의 이력을 밝힌 바 있다. 그리고 그는 1894년에 전라북도 완주 위봉사(威鳳寺)의 박만하 스님을 은사로 출가하였다. 서재에서 불교 경전을 공부하였다는 것은 무불시대라 일컬어지는 조선시대 후기 제주불교의 모습을 다시 한 번 생각해 보게 한다.

18세기 이후의 제주불교의 상황에 대해서는 여러 각도에서 규명해 나가야 할 필요성을 가지고 있다. 구한말 시와 문장으로 이름 높았던 제주 조천(朝天)에 살던 선비 김형식(金瀅植, 1886~1927)은 『혁암산고(革菴散稿)』 중 『유관음사기(遊觀音寺記)』(1917년)에서, "어떤 이는 이형상이 제주목사가 되어 모두 없앴다고 하나 읍지를 살펴보면 자세치 않다."고 하였는데 음미해 볼만한 대목이다. 유교는 통치이념으로 조선을 유지하는 힘이었으나, 실제 많은 유림들과 민간인들에게 있어서 불교는 조선 말기에도 여전히 깊은 신앙으로 자리 잡고 있던 종교였음이 확인된다. 제주불교 역시 사찰의 쇠락이라는 험난한 역정 속에서도 민간 신앙과 습합되는 한편, 생활 전반에 걸쳐 깊숙이 뿌리내려 그 명맥을 이어가고 있었던 것이다. 결국 이형상 목사 이후 조선시대 후기 200여 년의 제주불교가 무불(無佛)시대였다고 하는 것은 다시 생각해 봐야 할 것이다.

■20세기 초의 제주불교

제주불교는 봉려관 스님의 출가와 관음사 창건으로 20세기를 시작했다. 관음사 창건에 앞서 강창규 스님이 1892년에, 김석윤 스님이 1894년에 각각 완주 위봉사에서 출가하여 승려가 되었다. 이들의 은사인 박만하 스님은 근대 초기 제주에서 활발한 포교활동을 했던 것으로 보인다. 그러나 아직 19세기 말 제주불교에 관한 구체적 연구는 이루어지지 않고 단편적 사건들만 알려져 있을 뿐이다.

민간에 스며들어 있던 불교는 생활에 밀접하게 스며들어 자연스럽게 19세기 민족사상과 이어지고 있었다. 오랫동안 제주의 도민과 아픔을 함께 해 온 승려들은 법정사(法井寺) 항일운동과 같은 민족운동으로 외세 저항에 앞장서게 된다. 이러한 신앙형태는 제주불교의 독특한 모습으로 불교지도자들에게 끊임없는 문제의식을 갖게 하였다.

제주의 근현대 불교는 관음사를 모태로 전개된다. 관음사포교당을 중심으로 한 제주불교협회(1924년 창립) 활동을 통한 제주 불교의 의례와 신행 형태의 변화, 제주불교연맹(1937년 창립)의 해방 전까지의 활동을 통한 외형적 성장은 물론, 불교의 근본 사상을 정립시키고자하는 다양한 활동을 통해 제주도에는 90여 개의 사찰이 창건되기에 이르렀다. 그러나 이러한 활동은 불교계의 포교 열망과 일제의 효율적 관리 의지가 맞아떨어진 결과물이었다는 시대적 한계 상황이 반영된 것이기도 하다. 그 결과 1945년 제주불교혁신운동으로 친일을 반성하는 움직임이 모아지기도 했으나 제주 4 · 3사건으로 좌절을 맛보며 불교정화라는 현대사의 아픔을 맞게 되었다.

■관음사의 창건

근대 제주불교는 관음사가 창건되면서부터 활발한 활동을 시작하였다. 1908년 해월굴에서 기도를 시작한 봉려관 스님은 김석윤 스님과 함께 1909년 초가 법당으로 관음사를 창건하였다. 1910년에는 영봉 스님과 안도월 스님이 통영 용화사(龍華寺)의 불상과 탱화를 모셔다 봉안했다. 1909년 제주도 의병항쟁의 주역인 김석윤 스님은 일제의 감시 하에서도 1911년 관음사의 해월학원 교사를 맡아 다수의 제자들을 길러냈다. 이후 오한일 · 장정명 · 오이화 · 방동화 · 이성봉 · 마용기의 출가가 이루어졌고, 소림사 · 법정사 · 불탑사 · 화천사 · 양진사 · 법화사 · 법주사 등 7곳의 사찰이 창건되기에 이르렀다.

창건 초기 독자적으로 활동하던 관음사는 일제의 포교규칙에 의해 1918년 6월 11일 해남 대흥사(大興寺)의 말사로 등록하여 설치 허가를 받았다. 이후 1920년 중반까지 대흥사 주지였던 이화담 스님과 백취운 스님이 관음사 포교담당자로 등록되어 있었으나, 이 시기 관음사의 활동은 중앙 교단과는 별개로 제주 불교의 자생력에 힘입어 활동하였다.

관음사의 창건을 전후한 시기에 제주도의 30여 개의 서당(書堂)에서 부

관음사 야경

처님오신날을 경축하는 행사를 가지고 있었다. 학부모와 훈장이 참석하여 연등을 켜고 글짓기와 씨름대회를 하며 떡과 술을 준비하였다. 서당에서 이와 같은 행사를 열 수 있는 분위기가 바로 조선시대 후기 제주불교의 모습이며, 또한 유학자들의 불교신앙과 연결해서 생각해 볼 수 있는 특징이다. 관음사의 창건은 이러한 제주도민들의 오랜 기간에 걸친 확고한 신앙의 결집임을 말해주는 것이다.

대흥사 말사로 총독부에 인가를 받기 이전인 1918년에 이미 관음사는 사찰로서의 사격을 갖추고 제주지역에서 이름 있는 사찰로서의 역할을 해내고 있었음이 김형식의 『혁암산고』「유관음사기」에서 엿볼 수 있다. 이때 이미 관음사는 제주도 공립 보통학교와 제주 구좌보통학교 학생들의 소풍 장소가 되거나, 제주도청 · 제주교육회 등의 주요 견학처가 되기도 하였을 뿐만 아니라 내륙의 제주도 탐방 인사들의 필수 코스였다. 또한 중앙일간지에서도 「봉려관 스님과 관음사의 이야기」를 여러 차례에 걸쳐 실을 정도로 유명세를 타게 되었다.

이처럼 관음사가 창건되자마자 사회적 인식이 단기간에 변화된 것은 조선의 암울했던 시기에도 불교가 확고하게 신앙 깊숙이 뿌리를 내리고 있었기 때문이라고 할 수 있다.

■1910년대의 제주불교

관음사를 창건한 봉려관 스님과 김석윤 스님은 1911년 한라산 남쪽에 법정사를 창건하였다. 1912년에는 마용기 스님이 회천에 화천사(華泉寺)를 창건하였다. 관음사의 창건에 이어 제주에도 사찰이 들어서기 시작한 것이다. 제주도 전역을 돌며 사찰을 창건한 봉려관 스님과 김석윤 스님을 비롯하여 안도월 · 강창규 · 방동화 스님 등은 1910년대 제주불교의 주역들이다.

■무오 법정사 항일운동

1918년의 법정사(法井寺) 항일 운동은 김연일 스님을 비롯하여 강창규 · 방동화 스님 등 여덟 명의 스님이 주도하여 일본인 관리와 상인을 몰아내고 국권을 회복하려는 의도로 법정사의 신도를 비롯한 주민 400여 명이 함께 일으킨 항일운동이다. 3 · 1운동보다 1년 앞서 일어났던 항일 무장항쟁으로 그 의미가 매우 높다.

항일운동은 강창규 스님의 안내로 제주에 온 김연일 스님 등이 산천단 소림사에서 거사를 의논하다가 일제의 감시를 피해 법정사로 장소를 옮기면서 준비된다. 이 과정에서 1913년 방동화 스님은 김연일 스님의 소개로 기림사로 출가하여 1918년에 합류하였다. 정구용 스님의 판결문에서 항쟁의 내용을 옮겨보면 다음과 같다.

"제주도 도순리 한라산 서남쪽 기슭 법정사의 주지 김연일은 일찍부터 일본 정부의 조선통치에 대해 불평을 품어 여러 명의 동지와 의논하여 불교도 및 농민을 모아 도당을 만들었다. 도내에 거주하는 일본인 관리를 섬 밖으로 내쫓음으로써 일본정부의 통치에 반대하는 기세를 보여주기 위해 해당 사찰에 모여든 신도들에게 그 취지를 전달, 가담토록 독촉하던 바, 김연일은 스스로 불무황제라 칭하며 그 즉위식을 거행하였다. 동아리 30여 명은 새벽에 절을 내려가 장정을 모아 단숨에 서귀포를 습격하였고 중문리로 가서 그곳 경찰관 주재소에 방화하여 해당 건물을 태워 없앴다. 정구용은 거사의 격문에서 관리를 체포하고 일본인을 추방하라고 하였다."

사건을 주도했다는 이유로 김연일 스님은 10년 형을, 강창규 스님은 8년 형, 방동화 · 김상언 스님은 6년 형을 받았다. 이 사건으로 일제는 제주도에 대규모 군대를 상륙시켜 일대 소탕작전을 전개하였다. 일본경찰에 체포된 관련자는 66명, 수형자는 31명, 옥사한 사람이 5명으로 한일합방 이후 처음 있는 대규모의 조직적 항일 운동이었다.

법정사 항일운동은 1901년 이재수(李在守, 1877~1901)의 난에서 보여준 제주도민의 외세 침탈에 대한 저항 의식의 연장선상에 있다. 이재수의 난은 프랑스 신부의 위세를 등에 업은 천주교도와 봉세관(封稅官)이 결탁하여 온갖 비행을 저지른 외세에 저항한 사건이었다. 법정사 항일운동에서는 그 대상이 프랑스에서 일본으로 바뀐 것밖에 없었다.

한반도에서 주도권을 갖게 된 일제는 한일합방 이후 식민지 정책을 점점 구체화시켜 나갔다. 1912년 지적측량을 마친 일제는 1913년부터 토지조사사업을 실시하여 1916년까지 사업을 마치고 대다수 도민들의 토지를 몰수하였다. 게다가 제주도의 관리들은 일본인으로 교체되었고, 이들은 사회 전반에 걸친 요직을 차지하여 절대적 권력을 행사하기에 이른다. 이러한 권력을 기반으로 도내의 거의 모든 산업 분야까지도 모두 일본인이 장악하게 되자 제주도민은 정치적으로나 경제적으로 불이익을 당하거나 소외

되었다.

이러한 사회적 상황을 인식하고 일본인 상인과 관리를 축출하고 국권을 회복해야 한다는 것이 바로 법정사 스님들의 항쟁정신이었다. 이를 바탕으로 스님들은 주민들의 불만을 체계적으로 결집시키고 400여 명의 주민을 조직화하여 직접적 무력투쟁으로 폭발시켰던 것이다. 이 사건은 단순히 일제에만 한정된 게 아니라 외세 전반에 대한 저항의식의 발로였다.

일제는 이 사건의 여파가 전국적으로 번지는 것을 꺼려하였다. 이 사건은 성격상 내란죄에 해당되어 서울 고등법원에서 재판을 진행해야 하는데, 그 과정에서 식민지 지배의 부당성 논란이 제기되고 여파가 전국으로 자연히 번질 수밖에 없는 부담이 있었을 것이다. 이를 두려워한 일제는 형량이 무거운 소요죄와 보안법위반을 적용시켜 주모자와 적극참여자를 제주 주민과 격리시켜 광주지방법원에서 재판하였다. 사건은 발생부터 제1심 판결의 선고까지 채 4개월이 걸리지 않을 정도로 재빨리 종결되었다. 하지만 강창규 · 정구용 스님 등이 약 4년간이나 잡히지 않고 숨어 지낼 수 있었던 것으로 보아 제주도민의 대중적 지지가 상당하였던 것으로 보인다. 법정사 항일운동 이후에도 영일 출신 김연일 스님과 정구용 스님은 독립운동을 계속하였다. 주로 만주에서 활동을 계속하였으며, 정구용 스님은 포항 보경사에서 모의하여 이루어졌던 청하시장의 만세운동에도 관련되었다. 정구용 스님은 김구(金九) 선생의 임시정부 자금책으로 해방 후 김구 선생이 그의 유족들을 수소문하여 찾을 정도로 중요한 활동가였다.

일제는 법정사 항일항쟁의 여파가 더 커지지 않게 하기 위해서 사건 이후 적극적으로 제주불교 활동에 참여하였다. 일본인 제주도지사를 비롯한 지역 유지들을 대거 불교활동에 참여시켜 불교활동을 양성화시키고 공론화시킴으로써 제주도 불교를 일제의 관리 하에 두어 감독하려고 많은 노력을 기울였다.

■1920년대의 제주불교

1920년대 제주불교의 주요 관심사는 불교확장이었다. 1923년 관음사 주지 안도월 스님은 불교연구회를 구성하고 2주간에 걸쳐 전도를 순회하며 포교하였다. 이러한 활동에 힘입어 비로소 제주도 전역에 골고루 사찰이 창건되기 시작하는데, 관음사포교소(대각사)를 시내에 건립한 이후 고관사를 비롯하여 극락사 · 금붕사 · 무관암 · 용주사 · 산방사 · 원당사 · 원만사 · 용장사 · 서림사 등 10여 개의 사찰이 더 창건되기에 이르렀다. 이러한 왕성한 활동은 곧 1924년 11월 17일 제주불교협회의 탄생으로 이어졌다.

■제주불교협회

1924년 11월 제주불교협회가 탄생되면서 제주불교는 지방의 한계를 벗어나 중앙 불교와 연계되어 제도권으로 들어가게 되었다. 이는 법정사 항일 항쟁 등에서 보여준 제주불교의 반일 모습에 놀란 일제 당국의 통제 의도와 맞물려 있다.

중앙 불교의 중심에 있었던 조선불교 법사 이회명(李晦明, 1866~1952) 스님이 제주에 와 회장직을 맡고, 도지사를 비롯한 지방 유력인사와 일본인들이 대거 참여하여 제주불교협회에 힘을 실어 주었다. 제주불교협회는 개별적 활동으로 통제가 어려웠던 제주불교를 하나로 통일시키고 활동을 양성화시킴으로써 효율적으로 관리 감독하려는 의도를 가진 일제와, 불교확장에 관심을 둔 불교계의 의도가 서로 맞아 떨어진 결과였던 것이다.

1924년 11월 17일 제주불교협회는, "시대 발전에 따라 종교의 관념도 따라 바뀌어야한다. 불교의 확장은 사회발전상 가장 필요한 것이므로, 불교진흥 · 심신수양 · 지방문화 발전을 위해 제주불교협회를 창립한다."고 설립 취지를 밝혔다.

협회의 활동은 민간신앙과 습합된 신앙의 모습에서 정통 불교신앙의 틀을 갖추기 위해 계단(戒壇)의 설치와 신행 단체의 조직 및 순회 포교 등으로 무속과 습합되어 있다는 고민을 가지고 있던 제주불교의 의례와 신행 형태의 변화를 가져왔다. 제주불교협회는 창립되자 몇 달 안에 회원이 수천 명에 달하는 큰 호응을 얻으며 제주사회 전체를 통합해 내는 커다란 역할을 담당하기에 이르렀다. 신도들의 대대적 모금활동으로 바로 다음해인 1925년 4월에 포교당을 신축하였으며 제주불교부인회 · 제주불교소년단을 결성하였다. 1935년에는 양홍기를 중심으로 불교협회에서 운영하는 중학강습소를 설립하기에 이른다.

제주불교협회의 활동으로 제주불교는 한국불교라는 큰 범주 안에서 신행과 의례의 변화로 정통 불교신앙의 틀을 갖추게 되었다. 제주불교협회는 제주사회 전체를 통합해 내는 단체로서 제주불교의 새로운 전환점으로서의 역할을 한 것이다.

■1930년대의 제주불교

1920년대 제주불교협회의 활동이 점차 부진해지자 제주도 토착 불교세력들이 중심이 되어 다시 한 번 불교활동의 활성화를 추진하고자 하는 움직임을 보이기 시작하였다. 그 첫 걸음이 바로 1931년의 '제주불교임시대회' 다.

이 임시대회는 제주불교협회가 이회명 스님과 일제의 협조 하에 활동을 하였던 것과는 달리, 관음사의 안도월 스님을 주축으로 하여 제주불교의 자생적 활동을 보여준다는 점에서 주목할 만하다. 제주불교는 이제 그간의 활동을 바탕으로 독자적 활동을 전개할 수 있는 역량을 가지고 있었던 것이다. 곧 1930년대 제주불교는 그간의 활동과 세력 확장을 바탕으로 독자적 통합기구로 가는 과정에 있었다고 할 수 있다. 1930년대 중반에 들어 그 수가 늘어나 모두 25개의 사찰을 헤아렸고, 각 사찰의 염불회 · 부인회 등의 신도조직이 활성화되었다.

1930년대 관음사 전경

불교확장에 자신감을 갖고 있던 안도월 스님은 임시대회를 열어 제주도 불교인들의 자발적 활동으로 제주도만의 통합기구에 대한 열망을 모으려 했다. 그러나 이러한 노력은 1936년 안도월 스님의 열반으로 인해 일제의 심전개발운동으로 흡수되고 말았다.

일제는 만주사변과 중일전쟁을 일으키면서 대동아공영권이라는 논리를 내세운 이후 더욱 철저하고 교묘한 식민지 정책으로 주요자원과 노동력을 수탈하였다. 그러면서도 일제는 생활여건이나 교육정책을 비롯한 경제적 어려움을 개선시켜줌으로써 천황에 대한 보은 감사정신을 갖게 하기 위하여 1930년대 중반 이후 심전개발운동(心田開發運動)을 실시하였다. 1930년대는 식민지 정책이 더욱 가혹하고 교묘해져 점점 희망을 잃고 좌절할 수밖에 없는 어려운 시기였다.

1936년부터 1938년까지 심전개발운동으로 제주불교계에서는 포교당의 건립 및 봉불식 · 가사불사 등이 활발히 행해지고 염불회 · 부인회 등 신도

1935년 불탑사에서의 석가탄신일 기념 촬영

들의 조직이 활성화되었다. 또한 일반신도를 위한 정기 설교와 경전 강습이 이루어지는가 하면 재래불교의 미신타파를 위한 불사를 개최하고 법화산림을 설재(設齋)하여 강연과 설교를 하는 한편, 전쟁 참가자를 위한 무운장구 기원재를 거행하기도 하였다. 제주불교계는 상당히 고무된 분위기 속에서 미신성을 타파하고 불교 본래의 사상을 되찾고자 자주적 사찰정화와 불교발전을 위해 활발히 활동하였다.

■제주불교연맹

제주불교계를 하나로 통합한 활동으로 근대에 있어 불교 활동을 가장 활성화 시킨 기틀이 되었던 제주불교연맹이 1939년에 탄생되었다.

농촌계몽운동에 앞장서다 제주에 온 이일선 스님을 비롯하여 오이화 · 이세진 · 이성봉 스님 등이 주축이 된 이 연맹의 활동 목표는 심전개발운동에 동참하며 제주불교 활동을 하나로 통일시키고 불교의 대중화를 실현하겠다는 것이었다. 연맹의 활동은 아주 성공적이어서 근대에 들어 가장 대중화되고 활성화된 제주불교계의 모습을 보여주게 되었다.

1930년대 중반 이후 확장세를 보이던 제주불교의 포교활동은 사찰별로 또는 승려 개인별로 이루어지고 있었으나 이제 통합된 활동으로, 대중의 실질적 지지 아래 제주불교의 토착세력인 오이화 스님을 비롯하여 이세진·방동화·이성봉 스님 등이 주도하는 활동을 펼칠 수 있게 되었다. 연맹의 활동은 곧 제주불교의 그간의 의욕을 나타내 주는 것이었다.

연맹의 활동으로 해방 전까지 사찰이 31개소가 더 증가하였다. 포교사도 늘어났으며, 신도수도 증가하였다. 외형적 성장은 물론 신앙의 내용면에서도 불교의 근본 사상을 정립시키고자 하는 다양한 활동을 보여주었다.

제주불교연맹은 제주불교를 대중화시키고 활성화시킨 토대였다. 그것도 토착적인 힘을 바탕으로 하여 하나로 통합된 활동을 전개하였다는 점에서 그 의의가 크다. 그러나 이러한 의의에도 불구하고 일제의 통제 아래에서 활동해야 했던 점에서 한계를 드러낼 수밖에 없었다. 이는 제주 불교만의 문제가 아니라 이 시대 전체 사회 분야의 공통적인 현실적 한계이기도 하였다. 이러한 연맹의 한계성은 대처식육과 유발승려 풍조 등의 과제를 제주불교에 남겨 놓았다.

■1940년대의 제주불교

제주불교는 1940년대에 이르러 다양한 활동이 시도되었다. 이세진의 관음사 승가교육, 신홍연의 선농불교운동 그리고 해방직후 개최된 제주불교혁신승려대회는 제주불교계가 새로운 전환기를 맞았음을 의미한다. 그러나 이러한 노력은 4·3사건으로 모두 중단되어버렸다.

한국불교의 총본산 건설운동에 자극받은 제주불교는 자체 교구를 건립하였다. 그동안 60~70여 개의 사찰들이 관음사를 중심으로 활동하고 있었으나, 각각 소속 본사를 가지고 있었다. 이러한 상황 속에서도 법적구속력은 없으나 제주도의 지리적 · 인적 관계의 특성상 교구건립은 자연발생적으로 요구되는 것이었다.

제주불교의 내적발전과 강원(講院) 설립의 발판을 다지고자 통일기구 내의 체계적인 승가교육이 실시되었다. 오이화 · 이일선 · 이세진 · 조희영 · 이성봉 스님 등이 주축이 되어 관음사포교당인 대각사에서 이루어졌는데, 50여 명의 학인을 배출했다. 그러나 이러한 노력은 1941년 비구 수계식을 끝으로 더 이상의 유지되지 못하였다. 이후 전시체제로 바뀐 정세변화와 유명무실해진 불교연맹이 주요원인이었던 것으로 보인다.

■제주 불교의 신불교운동

이 시대 특기할 만한 일로 이세진 · 신홍연 스님에 의해 개별적으로는 제창된 신불교운동을 들 수 있다. 열악한 시대환경 속에서도 불교의 자립적 활로를 모색했던 대안(代案) 운동으로써 선농(禪農)불교운동이 일어난 것이었다.

불교연맹에서 교육부장으로 승가교육에 앞장섰던 이세진 스님은 선농불교운동으로 활로를 모색하였다. 내장선원의 백학명 스님의 손상좌로 그 영향을 받은 이세진 스님은 1942년 서관음사를 창건하였다. 산간마을에 법당과 객실을 짓고 그곳에서 나는 흙으로 기와공장을 세워 사찰의 경제적 자주성을 도모한 것이었다. 승가 내의 자체생산을 통하여 강원을 설립하고자 하는 목표를 내세운 것인데, 이는 외부상황과 경제력에 의존하지 않아야 불교교육을 내실화할 수 있고 자주적 활동을 해낼 수 있다는 결론에서 나온 대안이었다. 전시체제라는 1940년대의 정세와 대각사에서의 승가교육의 좌절을 다시 극복해 내고자하여 시도했던 제주불교의 혁신운동이었다고 할 수 있다.

신홍연 스님은 1934년 11월 백양사 함덕포교당을 창건하고 당시 어려웠던 함덕리의 경제를 일으켜 세운 분으로 알려져 있다. 영농환경이 열악한 함덕리의 지리적 여건을 타개하기 위한 농사법을 보급하고 비파 · 시금치 · 무 · 호배추 등을 마을에 보급했으며, 경내에서 밭을 일구며 농사법을 가르치고 마을의 청년들을 계몽하는 데 앞장섰다.

원문상 스님은 혜화전문학교 출신으로 법정사 항일운동에 참가했던 방동화 스님의 민족운동사상을 이어받은 제자다. 원문상 스님은 1927년부터 서귀포시 하원리에 소년명진회를 조직하고 야학을 실시하여 자력갱생 · 문맹퇴치 · 민족정신 등을 고취시키는 계몽운동을 펼쳤으며, 중문중학원에서 교사로 활동하기도 하였다. 또한 1945년 12월에 열린 조선불교혁신 제주승려대회에서 임시집행부 부의장 및 의장대표를 맡아 대회를 주도적으로 이끌었으며, 중앙교무회와의 연계를 추진하는 등 제주교구 설립과 불교혁신운동에 적극 나섰던 인물이다.

하지만 해방 후의 혼란한 정세 속에서 제주승려들은 적극적으로 사회상에 참여하여 활동하다가 4 · 3사건으로 희생되었다. 이세진 스님은 1948년 봄 입산하여 무장대로 활약하다 수장(水葬) 당하였으며, 신홍연 스님은 토벌대에게 총살되었고, 원문상 스님은 예비검속되어 처형되었다. 이들 스님들의 희생과 함께 제주불교의 새로운 시도는 모두 좌절되어 버렸다.

■조선불교혁신 제주승려대회

1945년 해방을 맞이한 제주불교는 '조선불교혁신 제주승려대회'를 개최하여 자체적으로 친일을 반성하고, 제주불교 교무원을 구성해 냄으로써 이후의 활동 방향을 결정하였다. 일제강점기를 지내오면서 왜곡된 불교풍토를 정화하고 의식의 개혁을 통해 제대로 된 불교활동을 펼치겠다는 희망을 승려대회로 모아냈던 것이다.

조선불교혁신 제주승려대회는 1945년 12월 2일과 3일 관음사 포교당인 대각사에서 개최되어 50여 개 사찰에서 67명이 참가하였다. 제기된 의안으로는 우선 '건국정신 진작의 건'으로 적극적으로 현실에 참여하여 제주

사회와 함께 활동하겠다는 의지를 보여주었고, 둘째로 '사찰정화에 관한 건'으로 일본 불교의 영향인 승려의 대처와 육식 문제, 내연 화주와의 사찰 내 동거를 절대 금지하고 또한 사찰의 경제를 화주와 주지가 독단적으로 처리하는 것을 절대 금지하기로 의결하였다.

그 밖에 불교강원을 설립하여 '인재를 양성'하겠으며 '모범 총림'의 창설을 위해 노력하기로 의결하였다. 아울러 '의식을 개혁'하여 전통불교사상에 걸맞게 정비해 나갈 것이며 '법려의 품위 향상'을 위해 더욱 반성하고 노력할 것도 결의하였다. 승려대회를 통해 제주불교는 그간의 염원을 모두 쏟아내고 있었던 것이다.

승려대회로 구성된 제주불교 교무원에는 제주의병항쟁의 주역인 김석윤 스님과 무오 법정사 항일 항쟁에 참여한 방동화 · 오인석 스님 등이 원로로 추대되었고, 이일선 · 원문상 · 오이화 스님 등 제주불교의 인물들은 모두 참여하였다.

중앙 불교계에서는 해방 후 식민지 불교 극복에 철저하지 못한 점이나 승려의 대처 문제 등으로 인한 갈등이 있었다. 그러나 제주불교는 적극적으로 일제의 행적을 반성하는 모습을 보여주면서 별다른 갈등을 드러내지 않고 오히려 일제강점기에 대한 반성을 통해 그간의 의욕을 모았다.

하지만 승려대회에서 보여준 의욕은 해방이후 4 · 3사건으로 이어지는 제주도의 시대적 어려움 탓으로 제대로 펼쳐낼 기회를 갖지는 못하였다. 그러나 해방 후 새롭게 태어나고자 꿈틀대던 제주불교 역량의 결정체였다고 할 수 있다.

■1948년 제주 4 · 3사건과 제주불교

근래 제주 4 · 3 특별법에 따라 진행되어 온 정부차원의 진상조사 결과에 의해 2003년 10월 제주 4 · 3사건 진상 정부보고서가 확정되었고, 국가차원의 공식적 사과가 있었다. 무장대와 토벌대 간의 무력충돌과 토벌대의 진압과정에서 3만여 명의 주민이 희생되었으며 이들의 80%가 토벌대에 의해 학살되었다. 이는 당시 정권의 강경진압에 의한 것으로 4 · 3사건은 국가의 공권력에 의한 인권유린으로 규정되어 한국 현대사의 최대 비극이었음을 규명하고 있다.

4 · 3사건의 시기는 1947년 3 · 1절 발포사건으로부터 1954년 9월 21일 한라산 금족지역 전면 개방까지다. 4 · 3사건 발발 이후 6 · 25전쟁 휴전 다음해까지 제주에서의 4 · 3사건과 한국전쟁은 길고도 힘든 시기였다.

모스크바삼상회의의 신탁통치나 단독 정부 수립 등으로 인한 시대적 갈등은 제주에서도 같은 양상으로 나타났다. 외세를 물리치고 자주적 국가를 건설하려 했던 움직임들이 3 · 1절 기념 투쟁을 기점으로 희생자가 발생하였고, 미군정과 우리 정부의 통치의 문제점으로 인해 4 · 3사건이 발발했다. 그러나 사건이 진행될수록 점차 내전의 양상으로 바뀌어, 결국은 좌익과 우익이라는 이데올로기 싸움으로 포장되어버리면서 6 · 25전쟁으로 이어져 큰 피해를 남기게 되었다. 지금도 많은 사람들은 4 · 3사건을 좌익과의 싸움이었다고 기억한다. 이는 사건 발생의 원인을 잊어버리고 사건 전개과정에서 강자에 의한 왜곡된 의도만을 기억하고 있는 결과다.

제주불교는 4 · 3사건으로 종교 활동 자체가 전면적으로 중단되는 시련을 겪어야 했다. 그것은 왜색 불교 청산, 불교 의식 개혁을 위한 그간의 활동과 인적자산 등 제주불교 전반에 걸친 손실로 나타나 불교활동의 근본 자체를 잃게 되었기 때문이다.

제주불교 교무원은 4 · 3사건의 발발 원인이었던 '3 · 1사건' 의 희생자 유가족 조위금 모집에 조위금을 모아 기탁하였다. 또한 이일선 스님은 '3 · 1절 기념 투쟁 제주도 위원회' 활동을 비롯하여, '제주도 민주주의 민족전선' 의 공동의장으로 활동하였고, 이세진 스님은 입산하여 무장대 활동을 하였다. 이렇게 제주 불교는 제주 사회 상황에 적극적으로 참여하였기 때문에 그 피해 또한 상당한 것이었다.

토벌대는 '1948년 10월 20일 이후 해안선에서 5㎞ 이상의 지점과 산악지대의 무허가 통행금지를 포고하고 위반하는 자는 이유여하를 불문하고 총살한다.' 고 포고하고 주민 소개령(疏開令)을 내리고 마을을 방화하고 주민을 무차별 학살하였다. 제주도의 지형상 해안선 5㎞ 이상은 해변 마을을 제외한 전체에 해당한다. 게다가 해안마을은 주민들을 차단하여 무장대를 고립시키기 위해 마을 마다 성을 쌓게 하고 마을 밖 출입도 통제하였다.

산간지역이나 인가에서 떨어진 곳에 위치하여 있었던 사찰은 피해가 더욱 심하였다. 토벌대에 의한 소개는 사람을 이동시키는 것은 물론이고 남겨진 시설물도 무장대에게 이용될 우려를 없애기 위해 미리 사람이 살 수 없을 정도로 소각 등의 방법으로 폐허화시키는 것을 의미한다. 그래서 사찰은 거의 대부분 폐허가 되거나 소각되었다. 그 결과 관음사 · 법화사를 비롯한 제주도 내 주요 사찰이 거의 모두 토벌대에 의해 불태워지거나 철거당하는 피해를 입었다.

소개령에 의해 이전되었던 사찰들은 오랫동안 본래의 자리로 돌아가지 못하거나 다른 장소를 구해 이전하는 양상을 보였다. 그래서 고운사 · 귀이사 · 백양사 북촌포교소 · 서관음사 · 소림사 · 은수사 · 호촌봉 암자는 폐사된 이후 현재까지도 복원되지 않고 있다.

뿐만 아니라 해방을 맞아 제주불교 교무원을 구성하고 의욕에 찬 활동을 계획하고 있던 제주불교의 주요 승려들도 대거 희생되었다. 1940년대 제주 불교를 이끌던 대표적 승려인 이일선 스님과 이세진 스님은 수장 당하였고, 근대 제주불교 활동의 중심이었던 오이화 스님은 고문의 후유증으로 사망하였다. 그 밖에 원문상 · 이성봉 스님을 비롯한 여러 스님들이 토벌대에게 총살당하였다. 오늘날 제주불교의 인물난은 바로 4 · 3사건의 피해에서 비롯된다고도 볼 수 있다.

4 · 3사건으로 제주 불교는 불교 활동의 가장 기본 조건인 사찰과 인물의 막대한 피해를 입어 근대 이전의 황무지로 되돌아가 버렸다.

제주불교사는 곧 제주의 역사다. 제주의 역사가 시작되면서 전래되어 온 불교는 제주도 사람들의 희망과 어려움을 함께 호흡하며 오늘에 이르고 있다. 그 긴 여정의 고단함은 곧 제주민의 삶의 애환이었으며 제주불교의 험난함이기도 하였다. 그러나 길고도 험난한 아픔을 이겨낸 제주불교는 현재 240여 개 사찰의 활동으로 제주사회의 버팀목이 되고 있다.

獨聖閣

제Ⅳ부 제주의 불교인물

강창규 스님

■제주 항일운동의 지도자

일제강점기 제주도의 항일운동은 그 성격과 의의에 비해 널리 알려져 있지 못하다. 제주 3대 항일운동이라고 불리는 1918년 법정사 항일운동, 1919년 조천 만세운동, 1932년 제주해녀항일투쟁은 우리나라 독립운동사에서도 빼놓을 수 없는 항일투쟁사임에도 불구하고, 지역에서 일어난 것이라 해서 그 의미가 축소 평가되는 경향이 없지 않다. 그 중에서도 법정사 항일운동은 한일합방 이후 전국에서 가장 먼저 일어난 무장 항일운동이라는 매우 큰 의의를 지니고 있다. 1918년 무오년에 한라산 법정사에서 일어난 '법정사 항일운동'은 이날 항쟁에 지역주민 400여 명이 대거 참여했으니 그들이 진정한 주역이겠다. 그러나 그 중심에 강창규, 김연일, 방동화와 같은 항일승려들이 있었기에 비록 거사를 이루진 못했으나 외세에 맞서 민족자존의 뜻을 만천하에 공포한 셈이다. 이 항일운동을 이끌었던 핵심승려 중 강창규 스님은 어떤 분인가.

제주출신으로는 근대 제주불교 최초의 출가자라고 알려진 강창규(姜昌奎, 1878~?) 스님은 1878년 제주읍 오등리에서 태어났다. 제주 땅에 불연(佛緣)이 끊기어 불법(佛法)을 목말라한 지 근 200년이 다되어 갈 때, 근대시기 제주인으로는 처음으로 속세의 옷을 벗고 가사장삼을 두른 것이 1892년 4월 8일이다. 얼마나 기다려왔던 날인가. 한 출가자의 탈속(脫俗)

도 의미가 있지만 제주불교에 광명(光明)이 비춘 날이라고 하면 지나친 포장일까. 그렇지 않다. 뒤이어 김석윤, 안봉려관, 방동화 등 걸출한 제주인들의 출가가 이어졌으니 제주불교사에 영원히 남을 역사적인 날이라 할 수 있다. 강창규 스님은 이렇게 전북 임실군 임실면 죽림사에서 박초월 스님을 의지하여 득도하였다. 출가 이듬해인 1893년 하안거 해제일인 7월 15일에 죽림사에서 박만하 스님에게 사미계를 받았다. 1905년 7월 15일 경상남도 하동군 칠불암에서 수선안거를 성만하고, 같은 해 강원도 건봉사에서 이보운(李寶雲) 스님 문하에서 사미과 및 사집과를 수료했다.

이후 봉려관 스님과 김석윤 스님 등에 의해 한라산 관음사 불사가 원만히 진행될 무렵, 강창규 스님도 귀향하여 관음사에서 수행하게 된다. 관음사 서무와 관음사 해월학교 교사를 맡은 김석윤 스님과는 박만하라는 같은 스승을 모신 사형사제(師兄師弟)지간이었기에 두 스님은 매우 각별했다. 이때 관음사에는 방동화라는 처사가 함께 있었는데, 두 스님의 권유로

강창규 스님

박만하 스님이 당시 주석하던 경주 기림사로 방동화를 보내어 출가케 하였다.

당시 기림사에는 훗날 법정사 항일운동의 주역이었던 김연일 스님이 민족사상이 고취된 독립운동가들과 비밀리에 교류 중이었다. 1913년 기림사에서 출가한 방동화 스님은 김연일 스님의 사상과 정신을 흠모하여 그를 제주에 초빙하도록 관음사에 연락을 취하였다.

이런 인연으로 김연일 스님은 제주에 들어오게 된다. 그의 능통한 법문에 대중들은 환호하였다. 1911년 법정사가 창건되고 그로부터 2년 후인 1913년 김연일 스님이 법정사 주지로 취임하자, 당시 민족사상이 투철하던 스님들이 법정사로 대거 모여들게 된 것이다. 거사를 위한 비밀결사 장소로는 관음사보다 더 외진 곳에 위치한 법정사가 제격이었을 것이다.

드디어 거사가 개시되었다. 1918년 10월 6일. 주민 400여 명으로 구성된 봉기군은 2개 대열로 나누어 호미, 낫 등과 간혹 총을 소지해 무장한 채로 제주도지청 서귀포지소를 향해 나아갔다. 수탈과 억압에 짓눌려 있던 봉기군의 기세는 대단하여 서귀포 서호리에서 잠시 경찰과 대치하였으나, 그 중 김연일 스님이 일부 봉기군을 데리고 중문주재소를 습격하여 일본경찰 3명을 포박하고 구금자 13명을 석방시켜 주재소를 파괴해 버렸다.

그러나 곧 경찰지원군의 강력한 진압작전으로 항일 봉기군은 대열이 흐트러졌고, 상당수 지도자와 봉기군들이 체포되면서 거사는 이틀 만에 막을 내리고 말았다. 그러나 김연일 스님이 그로부터 1년 여, 강창규 · 정구용 스님 등은 4년 동안이나 숨어 지낼 수 있었던 것은 제주사람들의 대중적 지지가 있었음을 증명하는 것이다.

1923년 『매일신보』 2월18일자에 실린 강창규 스님 체포기사에 의하면 "강창규는 김연일 등과 공모해 400여 명의 주민들을 선동, 주재소를 습격하고 불 질렀다. 사건이후 잠적했던 강창규를 제주도 상효리 화전동에서 체포했다."고 기록돼 있다. 강창규 스님은 당시 중문주재소 방화를 지휘한 혐의로 징역 8년을 선고받았다. 강창규 스님에 대한 기록은 일제가 사용한 '1918년 형사사건부'와 '1918년 수형인명부' 등에 기록돼 있다.

강창규 스님은 옥고를 치른 후에도 일제의 치밀한 감시를 받아야만 했을 것이다. 그가 1951년 7월 20일에 직접 작성한 수행이력서에도 1905년 건봉사에서 사집과를 수료한 이후로 이렇다 할 활동내용이 없다가 25년이 지난 1940년이 되어서야 전북 임실군 임실면 죽림사에서 선시에 합격해 대선법계를 품수한 것으로 기록되어 있다. 사반세기 세월동안 일제의 지독한 감시가 있었음을 말하는 것이다.

스님은 1943년 제주도 남군 대정면 동일리 3161번지에 서산사(西山寺)를 창건하여 출가사문으로서의 마지막 행적을 남겼다. 그 뒤 1970년대에 입적하신 것으로 보이나 자세한 행적에 대해선 확인할 길이 없다. 그의 친동생인 강수오(姜壽五)도 법정사 항일운동에 참여했다가 체포되어 고문후유증으로 1918년 12월 27일 옥중 사망하여 직계혈육이 없는 상황이다.

그런데 제주불교사연구회가 그의 수행이력서에서 그의 본적지가 그 동안 알려진 안덕면 사계리가 아닌 제주읍 오등리임을 찾아낸 것이 단서가 되어 전남 해남에 살고 있는 스님의 손녀 강인숙 씨를 서귀포시청 관계자가 찾아내, 정부로부터 지난해인 2005년 8월 15일 건국훈장 애국장을 고인께 추서토록 했다. 그러나 손녀인 강인숙 씨도 어렸을 적 해남으로 이사온 후 할아버지가 바랑을 짊어 메고 가끔 다녀가신 기억 외에는 스님의 말년 소식을 알지 못했다.

근대 제주불교의 첫 출가자이자 법정사 항일운동의 주역인 강창규 스님. 현재 스님이 창건한 서산사 아래 바닷가에는 강창규 스님의 공덕비가 쓸쓸하게 서 있다.

김석윤 스님

■근대 제주불교의 어둠을 밝힌 횃불

한때 불맥(佛脈)이 끊겼던 제주 땅에 불조(佛祖)의 혜명(慧命)을 이어 근대 제주불교의 여명기를 밝힌 출가사문이자 독립운동가인 석성(石惺) 김석윤 스님. 1909년 제주의병항쟁의 주역이기도 하다. 승려로서도 한라산 관음사 창건, 무오 법정사 항일항쟁 등 굵직굵직한 근대 제주불교 현장의 중심에 있었으나, 독립운동가라는 전력으로 일제의 일급 감찰 대상이었던 까닭에 당시 식민지 정권에서 자유로울 수 없었던 불교계의 입장을 반영하듯 스님의 출가자로서의 행적은 오늘날까지도 베일에 가려져 있었다. 최근 일각에서 김석윤 스님에 대한 관심의 고조는 제주불교의 정체성을 확립하기 위해서도 매우 고무적인 일이다.

스님은 뒤늦게 1977년 항일운동의 공로를 인정받아 정부로부터 독립유공 대통령 표창을, 1990년에는 건국훈장 애족장을 추서받기도 했다.

김석윤(金錫允, 1877~1949) 스님은 1877년(고종14) 8월 23일 제주 이도리 38번지에서 태어났다. 본적은 제주 오라리 644번지. 광산(光山)이 본관이고 아버지 김창규와 어머니 김씨 사이에서 장남으로 태어났다. 어렸을 때 이름은 석명(錫命)이고, 자는 근수(謹受), 법명은 종화(鍾華), 법호는 상운(祥雲), 호는 석성(石惺)이다. 어려서 박춘경과 장기찬에게 한문의 기초를 배웠고, 1887년 제주 광양 서재 김병규 문하에서 통감 · 사서 · 사략 등을 사사하고 1891에는 김설월에게 금강반야경을 마쳤다.

자라면서 불법에 깊이 심취해 있던 스님은 1894년 7월 15일 전주 위봉사에서 박만하(朴萬下) 스님을 은사 및 법사로 해서 출가, 사미계를 받고 몇 년간 수도하였다. 다시 해남 대흥사로 가 1년 동안 주운담(朱雲潭) 스님 문하에서 1898년 2월 15일에 내전 초등과를 수료하였다.

그러나 제주사회의 토호이자 대부호로 대대로 유학을 숭상하여 온 스님의 가문에서는 집안의 장남이기도 한 스님이 불법에 귀의하는 것을 끝까지 반대했다. 이에 스님은 집안의 끈질긴 설득으로 1898년 1월 15일 잠시 귀향하여 제주 광양 서재 교사로 취임하기도 하였으나, 얼마 지나지 않아 사임하고 다시 산문(山門)에 들어갔다. 그 후 1902년 1월 20일 경상남도 통영군 용화사에서 이동운(李東雲) 스님을 스승으로 사교과를 수료하였다. 그러다가 1902년 봄, 다시 귀향하여 연동촌 '문귀사숙'에서 훈장을 지내는 등 출세간과 세간을 왕래하며 정진하였다.

김석윤 스님을 기리는 의병 항쟁기념탑

스님의 나이가 31세가 되던 1907년, 일제는 마침내 고종황제를 강제로 양위시키고 대한제국의 군대마저 해산시켰다. 이에 전국 방방곡곡에서는 의병들이 들고일어나 구국 항쟁의 길로 나섰다. 1908년 한 해에만도 전국적으로 1,976회의 전투가 벌어졌는데, 해산된 대한제국 군대의 군인들까지 가세한 이 시기의 의병항쟁은 제주에서도 결코 예외가 아니었다.

특히 제주의 경우, 면암 최익현 선생이 의병을 일으켜 항거하다 붙잡힌 후 대마도에서 순국하였다는 이야기가 전해지고, 전라도 지역을 중심으로 한 의병들의 활동이 하나둘씩 알려지면서 제주 지역에서도 의병 항쟁의 움직임이 꿈틀거리기 시작했다. 최익현 선생은 1873년(고종 10년) 흥선대원군의 실정을 탄핵하는 상소를 올린 일로 제주에 유배되었다가, 1875년 2월 방면되기까지 제주에 머무는 동안 제주의 지식인들에게 상당한 영향력을 끼친 인물이어서 그의 순국 소식은 그 반향이 컸다.

김석윤 스님 역시 1908년 전남 장성에서 의병활동을 하던 기우만과 긴밀히 연락하면서 일제에 항거할 뜻을 품고 있었는데, 1909년 2월 25일 제주군수였던 윤원구로부터 나라가 망한다는 이야기를 듣고 창의를 결심한 고사훈과 만나면서 김석윤 스님의 거사에 대한 의지는 급진전을 보게 되었다. 고사훈, 김만석, 이중심, 노상옥, 조병생, 김재돌, 양남석, 양만평, 한영근 등과 함께 제주군 중면 광양동 조병생의 집에서 항일 비밀결사 모임을 갖고 고사훈과 이중심을 의병장으로 추대한 후 3월 3일 관덕정에서 일제히 거사를 일으키기로 결의한 것이다.

이후 그들은 제주성 밖 광양동의 대장간에서 무기를 제조하고, 황사평에서 군사훈련에 돌입하는 한편, 경서에 능한 김석윤 스님이 초안한 격문을 제주 전 지역에 보냈다.

격문은 마을 이장들이 앞장서 예정된 시간에 주민들을 동원시키고, 불참하는 주민과 그들 소유 선박을 보고할 것을 촉구하는 내용이었는데, 특히 왜인을 타살해 백성을 편안하게 하겠으니, 몽둥이 · 철포 · 칼 등으로 무장하고 집결하도록 했다. 또한 명령에 따르지 않으면 이장의 삼족을 멸하겠다는 위협을 가해 마을마다 이장이 주도적으로 모병에 참여하도록 유도하였다. 이러한 통고사의 내용으로 보아 당시 일본에 대한 분노와 적개심이 어느 정도였는지 짐작하고도 남는다.

모임이 끝난 후 고사훈과 일부는 대정군 영락리와 신평리를 시작으로 의병 규합에 나섰고, 김석윤, 이중심 등은 제주군 중면을 중심으로 의병들을 규합하여 거사 당일에 힘을 합치기로 하였다. 그러나 사전에 기밀이 누설되어 의병장 고사훈 등이 현재의 안덕면 동광리 일대에서 일본경찰의 급습을 받아 총살되면서 거사는 물거품이 되었고, 김석윤 스님은 일경에 체포되고 말았다.

이 사건으로 김석윤 스님은 내란죄로 기소되어 광주지방재판소 검사국으로 송치된 후 10년 유배형을 선고받았다. 다시 대구 공소원으로 이송되었으나 스님의 속가 집안에서 재력을 총동원하고 제주의 유력한 유지들이 다방면으로 노력한 결과 증거불충분으로 풀려나게 되었다.

대구 감옥에서 돌아온 1909년 7월, 스님은 안봉려관 스님이 한라산 아미봉 새미털에 창건한 관음사에 곧바로 서무로 취임하였다.

최근 제주불교사연구회 등 일부에서 "운 대사라는 한 스님이 계셨는데 '오래 기다렸더니 이제야 본다' 하시며 봉려관에게 가사 한 벌을 내어주었다."라고 기록된 관음사 사적기 속의 운 대사가 바로 김석윤 스님을 일컫는 것이라는 주장이 제기되고 있다.

그 근거는 첫째, 김석윤 스님의 법호가 상운(祥雲)으로 당시 제주와 인연이 있던 스님들 중 운(雲) 대사라 불릴 만한 이가 달리 없었고, 둘째 근대 제주불교의 불씨를 되살린 관음사가 창건되자마자 곧바로 서무로 취임한 것은 스님이 이미 창건과정에서 남다른 인연을 맺고 있었음을 말해주는 것이다. 셋째 김석윤 스님이 1910년 1월 일제의 감찰을 피해 경상남도 통영의 용화사로 건너가 수선안거에 들어 있었을 때, 스님이 안거하고 있던 바로 이 용화사의 안도월 스님과 영봉 화상이 창건된 지 얼마 되지 않아 이름도 낯선 한라산 관음사로 불상과 탱화를 모시고 와서 봉안한 일 등의 정황에 비추어 볼 때, 관음사 창건 전후에 큰 영향력을 발휘하며 등장하는 운 대사는 곧 김석윤 스님을 일컫는다는 주장인 것이다. 다만 김석윤 스님은 독립운동가라는 전력으로 인해 일제의 지속적인 감시를 받고 있었던 까닭에, 식민지 시대 일제의 영향권 안에 있을 수밖에 없었던 근대 제주불교의 역사에서 은폐될 수밖에 없는 운명에 놓여 있었던 것이라고 할 수 있다.

■제주항일운동의 선봉을 서다

용화사에서 수선안거를 마친 스님은 1911년 제주로 내려와 관음사 해월학원 교사를 맡게 되는데, 이 해에 산남의 법정악에는 법정사가 창건되었다. 1918년 무오 법정사 항일투쟁의 본거지였던 이 법정사의 사상적 토대 또한 김석윤 스님을 연결 고리로 해서 민족의식이 투철한 스님들이 운집하여 마련된 것인데, 이 항일 투쟁의 주동자로 알려진 김연일 스님, 강창규 스님, 방동화 스님의 역사적 만남의 중심에 김석윤 스님이 있다.

근대 제주불교 최초의 출가자라고 알려진 관음사 강창규 스님은 제주시 오등동 출신으로 1892년 전북 임실군 죽림사에서 출가하였는데, 그의 사미계사가 박만하 스님이었다. 박만하 스님은 김석윤 스님의 은사로서 김석윤 스님과 강창규 스님은 같은 스승 밑에서 불법에 귀의한 사형사제간이었던 것이다. 속랍으로는 김석윤 스님이 연배가 높지만 입산 출가는 강창규 스님이 2년 앞섰는데, 불교의 맥이 끊겼던 같은 제주 출신으로 한 스승 밑에서 출가한 두 분 인연의 각별함이야 미루어 짐작해 볼 수 있는 일이다.

무오 법정사 항일 운동에서 주도적인 역할을 담당했던 강창규 스님이 관음사에 있을 때 출가하기 전의 방동화라는 처사도 함께 머물고 있었는데,

방처사는 서귀포 하원의 한문사숙에서 김석윤 스님에게 한문과 불교지도를 받은 제자였다. 관음사에 처사로 있으면서 강창규 스님과 가까이 지냈는데, 그가 1913년 기림사로 출가한 것은 김석윤 스님과 강창규 스님의 은사인 박만하 스님이 당시 기림사에 주석하고 계셨기 때문이다. 방동화 스님은 기림사에서 훗날 무오 법정사 항일 운동을 일으킨 김연일 스님을 만나게 된다. 한 소식을 얻었다고 할 정도로 불법에 정통하고 법문에 능한 김연일 스님은 이미 이곳 기림사에서 항일 운동가들과 비밀리에 교류하고 있었는데, 자신과 사상적 공통점이 있음을 발견한 방동화 스님은 관음사에 연락하여 김연일 스님을 초빙하도록 주선하였다. 이런 연고로 관음사로 오게 된 김연일 스님은 대중강연에 능하여 신도들의 환호를 받았으나, 일제 식민지 치하에서 오직 제주 불교의 부흥만을 염원하며 순수불교를 지향하던 안봉려관 스님과는 지향하는 바가 달랐다. 이에 1911년 법정사가 창건되고 1913년 김연일 스님이 그곳의 주지로 취임하게 되자, 당시 민족 사관이 투철하던 스님들이 대거 그곳으로 모여들게 된 것이다. 그러나 김석윤 스님은 당시 일제의 감시를 피해 제주를 떠나 1912년에는 부산 동래의 범어사에서 오회현(吳晦玄) · 박만하 두 선사에 의지하고 있었고, 1916년에는 위봉사에서 수행하며 비구계를 받았으며, 같은 해 6월에는 다시 범어사 오회현 강백을 스승으로 대교과를 수학하였다.

그러던 중 제주에서는 무오년인 1918년 우란분절 행사를 맞아 법정사 스님들이 주동이 되어 항일 투쟁에 나섰다가 총칼로 무장한 일본 경찰에 쫓겨 체포되고 법정사마저 폐사되는 사건이 일어났다. 3 · 1운동 5개월 전에 일어난 단일 지역 최대의 무장항일운동인 이 법정사 항일투쟁 결과 주동자인 김연일 스님이 10년 징역형을 언도받았고, 수형자가 33명, 체포된 사람이 68명, 가담자가 수백 명에 달하였다.

이 사건의 영향으로 김석윤 스님은 더더욱 제주로 귀향할 수 없는 처지가 되어 전국의 선방을 돌아다니다 1930년 2월 3일에는 위봉사 말사 청련

암에 감원으로 취임하기도 하였다. 김석윤 스님이 고향으로 돌아온 것은 1934년에 이르러서인데 같은 해 4월 8일에는 범어사 제주 포교소 월정암 감원을 맡아 제주 최초의 선원을 개설하기도 하였다.

당시의 『불교시보』는,

"제주읍 오라리 656번지의 2대지 400여 평 된 기지(基址)에 제주선원 월정사라는 1지방 분원을 창립하고 소화 13년 9월 16일 오후 2시 반에 낙성 겸 창립식을 500여 명의 남녀신도 운집리에 거행하게 되었는데 경성에서는 위의 법인 대표로 서무계 부원 최응산 씨를 파견하여 참석하게 된 바 제주에 불교가 수입된 후로 선원이 신설되고 선을 보급하게 되기는 이번이 최초이다."

라고 전하고 있다.

이후에도 스님의 활동은 계속되어 1939년 3월 1일에는 위봉사 제주 표선면 포교소를 설립하고 감원으로 취임하였으며, 1941년 5월 20일에는 위봉사 하례 포교소, 1942년 4월 8일에는 관음사 평대 포교소를 설립하여 감원을 맡는 등 도내의 여러 사찰을 창건하였다. 이때 신도 중에 양붕진, 양계초, 송태욱, 이두생, 변호찬, 양원하 등이 독립군에 참여할 것을 모의하다 체포되어 그 중 변호찬, 양원하 등이 고문 끝에 옥사하는 사건이 일어났다. 김석윤 스님은 그 배후에서 지도한 혐의로 구속되었지만 21일 만에 방면되었다.

1945년 해방이 되자, 불교계는 일제에 의해 왜곡되어온 한국불교의 정통성을 회복하기 위한 노력에 나섰고 제주에서도 제주불교혁신회가 발족되어 일제의 잔재를 청산하자는 운동이 일어나게 되었다. 그 결과 스님은 1945년 10월 15일 관음사 소림원 감원으로 취임하고, 같은 해 12월 3일에는 제주교구 고문으로 위촉되면서 남은 생을 불교의 정통성을 회복하는 사업에 전념하였다.

1946년 5월 1일 김녕 백련사 주지를 맡아 활동한 것을 마지막으로 김석윤 스님은 민족혼을 일깨우기 위한 불자로서의 사명을 마감하고, 마침내 집안의 장남을 기다려온 가족들의 품에 인도되어 1949년 8월 26일 오라리 자택에서 입적하였다.

스님의 입적 후 그의 속가 동생인 심재 김석익은 김석윤 스님의 행장을 정리한 「망형석성도인행록(亡兄石惺道人行錄)」을 썼는데 스님의 불교이력이 일부 언급되었고, 이 행장 뒤에 발문의 형태로 당시 관음사 문도 대표로 오이화 · 오한일 두 스님이 공동으로 쓴 추도사의 맨 앞머리에 이렇게 쓰여 있다. '석성선사(禪師)의 깨달은 영혼은 석장(錫杖)을 내려놓으시고…' 그렇다. 선사 김석윤. 스님은 불문의 문도들이 추앙할 만한 출가사문이자 격동의 시대에 민족의 독립을 위해 살다간 훌륭한 지식인이었다.

스님의 묘는 오동동 병문천 서쪽에 있고, 제주시 사라봉 남쪽 기슭에 김석윤 스님 등 제주의병항쟁의 주역들을 추모하는 '의병항쟁기념탑'과 모충사(慕忠祠)가 세워져 도민들의 숭앙을 받고 있다.

김연일 스님

■법정사 항일운동을 주도하다

김연일 · 강창규 · 방동화 스님 등이 법정사를 근거지로 하여 일으킨 '무오 법정사 항일운동' 은 경술국치 이후 전국에서 일어난 최초의 무장항쟁이자, 단일지역 최대의 항일운동이다. 1919년 3 · 1 만세운동보다도 1년이나 앞선 것으로서 일제의 총칼에 맞서 싸운 무장항쟁이라는 점과 사찰을 배경으로 승려들이 중심이 된 항일운동사라는 큰 의의가 있다.

이 법정사 항일운동의 최고 책임자였던 김연일(金蓮日, 1871~1940) 스님은 1871년 경상북도 영일군 동해면 도구리 478번지에서 태어났다. 김해(金海)가 본관인 아버지 김대근(金大根)의 둘째 아들로 태어났다. 속명은 김기인(金基寅)이다.

출가기록은 미상이다. 다만 방동화 스님이 1913년 기림사에서 출가할 때 이미 김연일 스님은 기림사에서 독립운동가들과 깊은 교분을 나누며 수행 중이었는데, 김석윤과 방동화 스님의 권유로 제주도에 내려오게 되었다. 1913년 제주에 내려온 지 얼마 안 되어 법정사 주지를 맡게 되었다. 이때부터 법정사는 민족의식이 투철한 승려들과 지역주민들의 활동공간이 되었다.

당시 김연일 스님의 고향인 경북 영일군에서는 김인수, 정구용 스님을 비롯한 수 명의 승려들이 제주에 들어와 법정사 항일항쟁에 동참하였고 독립군 자금도 유입하였다. 이러한 정황들은 내륙과 본도의 승려들이 한반도 전체에 독립운동의 바람을 일으켜 세우기 위한 전초기지로 제주를 선택했음을 말해준다. 그리고 이곳 제주에서 전국적 항일투쟁의 불씨를 일으킬 대대적인 거사를 준비했던 것이다. 그러나 법정사 항일항쟁은 봉기 이틀 만에 목포에서 급파된 응원경찰의 진압으로 총 66명이 체포되면서 막을 내린다.

1923년 대구복심법원검사국에서 내린 정구용 스님에 대한 판결문은 식민통치 주체인 일제의 시각이긴 하지만 법정사 항일항쟁의 정황을 엿볼 수 있고, 당시의 사건의 개요와 김연일 스님의 모습을 부분적이나마 살펴볼 수 있다.

전라남도 제주도 도순리 한라산 서남쪽 기슭 법정사의 주지 김연일은 일찍부터 제국(일본) 정부의 조선통치에 대해 불평을 품어 대정 7년(1918) 음

김연일 스님

력 6, 7월경부터 수명의 동지와 의논하여 불교도 및 농민을 모아 작당을 하고 폭행, 위협으로 도내에 거주하는 일본인 관리를 섬 밖으로 내쫓음으로써 제국정부의 통치에 반대하는 기세를 보일 것을 꾀해 그 절에 모여드는 신도들에게 그 취지를 전달, 가담토록 독촉하던 바 동년 음력 8월 10일(양력 9월 14일) 김연일은 스스로 불무황제라 칭하며 그 즉위식을 거행, 모사(謀師) 이하 선봉, 중군, 후군 각 장수의 부서를 정하고 깃발, 곤봉, 총기 등의 준비를 마치고 자기는 2, 3명과 함께 절에 머물고 동아리 30여 명은 동년 음력 9월 3일(양력 10월 7일) 새벽 절을 내려가 장정을 모아 단숨에 서귀포를 습격하려고, 우선 좌면(중문면) 영남리를 거쳐 우면(서귀면) 서호리, 호근리에 들어가 각 리에서 장정 모집을 위해 구장에게 민적부를 내놓도록 강요, 공포를 쏘면서 이민을 위협하고 또한 격문을 뿌리면서 장정을 징발하려 했으나 예기(豫期) 한 대로의 가입자를 얻지 못하자 지휘자는 즉시 서귀포를 친다는 것이 불리하다는 것을 깨달아 길을 바꿔 좌면 중문리 경찰관 주재소를 습격하려고 남쪽 연안으로 나가 동면 강정리, 도순리, 하원리에서 전기(前記)와 동일한 방법으로 이민의 가입을 강요, 강정리, 도순리 사이의 대천(大川)의 서안(西岸) 부근에서 전선 및 전주 2본을 절단하고 하원리에서 고이즈미세이싱 및 2명의 조선인에게 폭행을 가해 그 세력이 점차 늘어 약 3백여 명이 된 폭동단은 일시에 중문리에 쇄도(殺到), 그곳 경찰관 주재소에 방화하여 해당 건물을 태워 없애고 동일 오전 11시경 끝내 수명의 순사에게 격퇴당해 사방으로 흩어졌지만 피고 정구용은 이 거사에서 전기 연일 등의 모의에 참여했을 뿐 아니라 "우리 조선은 일본에 탈취 당해 괴로워하고 있다. 이제야 옥황상제 성덕주인이 나와 이들 조선인민을 구제토록 명을 받았다. 이제 각 면 이장은 즉시 이민 장정을 모아 솔군(率軍)하여 동월 3일 오전 4시 하원리에 집합하라. 그래서 4일(양력 10월 8일) 대거 제주향(濟州鄕)을 습격하여 관리를 체포하고 보통 일본인을 추방하라. 이 명령을 위반하는 자는 군법에 처한다."는 불온 문구를 기재한 격문 수통을 작성하여 이를 서귀포 법환리에 배부하고 또한 전기(前記)의 많은 군중이 지나갈 때 영남리, 호근리의 각 구장을 협박하여 민적부의 제출을 강요, 장정을 징발함으로써 솔선하여 폭도의 기세를 도와 치안을 방해했다.

이 법정사 항일운동에서 일제에 의해 체포되어 검거된 인원은 총 66명이었다. 그 중 재판에 회부되어 실형을 받은 대상자는 31명, 옥사한 사람은 5명이었다. 그리고 이 운동의 주동세력 즉, 김연일 스님은 사건을 주도했다는 이유로 10년 형을 언도받았다. 이외에도 강창규 스님은 8년 형, 방동화 스님과 김상언 스님은 보안법 위반으로 각각 6년 형을 선고받고 옥살이를 했다. 형량은 3 · 1운동 지도자급 인물에 대한 형량과 비교해도 아주 높았으며 사건발생부터 제1심 판결 선고까지 채 4개월이 걸리지 않는 등 일사천리로 진행됐다는 것은 사회적 영향이 컸음을 반증하는 것이다. 또 이같은 일본의 탄압에도 주동자인 김연일 스님은 1년여, 중요한 역할을 한 강창규 · 정구용 스님 등은 약 4년 동안 숨어 지낼 수 있었다는 것은 항일운동이 제주주민의 지지를 받는 대중 운동적 성격을 갖고 있었다는 것이라고 이해할 수 있다.

김연일 스님은 출소 후 귀향하여 1940년 5월 10일 경상북도 영일군 동해면 입안동에서 입적했다. 정부는 고인의 공훈을 기리어 1993년 광복절을 맞아 건국훈장 애족장을 추서하였다.

방동화 스님

■제주항일운동과 제주불교 혁신의 큰 걸음

한일합방 이후 제주도내의 첫 항일운동은 스님들에 의해 주도되었다. 그것도 3·1운동보다 앞선 1918년(무오년)에 치밀한 계획에 의한 거사였다. '법정사 무장항일운동'은 1918년 10월 5일 제주도 서귀포 법정악에 위치한 법정사에서 다수의 승려들과 신도·주민들이 주동되어 중문 경찰 주재소와 일본인 관리, 일본 상인들을 습격한 사건이다. 이 무장투쟁을 주도한 중심승려 중 좌(左)대장 방동화 스님은 '법정사 항일운동' 외에도 '조선불교혁신 전도승려대회' 등 굵직굵직한 제주불교 역사의 현장에서 현실을 회피하지 않고 몸으로 부딪히며 민족의 독립과 불교의 개혁을 위해 보살의 삶을 살다 가신 분이다.

방동화(方東華, 1887~1970) 스님은 1887년 서귀포 중문 대포리 371번지에서 태어났다. 본관은 남양(南陽)이고, 부친은 방우필(方佑弼)이다. 어려서 열 살 무렵인 1897년부터 약관에 이르는 10여 년 간, 제주도 중문면 하원리 한문사숙에서 통사와 사서 등을 전부 수학하였다. 1909년 관음사 전각이 기공식을 치르며 불사가 한창 진행될 때에는 관음사에서 처사로 지내면서 안봉려관 스님 등과 함께 제주불교 중흥을 위해 많은 노력을 기울이기도 했다. 방동화 스님은 당시 관음사에서 만난 강창규 스님에게서 커다란 감명을 받고 출가를 결심한다. 그리고 마침내 1913년 4월 8일에 경북 경주군 기림사에서 우전 도하 스님을 은사로 득도하고, 그해 경상북도 문경군 대승사의 김혜옹(金慧翁) 스님 문하에서 사미과를 공부하였다.

그 후 1918년에는 강창규, 김연일 스님 등과 함께 외세를 물리치고 민족독립의 의지를 불태워 1918년 10월 법정사 항일운동을 주도한다. 그러나 거사 후 몇 달 뒤 일제 경찰에 의해 체포되면서 6년간 목포형무소에서 투옥 생활을 하게 되었다.

방동화 스님은 1923년 옥에서 풀려난 후, 서귀포시 법화사 복원불사에 동참하였으나 일제의 감시로 여의치 않았다. 이에 1925년에는 범어사로 향하여 승림 박만하 스님에게서 구족계를 받고 곧바로 금강산 마하연선원에 들어가 참선수행에 매진하였다. 방동화 스님이 제주도로 다시 돌아온 것은 1929년의 일이다. 이때 서귀포시 하원동에 원만사를 창건하였다. 원만사는 방동화 스님이 1923년 목포형무소에서 출옥한 후 하원동 산자락의 반 평 남짓한 자연굴에 의지하여 수행하던 곳에 세워진 사찰이다. 마을 신

방동화 스님

도들이 초가로 된 법당을 짓고 스님의 수행도량으로 마련한 것이다.

1945년 해방을 맞은 제주 불교계에는 일제식민지 치하에서 자의반 타의반으로 행해졌던 친일에 대한 참회를 통해 해방 이후 제주불교의 활동 방향을 혁신하고자 하는 개혁 운동이 일어났다. 그 결과 제주 불교계는 1945년 12월 조선불교혁신 제주승려대회를 개최하고 그 활동의 구심점이 될 제주교구 교무원을 조직하게 되었다. 여기에서 방동화 스님은 초대 제주교구 교무원장으로 추대되었고, 이후 활발한 활동을 전개하며 제주불교의 개혁을 추진해 나갔다.

그러나 1948년 제주 4 · 3 사건이 일어나면서 방동화 스님이 주석하고 있던 원만사는 인근 법화사와 함께 토벌대에 의해 모두 불태워지고 당시 사찰에 기거하던 양홍기 스님이 총살되는 등의 아픔을 겪어야 했다. 양홍기 스님 외에도 방동화 스님과 함께 근대 제주불교를 이끌던 대부분의 스님들이 총살되고 수장되는 파란의 시대를 보내며 방동화 스님도 폐허가 된 원만사를 떠나게 되었다. 그리고 1949년 4월 8일 신도 30여 명과 함께 중문동 2264번지에 터를 마련하고 새로이 광명사를 창건하게 된다.

'법정사 항일운동' '조선불교혁신 전도승려대회' 등 굵직한 제주불교 역사의 현장에서 현실을 회피하지 않고 몸으로 부딪히며 민족의 독립과 불교의 개혁을 외쳤던 방동화 스님은 1970년 12월 28일 서귀포시 회수동 856번지에서 속랍 84세, 법랍 58세의 일기로 입적하셨다. 정부는 고인의 공훈을 기리어 1995년 광복절에 건국훈장 애족장을 추서하였다.

삼광 비룡 스님

■솔나무처럼 푸르른 제주의 큰스님

한라산 북쪽 사면의 어승생악 수원지 근처에 자리한 수많은 골짜기를 제주사람들은 '아흔아홉 골'이라 부른다. 어찌 골짜기가 딱 아흔아홉 개랴만 그만큼 헤아리기 어려울 만큼 많은 봉우리와 골짜기들이 서로서로 몸을 맞대어 절경을 이루고 있는 곳이다. 그 중 맨 서쪽의 첫 번째 골짜기를 '골머리'라 부르는데 여기에 자리하고 있는 산사가 있다. 바로 천왕사(天王寺)다.

하필이면 백 개를 채우지 못한 아흔아홉 개의 골짜기여서 예로부터 맹수와 임금과 같은 큰 인물이 나지 않는다는 흥미로운 전설이 전해진다. 그러나 한국불교계의 큰 스승 삼광 비룡(三光飛龍, 1901~2000) 선사가 1956년부터 여기에 천왕사라는 가람을 일구었으니 이제 전설 속 아쉬움도 한결 가벼워 보인다. 절집도 절집이거니와 창건주도 대선사여서 하는 소리다. 스님은 입적하는 순간까지 천왕사 조실로서 천왕사를 출가자에게는 가장 좋은 수행처가 되게 하고, 재가자에게는 가장 좋은 기도처로 만드는데 모든 힘을 아끼지 않았다.

비룡 스님은 1901년 4월 8일 개성에서 출생했다. 평생을 수행과 정진으로 살다 간 푸른 소나무와 같이 청빈한 선승으로, 도인 같은 허연 수염을 길게 늘어뜨리고 늘 천진 미소를 보이셨다.

■**출가와 수행정진**

출가는 그의 은사인 한암(漢巖) 스님과의 우연한 인연에서 비롯되었다. 22세가 되던 해에 강원도 인제의 어느 사찰 법회에 법사로 온 한암 스님의 법문을 감명 깊게 듣고 불교를 접하게 되었다. 그 뒤 비룡 스님은 한암 스님과 서신을 주고받으며 사제지간이 되었고, 한암 스님이 "오대산 월정사에 와서 공부하라."고 권유하자 그 길로 월정사에서 행자가 되었다.

스님은 한암 스님으로부터 '무(無)' 자 화두를 받고 부목(負木)·공양주(供養主) 등 허드렛일을 하면서 자신을 낮추고 마음을 닦는 공부를 게을리하지 않았다.

그러던 중 탄허(呑虛) 스님으로부터 '무릇 모든 사물은 다 허망한 것이다. 만약 모든 사물이 진실이 아님을 보면 여래를 보리라(凡所有相 皆是虛妄 若見諸相非相 卽見如來)'는 금강경 4구게(四句偈) 법문을 듣고 본격적으로 출가를 발심했다. 그리고는 28세가 되던 1927년 3월에 한암 스님

삼광 비룡 스님

을 은사로 출가하고 그해 8월 사미계를 수지하면서 수행자의 길을 걷게 되었다.

스님은 "무릇 수행자는 어떤 경우에도 지계(持戒)를 목숨처럼 여겨야 하는 가운데 오직 공부만을 일념으로 정진해야 한다. 공부하지 않는 중은 쌀 한 톨도 삼킬 자격이 없다. 비록 끓는 쇳물을 마시더라도 시주(施主)와 보시(布施)의 은혜를 잊어선 안 된다."는 한암 스님의 가르침을 몸소 실천했고, 수행자들에게도 늘 강조했다. 비룡 스님은 한평생 생식을 한 것으로도 유명한데 그 이유도 여기에 있다. 생식은 몸과 마음을 아주 가볍게 해 음심(淫心)이나 탐욕이 스며들지 못하게 하기 때문이다.

1940년 금강산 마하연(摩訶衍) 주지를 거쳐 1947년 4월 가야산 해인사에서 상월 율사를 계사로 비구계를 수지하고, 해인사 선방에서 안거 이래 40안거를 성만하면서 평생 선승(禪僧)으로서 수행을 게을리하지 않았다.

1950년 6 · 25전쟁 당시, 전쟁이 일어난 지도 모르는 채 전라남도 진도군 병풍도라는 섬에서 수행했던 당시의 일화는 스님의 성품이 잘 드러난 일로 아직도 유명하다. 하루는 수행처소에 강도가 들어 쌀가마니를 훔쳐 갈 때에 "어이, 이 사람아! 여기 반찬값도 가져가야지."라며 쌈짓돈까지 건네주자 스님의 자비심과 착심(着心) 없는 행동에 강도가 감화되었다는 이야기다.

■천왕사의 창건

스님은 구름과 물처럼 전국 제방의 선원을 찾아 운수행각(雲水行脚)을 멈추지 않던 중, 1958년 한라산 아흔아홉 골의 양명한 자리에 천왕사를 창건했다. 모든 것이 열악했던 그 시절, 스님은 맨손으로 신도들과 함께 절을 일궈 오늘날 제주의 명찰을 탄생케 한 것이다. 그 후 천왕사는 제주에 흔치 않은 선방을 운영해 한때 선승들의 발길이 끊이지 않는 수행처가 되기도 했다. 오랫동안 천왕사 주지를 맡아왔던 스님은 제주가 고향이 아니지만 제주하면 떠오르는 대표적 스님이다. 여든이 훨씬 넘은 나이에도 손수 헤진 옷을 기워 입으면서 "중은 바리때 하나만 있으면 되고 옷은 누더기여도 돼. 좋은 옷은 사치라. 이 동방아도 한 삼십 년쯤 됐어." 하기도 했다.

스님은 1986년 조계종단 원로회의 원로의원에 추대됐고, 1987년 천왕사 조실, 1992년 오대산 월정사 조실을 맡아 평생을 용맹정진과 중생교화로 일관하며 후학들에게 수행자의 본분을 일깨워 주었다. 2000년 1월 28일 열반게를 남기고 오대산 방산굴에서 입적하는 순간까지도 늘 푸른 송죽(松竹)과 같은 수행자의 모습으로 살다가 열반하였다. 세속의 연을 다한 나이가 세수로 100세, 법랍 74세였다.

일붕 서경보 스님

■출생과 출가

제주 출신으로서 근현대 인물 중 대표적인 고승으로 빼놓을 수 없는 인물이 일붕 경보(一鵬京保, 1914~1996) 스님이다. 불자들에게 생전의 스님은 노구의 몸을 이끌고도 매일 새벽 3시 아침예불과 산행을 절대 거르지 않을 만큼 초발심(初發心)을 잃지 않은 스승으로 기억되고 있다. 그리고

일붕 서경보 스님

전법이 본분임을 한시도 잊지 않고 한 달이면 무려 20여 일 이상을 국내외 각지를 돌아다니며 불교포교와 세계평화 정착에 헌신한 대강백이자 포교사였다.

스님은 1914년 서귀포의 도순 마을에서 태어났다. 엄격한 유가(儒家) 집안에서 출생한 스님은 어려서부터 몸이 자주 아프고 잘 낫지 않아 태몽의 내용대로 19세에 출가했다.

남제주군 산방산 산방굴사에서 1932년 혜월(慧月) 스님을 은사로 득도했다. 법명은 회암(悔巖)이다. 이어서 1933년 화엄사의 진응(震應) 강백을 찾아가 그 밑에서 수학하였다. 그러나 1935년 진응 스님이 완주 위봉사 강원으로 자리를 옮기자 자신도 따라가 위봉사에서 사미과 · 사집과를 수료하였다. 그 당시 위봉사 주지였던 춘담(春潭) 스님은 그를 법제자로 삼았으며 그때 내려준 법호가 일붕이다.

■수행과 유학

그 뒤 서울 개운사로 가 한영 정호(漢永鼎鎬, 1870~1948) 스님 문하에서 사교과와 대교과를 수료하였다. 또 대원암 · 금산사 강원 · 오대산 선원 등을 거치며 내전(內典)과 선학(禪學) 일체를 수학하고 1942년 4월 24일 오대산 월정사 강원의 강사로 부임하였다. 당시 스님은 강원도 건봉사와 월정사에서 동시에 강사로 초빙받을 만큼 불교계의 기대를 한 몸에 받고 있었는데, 월정사 강사로 자리를 옮긴 한영 스님과의 인연으로 월정사를 택하였다. 당시 『불교시보』 등의 기사에도 경보 스님의 활동이 자주 소개되었는데 그를 청년 대강백으로 묘사하고 있고, 그가 월정사 강원의 모범적 원풍을 새로이 진흥시키며 제방학우도 환영하고 있다고 쓰고 있다. 당시 불교계의 그에 대한 주목을 엿볼 수 있다.

그러나 스님의 학구열은 멈추지 않아 일본유학을 결심하고 대한해협을 건넜다. 1944년 일본 교토의 임제전문대학에서 3년간 철학을 공부하고 안목을 넓혔다. 귀국 후에도 서울 종로구 창신동의 안양암 포교사로 부임하고, 다시 동국대학교 불교학과에 입학해 1950년에 수료하였다.

동국대 수료 직후부터 원광대와 전북대에서 강사 생활을 시작하였다. 그러나 곧 6 · 25전쟁이 발발하였고 휴전이 되면서 1953년 지금의 경남대학교 전신인 해인대학교 교수와 경남일보 논설위원을 역임하며 외연(外緣)을 넓혀나갔다. 다시 부산대와 동아대에서 철학을 강의하던 스님은 1960년 태국 랑구운시 상하대 교환교수, 1961년 서독 함부르크대 교환교수 등을 지내며 본격적인 해외활동을 시작하기도 하였다.

■왕성한 해외 전법활동

1962년 불국사 주지로 임명되었고 동국대학교 불교대 교수로도 재직하였다. 그 이후에도 1963년 부산시의회 의원, 1964년 해동불교역경원 원장, 미국 콜럼비아대 · 워싱턴대 · 캘리포니아대 · 하와이대 교환교수, 1965년 미국포교사, 1966년 미국 템플대 불교학 교수, 부산 금강사 주지 등을 맡으며 어떤 자리에 있든지 불교를 전법해야 하는 출가자의 사명을 잊지 않고 종횡무진 활약하였다. 한국불교를 세계에 알린 첫 해외포교사이기도 한 스님은 1958년 태국 방콕에서 개최된 제5차 세계불교도우의회(WFB)에 한국대표로 참가하였고, 1970~1980년대에는 본격적으로 세계 각국을 누비며 해외포교에 전념하였다.

일생동안 동양과 서양은 물론 아프리카 오지까지 무려 150여 개의 나라를 순회방문하면서 불교홍포와 세계평화운동을 펼쳐 '승려외교관'이라는 별칭으로 화제를 모으기도 하였다. 또한 1969년 미국 템플대에서 철학박사학위 취득한 이후 26개 분야에서 총 120여 개의 국내외 박사학위를 취득하여 주목받기도 하였다. 한편 1982년 그의 활발한 활동에 대한 업적을 인정받아 미국 레이건 대통령으로부터 양국 간 문화교류 증진에 대한 감사패를 수여받기도 했다.

조계종단 원로의원을 지낸 스님은 1988년 대한불교일붕선교종을 창종하고 종정에 추대되었다. 또한 세계인류평화 및 세계불교의 단합을 위해 제14차 세계불교도우의회 국제대회에서 세계불교 법왕청 설립을 제안하고 1986년부터 설립위원회를 결성하여 1992년 6월 스리랑카 콜롬보에서 정회원 16개국 대표가 참가한 세계법왕청 총회에서 초대법왕에 취임하였다.

1994년 제 2차 법왕청 총회에서는 부처님오신날을 세계평화의 날로 제정하고, 30여 년 전부터 한반도 최남단 마라도에서 최북단 통일전망대까지 전국 방방곡곡에 7천만 동포의 염원인 남북의 평화통일을 기원하는 시비를 757곳에 건립했다. 그리고 유엔의 전권대사 유네스코 특사로 활약했으며 유엔총회에서 핵무기 폐기 등을 강조해온 업적으로 승려로는 유일하게 1995년과 1996년 유엔본부 세계평화교육자회로부터 2회 연속 노벨평화상 후보로 추천되었다.

특히 스님은 최다 박사학위, 최다 저서, 최다 통일기원비 건립 등에서 세계기록을 갖고 있어 기네스북에 오른 것으로도 유명하다.

스님은 입적 직전까지도 중국 등 해외에서 포교활동을 펼치다 1996년 6월 25일 서울 신영동의 법왕청에서 속랍 83세, 법랍 64세의 일기로 열반에 들었다.

저서로 『불교성전(佛教聖典)』, 『불교사상교양전집』(10권), 『서경보인생론전집』(10권) 등이 있다.

도월 정조 스님

■제주와의 인연

초대 관음사 주지를 지낸 도월 정조(道月政照, 1879~1936) 스님은 안봉려관 스님과 함께 근대 제주불교를 일으킨 개산조(開山祖)로 불리고 있다. 제방선원에서 수선안거에만 정진하던 선사로서 경상남도 통영 용화사 선원에서 만난 제주출신 상운 김석윤 스님과의 인연으로 제주에 들어와 20세기 초 제주불교의 중흥을 이끌었다.

스님은 1879년(고종 16) 윤3월 7일 경상남도 산청군 부실면 중촌리에서 선비였던 아버지 안정성(安正成)과 어머니 청주 한씨 사이의 차남으로 출생했다. 본관은 순흥(順興)이다. 스님의 어려서의 이름은 승준(承俊)이고 자는 도연(道然)이다. 스님은 한때 군(軍)에 몸담았으나 세상의 무상함을 느끼고 바로 불문에 들어와서 관음정진을 하며 청정하게 살고 있었다.

스님이 제주도에 들어오게 된 것은 1910년 경상남도 통영의 용화사에서 수선 안거를 하던 김석윤 스님의 주선으로 용화사의 화주로 있던 영봉 스님과 함께 불상과 각 탱화 등을 모시고 한라산 관음사로 내려와 봉안하면서부터였다.

현재 용화사에 가면 후원으로 쓰는 적묵당에 1910년 9월 15일 조성된 약사전 탱화가 있는데, 관음사에 모셔진 불상과 탱화 역시 이 당시 용화사 약사탱과 함께 조성된 것임을 탱화의 화기를 통해 확인할 수 있다.

초암 몇 채에 의지해 일어선 후, 불상과 각 탱화 등을 봉안하면서 사찰의 기반을 더욱 든든히 한 관음사는 창건과 동시에 커다란 반향을 불러 일으켜 제주의 명소가 되었다. 또한 단절되었던 불교문화를 다시 꽃피우게 하였을 뿐만 아니라, 과거 오랫동안 불교를 숭상해 온 제주 사람들의 신앙심에 불을 지피게 하였다. 이어 제주 출신으로 1913년에는 방동화 스님이, 1914년에는 오이화 스님이 출가하면서 제주 불교 부흥에 탄력을 더하였을 뿐만 아니라, 제주 전역에 불법의 전통이 다시 살아나 부처님오신날에는 곳곳의 마을 서당에서 주민들과 공동으로 각종 행사를 개최하고 기념하는 등 근대 제주 불교의 부흥을 위한 사회적 분위기가 무르익어 갔다. 이러한 제주 사회의 변화에 자극받은 도월 스님은 제주에 입도한 후, 중앙 교단의 지원을 통해 제주 불교를 탄탄한 반석 위에 확고히 올려놓고자 하는 결심을 굳히게 되었다.

도월 정조 스님 추모비(관음사)

■관음사 발전에 공헌하다

당시 중앙 교단에서 전국적인 명성을 얻고 있던 회명 스님을 모시고 1921년 9월 29일 법화사에서 동안거 설법을 개최하였는데, 이 설법으로 회명 스님이 대중들의 크나큰 성원을 얻게 되자 1922년 1월 20일 다시 한 차례 더 회명 스님을 초청하여 설법회를 주최하면서 제주 불교 부흥에 박차를 가하게 되었다.

그 결과 회명 스님은 1924년 음력 4월 8일 관음사 초대 주지에 취임하고 더불어 관음사 중창 낙성식을 성대하게 거행하게 된다. 회명 스님의 도움이 컸던 이날 관음사 중창 낙성식은, 중앙 교단의 쟁쟁한 인사들과 제주도 행정 책임자 및 만여 명에 달하는 신도들이 운집하여 과거 제주의 그 어떤 대중 집회에서도 흔히 볼 수 없었던 대성황을 이루었다. 이 행사 이후 안도월 스님은 이회명의 법사(法嗣), 즉 법제자가 되어 중앙 교단의 적극적인 지원을 얻기 위한 발판을 더욱 확고히 하였다.

관음사 중창 낙성식 이후 제주사회에서 관음사의 위상은 더욱 높아졌고, 제주시와 북제주군의 신도 수는 기하급수적으로 늘어나기 시작했다. 더구나 1924년 11월에는 제주불교협회가 창립되었다. 불교 진흥과 심신 수양, 지방 문화 발전에 목적을 둔 이 제주불교협회는 재가 불자들은 물론, 제주도 행정부서 관련자 및 여러 제주도 행정 책임자 등이 모여 이루어진 불교 단체였다. 일제는 이 협회를 통해 식민 통치를 강화하려는 의도를 드러내기도 하였는데, 그것은 한편으로는 이미 지역사회에서 제주 불교의 위상이 크게 높아졌음을 반증하는 일이기도 하였다.

이처럼 관음사의 위상이 높아지면서 사회적 역할도 증대하였으나, 관음사가 한라산 중턱에 깊이 위치한 관계로 겨울이면 통행에 제약을 받아 각종 행사를 원활하게 수행하는데 어려움이 많았다. 이에 스님들의 수행은 한라산 관음사에서 계속하고 신도에 대한 포교는 제주읍내에서 하기로 의견을 모아 포교당 건설에 나서게 되었다. 마침내 1924년 11월 3일에 제주읍 성내 이도리 1362번지 땅 516평을 매입하였고, 이 포교당 건립에 필요한 자금을 확보하기 위해 도월 스님은 회광 스님을 모시고 해남 대흥사를 방문, 거금 1천원과 30근짜리 범종을 희사받는 등 각고의 노력을 기울인 끝에 1925년 4월 8일, 관음사 포교당을 개원할 수 있었다.

■법화출장소를 창립하다

이와 같이 불교 협회의 창립 이후 제주 불교부인회, 제주 불교소녀단 등이 잇달아 결성되며 근대 제주불교는 도약의 기회를 맞이하고 있었으나, 산북의 제주읍(현재 제주시)과 북제주 지역에서와는 달리 서귀포 등 산남 지역의 교세는 무오 법정사 항일 투쟁 이후 극히 침체된 상황에서 쉽게 벗어나지 못하고 있었다.

이에 도월 스님은 1926년 남제주 중문면 하원리에 법당과 요사 · 객실 · 헛간 등을 짓고 관음사 법화출장소를 창건하며 산남에 전해 내려오던 불법의 맥을 다시 한 번 일으켜 세우기 위한 불사에 들어갔다. 본래 이 법화출장소 자리는 『동국여지승람』 등 고문헌에 노비 280명을 거느린 대사찰이라고 기록되어 있는 천년고찰 법화사(法華寺)가 있었던 곳으로 조선 시대 후기인 17세기 이후 폐사된 채 방치되어 있었는데, 이곳에 법화출장소를 일으켜 산남의 불교 중흥을 위한 기반으로 삼고자 하였던 것이다. 이 법화출장소는 이후 법화사라는 옛 이름을 되찾아 오늘에 이르게 된다.

그러나 마치 꽃들이 계절을 맞아 다투어 피어나듯 제주 곳곳에 사찰이 창건되며 거침없이 불교가 일어서는 듯 보였으나, 재래 신앙과 습합(習合)된 채 전해 내려오던 제주 불교의 정통성을 회복하는 일은 하루아침에 이루어질 수 있는 일이 아니었다. 선승(禪僧)인 안도월 스님의 깊은 고민은 거기에 있었다.

시인 이은상(李殷相)도 일제강점기에 제주를 여행한 후 그의 탐라기행에서 이렇게 말했다.

"제주 한라산신(漢拏山神) 제단법당(祭壇法堂)이란 문판(門板) 밑으로 들어서니, 당내에는 치성광여래와 독수선정 나반존자(獨修禪定 那畔尊者)의 위패를 모신 소림당(小林堂)이라는 한 당우가 있다. 이는 예에 의하여 우리 고교(古教)와 불교의 혼효(混淆)된 형태이다. 이 당우가 산천당(山川堂)임은 두말할 것도 없고, 속(俗)에 삼천당(三天堂)이라고도 쓴다 함을 들으니 그 본질 본색이 요연함을 넉넉히 짐작하겠다."

재래신앙과 습합된 제주 불교의 비정통적 신앙 형태를 지적한 말이다. 안도월 스님도 이와 같은 점을 제주 불교의 문제점이라 판단하여 이를 개선하고 일제의 불교 침탈로 왜곡된 불교의 정통성을 회복하는 것만이 제주 불교의 미래를 담보할 수 있는 일이라 생각하였던 것이다.

그 노력의 일환으로 1928년 3월에는 강태현 · 오이화 스님 등과 함께 서울 각황사(覺皇寺)에서 개최된 조선불교학인대회에 발기인으로 참가하는데, 이 학인대회는 1876년 개항 이후 일본에 의해 변질된 한국 전통불교의 위상을 바로 세우기 위해 전문 강원을 복구하고 불교 교육의 일대 혁신을 꾀하고자 개최된 대회였다.

조선불교학인대회 참가 이후 교육 사업에 매진하는 것만이 제주 불교의 시급한 현안임을 인식한 도월 스님은 1931년 11월 29일 허응대 · 오일화 등과 협력하여 제주불교 임시대회를 개최하였다. 이 임시회의는 당면한 제주불교의 상황을 분석하고 포교 사업을 확장하기 위해 제주에서 불교대회를 열자는 취지로 개최되었으나, 이후 불교대회로 연결되지는 못하였다.

봉려관 스님과 함께 제주 불교의 중흥 시조로 불리는 안도월 선사. 제주 곳곳에 스님의 손길이 머무르지 않은 곳이 없고, 스님의 열정이 스미지 않은 곳이 없었으나 1936년 음력 5월 30일 58세의 일기로 길지 않은 생애를 마감하고 열반에 드셨다. 현재 한라산 관음사의 비림(碑林)에는 1936년 회명 스님이 쓴 안도월 선사의 비가 서 있다.

제주 불교의 미래를 위한 대안으로 스님께서 이루고자 했던 교육 사업은 이후 해방 공간에서의 혼란과 제주 4 · 3사건이라는 광란의 도가니 속에서 그 빛을 잃고 말았으나, 고결한 스님의 성품이 여전히 칭송받는 것처럼 현대 제주불교의 근간에 그 정신은 오늘날까지도 이어져 관음사의 저력으로 남아 있다.

봉려관 스님

■불교에의 귀의

제주는 다른 지역에 비해 전통적으로 불교의 교세가 매우 강한 지역이다. 그러나 18세기 초 이래 약 200년 간 이른바 무불시대(無佛時代)로 불리며 한때 불연(佛緣)이 끊길 위기에 처했었다. 그것은 1565년(명종 20) 제주에 유배 온 보우 선사가 변협 목사(牧使)에 의해 장살(杖殺) 당한 것을 시작으로, 다음해 부임한 곽흘 목사부터 1702년(숙종 28) 이형상 목사에 이르기까지 조정과 관리들이 사찰을 폐사시키고 불상을 훼철(毁撤)하는 등의 지독한 배불정책으로 제주불교는 매우 큰 피해를 입었기 때문이다. 그런 탓에 18세기 초 이래 20세기 초까지 약 200여 년 간 제주불교는 역사 이래 가장 암울한 시기를 보내야 했다.

이처럼 핍박받아온 제주 불교가 마침내 새로운 중흥의 시기를 맞이하게 되는 것은 1908년 해월굴에서 터를 잡은 봉려관(蓬廬觀, 1865~1938) 스님에 의해 관음사가 창건되면서부터다.

근대 제주 불교의 개산조로 불리는 봉려관 스님은 관음사 창건을 시작으로 제주도 내 다수의 사찰창건과 불교중흥에 일생을 바쳐 제주사회에 커다란 발자취를 남긴 분이다. 스님은 1865년 2월 14일 제주시 화북에서 아버지 안치복(安致福)과 어머니 평산 신씨 사이의 차녀로 태어났다. 본관은 순흥(順興)이고, 속명은 려관(廬觀), 법명은 봉려관(蓬廬觀)이다. 출가 훨씬

전인 1882년 화북마을의 현씨와 결혼하여 1남 4녀를 두기도 했다. 민간신앙에 심취하여 살아오던 중 1889년 탁발을 나온 한 고승에게서 기도하라며 건네준 관음보살상을 얻은 것이 불교와 인연이 되면서 전혀 다른 삶을 살게 되었다. 탁발승으로부터 얻은 관음보살상을 모셔놓고 밤낮으로 예배하고 염불을 게을리 하지 않았다고 한다. 그 후 뜻한 바가 있어 출가삭발을 결심하고 1907년에 전라남도 해남군 대흥사에서 유장(有藏) 스님을 은사로, 청봉(淸峰) 스님을 계사로 모시고 계를 받았다.

불맥이 끊겼던 제주에서 안봉려관 스님이 어떻게 출가하게 되었는지 그 수수께끼를 풀어줄 실마리가 여러 기록에 있다. 스님의 비문과 『회명문집』 외에도 김형식(金瀅植, 1886~1927)이 1917년에 쓴 「유관음사기(遊觀音寺記)」, 1918년 3월 2일과 3일자의 『매일신보』 기사 「제주도 아미산 봉려관의 기적」, 시인 이은상이 1937년에 펴낸 『탐라기행』의 「봉려관의 관음사」, 진원일 스님이 『제주도지』 1969년 7월 제39호, 12월 제42호에 기고한 「고

봉려관 스님

대사찰과 아라리 관음사」 등이 그것이다. 이들 문헌을 통해 출가와 관련한 행적을 정리해 보면 다음과 같은 흥미로운 일화로 요약할 수 있다.

1901년 봄, 한림의 비양도로 건너가는 도중 높은 파도를 만나 배가 침몰될 위기에 놓이게 되었다. 이에 오직 관세음보살만을 일심으로 부르며 부처님의 가피를 간절히 원하였는데, 한참 후 정신을 차리고 보니 버선조차 젖지 않은 채 무사히 섬에 도착해 있었다. 이에 스님은 이 모든 것이 관세음보살의 지극한 신통력에 의한 것임을 믿고 남은 생을 부처님 품안에서 살기로 발원, 마침내 1907년 출가의 뜻을 굳히고 대흥사를 찾게 되었다.

그날 대흥사 주지스님은, '오늘 여왕이 들어오니 후히 대접하라.'는 꿈을 꾼 후 사사로이 여길 일이 아님을 깨닫고, 아침 공양 끝에 대중들에게 당부하길 오늘 귀한 손님이 온다는 꿈을 꾸었으니 각별히 도량을 청결히 하고 주의하라 하였다. 그러나 날이 저물도록 귀빈은 나타나지 않다가 산문을 닫을 때가 다 되어서야 봉려관이 대흥사 도량 안으로 들어서는 것을 발견했다. 하지만 봉려관의 행색을 살펴본 대흥사 주지 스님은 꿈에 본 여왕의 모습이 아니라 여겨 거들떠보지도 않았다.

1907년 12월 1일 저녁, 봉려관은 대흥사 주지스님을 찾아가 삭발해 줄 것을 간청하였으나 산중 구경이나 하고 떠나라는 말만 내려왔을 뿐이었다. 이에 봉려관은 산사의 이곳저곳을 참배하며 안타까운 마음을 달래고 있었는데, 마침 대흥사 극락암 주변을 지나가다가 병으로 신음하는 소리를 듣게 되었다. 확인해 보니 한 스님이 나병에 걸려 죽을 날만을 기다리고 있었다. 환자의 전생을 관(觀)한 봉려관은 스님을 구할 수 있을 것이라는 자신감을 갖게 되어, 원주스님에게서 된장을 얻고 부엌에서 재를 구해다가 온몸에 바르고 닦아낸 뒤 관음기도를 하며 목욕을 시켰다. 아무도 믿지 않고 외면하고 있었는데 신기하게도 삼일 만에 나병충이 다 죽고 딱지가 생기며 낫기 시작하였다. 이 환자는 주지스님의 상좌로서 장차 대흥사를 이끌어가기 위해 일본에 가서 대학 교육까지 마치고 온 스님이었다.

시봉하는 스님을 통해 이 소식을 전해들은 대흥사 주지스님은 봉려관을 불러 소원이 무엇이냐 묻자 봉려관은 가사장삼을 입는 것만이 소원이라며 다시 한 번 출가를 간절히 원하였다. 봉려관의 계속되는 간청에 크게 감복한 주지스님은 마침내 1907년 12월 8일 성도절을 맞아 유장 스님을 은사로 하고 청봉 스님을 계사로 하여 산중에서 전무후무한 성대한 수계식을 치렀다.

■제주 불교의 재건을 도모하다

1908년 1월 5일 제주로 귀향한 봉려관 스님은 대흥사 주지스님이 희사해준 시주금을 토대로 본격적인 불사를 시작하려 했다. 그러나 마을 주민들의 거센 반발에 부딪히며 출발부터 순탄치 않았다. 주민들은 오랜 배불정책의 영향으로 불사에 대하여 막연한 반발감이 심했던 것이다. 결국 마을에서 쫓겨나다시피 하여 부득이 한라산 깊은 곳으로 가게 되었다. 이어지는 봉려관 스님의 일화는 다음과 같다.

결국 안봉려관 스님은 주민들에게 쫓겨 한라산 백록담으로 몸을 숨길 수밖에 없었고, 이후 칠일 간이나 산을 헤매다가 불행히도 낭떠러지로 떨어지게 되었다. 시간이 얼마나 흘렀는지 정신을 차리고 보니 수천 마리 까마귀가 나무에 빽빽이 둘러앉아 스님만을 바라보고 있었는데, 이를 이상하게 여긴 스님은 자신의 행색을 훑어보다가 입고 있던 옷에 헤아릴 수 없이 작은 구멍들이 뚫어져 있는 것을 발견하였다. 선명한 그 자국들은 절벽에 떨어진 스님을 새들이 모여들어 부리로 물고 옮기며 생긴 것이라고밖에 생각할 수 없는 것이었다.

이에 스님은 터져 나오는 울음을 참으며 관음보살만을 부르고 있었는데 마침 지나가던 나무꾼 두 사람이 스님을 발견하였다. 그들은 자신들의 점심을 스님에게 공양하고 나서, 저 아래 산천단에서 비구니 스님을 기다리고 있는 큰스님을 보았는데, 혹시 그 큰스님이 찾는 비구니 스님이 아니냐며 속히 산천단으로 내려갈 것을 권하였다.

스님은 이에 크게 용기를 얻고 급히 산천단으로 향하였고, 그곳에서 마침 자리를 뜨려고 하는 운 대사를 만나게 되었다. 운 대사는, "오래 기다렸더니 이제야 보는구나." 하며 스님을 반갑게 맞이하신 후, 곱게 간직하고 있던 가사 한 벌을 내어 주셨다.

이미 '운 대사'와 관련해서는 2002년 5월 10일에 제주불교사연구회가 개최한 '근대제주불교를 읽는다' 세미나에서 언급된 바 있다. 봉려관 스님에게 가사를 전한 '운 대사'는 제주사회에 독립지사로 널리 알려진 상운(祥雲) 김석윤(金錫允) 스님이라는 주장이 세미나에서 제기돼 주목받았다. 그 같은 정황으로는 김석윤 스님의 입적 후 그의 친동생인 심재 김석익이 쓴 행장 「망형석성도인행록(亡兄石惺道人行錄)」에서도, "공이 대구에서 돌아온 후 봉려관과 함께 색수수(塞水藪, 속칭 새미털)에 불사를 창건하였다. 남주의 사찰들은 여기가 그 시초가 된다."고 할 만큼 봉려관과 각별했음을 알 수 있다. 또 당시 '교적부'에도 1909년 관음사 서무, 1911년 관음사 해월학교 교사역임 기록이 있고, 1910년 영봉·도월 스님이 경상남도 통영 용화사에서 탱화를 모시고 올 때 김석윤 스님은 용화사에서 수선안거 중이어서 그 역할을 쉬이 짐작하고도 남는다.

그리고 무엇보다 불교가 단절됐던 제주 땅에 대작불사를 실행하기에 봉려관 스님은 제약이 너무 많았다. 여성의 몸으로 보수적인 전통사회에서 많은 대중들을 설득하고 움직이게 하거나, 낯선 불교를 홍포하기엔 역부족이었을 것으로 짐작된다. 그 대안이 김석윤 스님이었을 것이다. 김석윤 스님은 이미 1894년 전주 위봉사에서 출가한 분이고, 제주사회에선 매우 영향력 있는 부호이자 지식인으로 인지도가 높은 인물이었기 때문이다. 봉려관 스님으로서는 불사를 진행함에 있어 든든한 병풍과도 같은 존재가 필요했을 것이고, 김석윤 스님으로서는 불법(佛法)이 끊겨 황무지 같았던 제주에 사찰을 짓는다니 이미 출가한 승려로서 그보단 기쁜 일이 어디 있었을까.

■관음사 중창

이처럼 봉려관 스님은 관음사 불사를 시작으로 입적 직전까지 도내 전역의 사찰창건과 불사에 주력했다. 김석윤 스님 외에도 안도월 · 오이화 · 이회명 스님과 같은 선지식들이 불사를 더욱 원만히 성취할 수 있게 큰 힘을 보태며 이끌어 주었다. 제주읍 성내(城內) 이도리 1362번지에 관음사포교당뿐만 아니라, 한라산 법정사, 삼양 불탑사, 서귀포 법화사, 고산 월성사 등 세세생생 이어질 부처님의 도량을 가꾸고 일궈나갔다. 스님의 이런 노력과 헌신은 날이 갈수록 많은 사람들에게 귀감을 주었고, 1936년 영림서(營林署)에 근무하던 애월 사람 김영희로부터 아라리 산66번지 일대의 약 5만 평을 관음사에 희사받기도 했다.

그러던 중 초대 관음사 주지를 맡아 도내의 크고 작은 불사를 이끌던 안도월 선사가 1936년 음력 5월 30일 58세의 일기로 길지 않은 생애를 마감하고 열반에 들었다. 그로부터 2년 후인 1938년 5월 29일, 도월 스님의 대상(大祥) 날에 인연이 깊었던지 봉려관 스님도 입적하였다. 신도들은 이구동성으로 두 스님의 인연이 비범한 것이라며 극락왕생을 발원하였다.

스님은 속랍 74세, 법랍 32세의 일기를 끝으로 다사다난했던 세상과의 인연을 내려 놓으셨다. 현재 제주도 내 대다수의 비구니 스님들이 그의 문도로서 수행정진하고 있고, 사부대중은 해마다 기일에 맞춰 스님을 잊지 않고 기리고 있다. 스님이 개산(開山)한 한라산 관음사는 창건 100주년을 앞두고 성역화불사를 한창 추진하고 있는데, 스님의 비는 한라산 관음사 비림에 오롯이 서서 불국정토를 염원하고 있다.

오이화 스님

■**출생과 출가**

봉려관과 도월 스님을 근대 제주불교의 불씨를 되살린 중흥시조라고 하면 그 대를 이어 관음사를 중심으로 제주불교의 발전에 일생을 바친 분은 오이화(吳利化, 1903~1950) 스님이다. 평소 성품이 온화하고 사리에 밝으며 대중강연에 능통하여 많은 사람들로부터 칭송이 자자했다.

도월 스님에 이어 관음사 2대 주지로서 수행 정진하던 중 4 · 3사건이 일어나 한라산 관음사에서 토벌대에게 당한 고문의 후유증으로 입적, 안타까운 짧은 생을 살다가셨다. 이화 스님을 비롯하여 4 · 3사건이 발발하고 그 연장선인 6 · 25전쟁 당시 예비검속에 의해 제주불교계는 이일선 · 이세진 · 원문상 등 당시 교계의 중심 승려들이 모두 희생당함으로써 오늘에 이르기까지 제주불교계에 영향을 끼치고 있다.

이화 스님은 1903년 4월 8일 제주 오라리 2835번지에서 태어났다. 본관은 화순이고, 부친 오인규와 모친 김계진 사이의 3남으로 태어났다.

우연히도 4월 8일 부처님오신날에 출생하자 주변에선 모두 "훌륭한 불자(佛子)가 될 인물이다."고 입을 모았다. 이런 인연 때문인지 1914년 10월 15일에 해남 대흥사에서 안도월 스님을 은사로, 박만하 스님을 사미계사로 득도했다. 속명이 이현(彝炫), 법명은 한수(漢秀), 법호는 이화(利化)다.

■제주 불교혁신 운동에 헌신하다

그로부터 10년 후, 다시 대흥사에서 이회명 스님에게 구족계를 받았다. 그리고 그 해에 대흥사에서 수선안거하고, 1930년 5월 6일에 대선(大禪) 법계(法階)를 받았다. 또 1935년 11월 4일 중덕(中德) 법계를 받았고, 그 뒤 대덕(大德) 법계를 품수했다.

1972년 『제주도지』 제54집에 진원일 스님이 쓴 「주장자 세 번 치니, 오이화 스님」편에서는 이화 스님의 승적첩을 인용하여 그 이력을 소개하고 있다. 이를 살펴보면, 스님은 어릴 때부터 한문을 수학하고 사서통감과 주자의 소학을 일찍 깨우쳤다. 초등경전반인 사미와 사집을 수료하고, 중등과정인 사교과를 마쳤다. 이후 불교고등경전인 대교과 중에서 화엄경 전부를 수료하였다.

대흥사 제주설교소의 서기와 재무원, 대흥사 본말사 평의원, 대흥사 제주포교당 성내출장소 서기, 대흥사 법화출장소 감원, 대흥사 불탑출장소

오이화 스님 공적비(관음사)

감원, 대흥사 제주도 포교당 감원과 포교사, 대흥사 평의원, 대흥사 포교사, 관음사 2대 주지, 제주교구 교무원 재무국장, 조선불교 중앙대의원 등을 지냈다.

1924년 제주불교협회에서 활동하였으며 1939년 제주불교연맹 활동을 주도하였다. 또한 1945년 12월 관음사포교당에서 열린 〈조선불교혁신 전도승려대회〉에 이일선, 원문상 스님 등과 함께 왜색불교와 구습에 물든 불교를 개혁하려는 혁신운동에 적극 참여하였다.

4·3사건 발발 이후, 관음사는 무장대와 토벌대가 일진일퇴하는 격전지로 변모하고 말았다. 결국 토벌대에 의해 1949년 1월 관음사의 모든 전각과 당우가 불태워지던 당시 토벌대로부터 모진 고문을 당한 것으로 증언되고 있으며, 그 이듬해인 1950년 음력 5월 25일 45세의 젊은 나이에 혹독한 고문, 특히 물고문의 후유증으로 복부가 부풀어 올라 제주읍 이도리 관음사 포교당에서 입적하였다.

만허 문상 스님

■불교혁신운동가

만허 문상(滿虛文常, 1908~1950) 스님은 해방공간의 지식승이자 교육자다. 1945년 해방직후, 왜색불교 청산을 주창하며 열린 제주불교혁신운동을 주도적으로 이끌었던 청년승려다. 또한 식민치하에서 부터 6·25전쟁 직후 그가 예비검속될 때까지 제도권 안팎에서 민중계몽과 지식청년 양성을 위한 교육 사업에 각별한 열정을 보였던 지식인이다.

그러나 문상 스님의 행장을 확인할 일차적이고도 객관적인 사료가 절대부족하다. 때문에 여기에 조사된 내용은 일부 문헌기록을 제외한 상당부분은 증언채록이라는 구술사(口述史) 연구방법을 통해 정리되었다.

문상 스님은 해방공간의 제주불교계 대표적 지식승려임에도 불구하고 그가 남긴 궤적에 비해 자신의 출생지이자 입적할 때까지 청장년기의 주 활동 공간이 되었던 제주지역에서조차 그 동안 조명 받지 못했던 것이 사실이다. 그것은 근현대시기의 제주불교에 대한 본격적 연구 작업이 그 간 시도되지 않았던 것에서도 이유를 찾을 수 있다. 그러나 더 큰 이유는 그의 죽음이 제주 4·3사건의 연속선상인 6·25전쟁 발발 직후의 예비검속에 의해 처형된 '좌익사상범'이라는 이데올로기적 인식이 최근까지도 제주사회 전반에 뿌리 깊게 남아 있기 때문이다. 분명한 것은 세수(世壽) 갓 마흔을 넘기고 짧은 생을 마감한 그였지만 일제 식민지하에서 약관의 나이로 보여준 야학활동 등 민족계몽에 대한 열정과, 해방직후 중앙 불교교단과 제주교계의 가교역할을 수행하며 불교혁신운동의 단초를 마련하는 등 20세기 우리 역사의 최대 혼란기의 한 가운데서 그가 보여준 치열한 삶의 모습은 오늘을 살아가는 우리에게 적지 않은 메시지를 전하고 있다는 점이다.

■출생과 출가

문상 스님은 1908년 제주도 중문면 하원리 469번지에서 부친 원춘생(元春生)과 모친 송옥(宋玉) 씨 사이에서 2남 중 장남으로 태어났다. 본관은 원주(原州), 속명은 경오(京午), 관명은 문상(文常), 법명은 법회(法回), 법호는 만허(滿虛), 아호가 초당(初堂)이다. 그의 동생인 원경화(京花, 관명은 인상, 법명은 혜관)도 해방공간에서 불교 혁신운동에 같이 몸담았고 최근까지 제주도 법화종 원로로 활동하다 2000년 속랍 84세의 일기로 입적

만허 문상(광명사) 스님

하였다. 문상 스님은 하원소학교를 졸업 후 빈핍(貧乏)한 집안 형편으로 진학이 어려워지자 15세 무렵 혈혈단신 서울로 상경, 고학했다. 혜화전문학교(현 동국대학교)를 나왔고, 한글학회 회원이었다는 증언이 있다.

출가 시기와 은사 등도 분명치 않다. 다만 1930년대 후반 그의 나이 서른 무렵에 경상북도 경주 기림사에서 출가한 것으로 알려져 있다. 제주불교사연구회에서는 그의 행적을 찾기 위해 몇 차례 기림사를 조사 방문했으나 단서를 찾지 못했다. 1947년 제주지역 승려들의 이력을 자필로 기록한 '교적부'에도 유독 그의 이름이 빠져 있다. 그것은 당시 불교혁신운동을 주도하던 그가 대흥사 계열의 승려와 백양사 계열의 승려 간에 끊이지 않는 알력다툼에 실망해 고향인 하원리로 돌아가 교편을 잡고 그 당시 제주교무원과 거리를 두고 있던 탓이다.

한편 그는 서울에서 고학하던 시기에도 고향을 왕래했다. 20대 중반에는 고향 하원리에 잠시 돌아와 '소년명진회(少年明進會)'를 조직, 낮에는 강습소와 밤에는 야학을 열어 주민들에게 글을 가르치는 등 계몽운동을 펼쳤다. 이후 1930년대 말 기림사에서 출가 삭발한 것으로 전해진다.

■제주에서의 불교운동

서울 등지에서의 장기간 고학생활로 중앙의 동향에 밝았던 문상 스님은 해방을 맞아서 중앙과 지역불교의 중추적 가교역할을 자연스럽게 맡았다. 실제로 8·15해방 직후 출범한 조선불교혁신준비위원회가 9월 22, 23일 서울에서 전국승려대회를 개최하고 이것을 각 지방으로 홍보하는 과정에서 제주 지역은 문상 스님의 역할이 컸을 것으로 보인다. 그것은 전국승려대회 직후인 1945년 10월 무렵에 문상 스님이 상경했다가 귀도한 직후 제주불교청년단과 준비위원회가 조직됐고, 또 제주에 불교적 기반을 갖고 있지 못했던 그가 1945년 12월 2, 3일 관음사 제주읍내 포교당인 대각사(전 관음사 중앙포교당)에서 열린 '조선불교혁신 제주불교승려대회'의 부의장을 맡아 이일선, 오이화 스님 등과 함께 불교혁신을 주도한 중심인물이었다는 점에서 볼 수 있다.

이 대회에서 결정한 주요 내용은 이렇다. 승려의 대처식육(帶妻食肉)과 내연화주(內緣化主) 동거를 절대 금지하고, 사찰 내 제반 수입은 화주 및 주지 주관의 단독적 처리를 절대 엄금하자는 의견을 내놓아 만장일치로 가결시켰다. 그리고 속가(俗家)에서 용왕(龍王)·토신(土神)·산신(山神)·운표중창불(運表中唱佛)·구병시식(救病施食) 등을 폐지하며, 사찰 내에서는 금고(金鼓)·범음(梵音)·화청(和請) 등을 금지하여 전통불교사상을 정립시키려는 의지를 보여주었다. 지나치게 민간신앙과 밀착된 모습으로부터의 탈피는 근대 제주불교의 오랜 숙원이었다. 이제야말로 일제 하에서 왜곡되었던 불교의 위상을 바로잡아 제대로 된 불교사상을 실현할 수 있을 것이라고 판단했던 것이다.

그리고 이 대회 이후 중앙에 파견될 제주대의원에 만장일치로 문상 스님이 추대된 점에서도 그의 위상을 살필 수 있다. 이러한 사실은 당시 제주불교청년단 결성 회의록과 승려대회의 명부, 그리고 동 승려대회의 회의록이 게재된 『법계(法界)』라는 잡지가 1997년 제주시 내 본문사에서 발견되면서 밝혀진 연구 성과이기도 하다.

그러나 당시 제주불교의 주류를 이루고 있던 백양사와 대흥사 계열 승려간의 알력다툼으로 종무활동에 한계를 느낀 그는 모든 소임을 사직하고, 1947년 고향인 하원으로 돌아와 중문중학원에서 역사와 한문·국어 등을 가르치며 평범한 교육자의 길을 걷던 중 억울하게 예비검속되어 희생됐다. 중문중학원은 현 중문중학교의 전신으로 원문상 스님과 제주 중문면 출신의 이경주라는 두 사람에 의해 설립된 학교다. 처음에는 비인가 학교였으나, 제주 4·3사건 서귀포지역 진압군 사령관이었던 전부일 소령의 도움으로 남원면 미악산 일대의 삼나무를 벌목해 학교를 신축하면서 교명을 전부일 소령의 '부'자와 중문의 '문'자를 합성해 '부문중학교'로 개칭하고 1950년 4월 2일 정부인가 정식학교로 설립한 것이다. 또한 중문면의 주민들을 설득하여 집집마다 돌 한 덩이 쌓기 운동을 전개해 '석조전' 이라는 웅장한 건물을 교내에 신축하는 등 문상 스님의 헌신적인 활동은 그칠 줄 몰랐다. 때문에 문상 스님과 이경주 교사에 대한 지역주민들의 신뢰는 대단했다.

그러나 그의 교직생활 중에 1948년 4 · 3사건이 일어나고 그 연장선인 예비검속이 6 · 25전쟁 발발 직후에 대대적으로 이루어지면서 영문도 모른 채 그토록 초라하게 세상과 등질 줄 그 자신도 몰랐을 것이다. 당시 부문중학교로 인가될 때 서북청년단 출신의 전문규라는 인물이 교감(혹은 교장 직무대리로 증언)으로 부임해오면서 설립자인 원문상 · 이경주 그리고 마을 주민들과 갈등이 깊어져 갔다. 부임해온 그가 학교운영을 전횡하면서 빚어진 마찰이었다. 그러다가 6 · 25전쟁 발발 직후인 1950년 8월 어느 날, 원문상 · 이경주에게 4 · 3사건 가담혐의가 씌워져 군경에 체포된 후 희생됐다. 이것이 확인 가능한 문상 스님의 마지막 행적이다. 언제 어디서 어떻게 생을 마감했는지 확인할 길이 없다. 스님의 상좌인 오춘송 스님 등이 은사의 시신을 수소문하여 백방으로 찾아다녔으나 찾지 못했다고 한다.

1950년 7월 7일자의 서귀포 경찰서 '공무원 구속자 명부' 에 의하면 문상 스님의 검거사유는 '좌익사상 극렬자' 로 기록되어 있다. 이경주 선생의 경우는 '산사람에게 망원경 제공' 이다. 그러나 그를 증언하는 사람들은 빠짐없이 그를 투철한 민족주의자로 증언했다. 문상과 이경주를 시기한 모함으로 아까운 두 생명이 희생됐다는 소문이 당시 지역에 널리 퍼졌었다고 대부분 증언했다. 이때 그의 나이 불혹을 막 넘긴 마흔셋이었다.

이세진 스님

■제주 불교 혁신운동의 중심

일제로부터 해방을 맞이한 제주 불교는 식민지 불교의 잔재를 극복하고 자주적 불교 건설에 앞장서야 함은 물론, 과거로부터 민간 신앙과 습합된 채 전해 내려오던 구태를 벗겨내고 정법을 회복시켜야할 새로운 과제를 안게 되었다.

일제강점기 말기에서부터 강원 설치, 인재 양성, 모범 총림의 건설 등을 내세우며 한국 불교의 정통성 회복을 염원했던 세진(世震, 1910~1949) 스님은 바로 이러한 시기에 제주 불교 혁신운동의 중심에 서 있었다. 그러나 해방공간에서 제주 불교의 혁신을 주도한 스님들 상당수가 제주 4·3사건의 소용돌이 속에서 희생되었고, 세진 스님 역시 총살당하면서 그들이 추구했던 정법의 구현 또한 빛을 잃고 말았던 것이다.

1910년 8월 25일 제주도 한림읍 저지리에서 아버지 이찬백과 제주시 산천단 인근에 살던 어머니 김덕신 사이에서 태어난 스님은 이미 불가와 인연이 깊은 분이었다. 외할아버지인 김달권과 외삼촌 김형근이 스님이었으며, 어머니 김덕신 역시 불교에 심취해 있던 분이었다.

그런 인연으로 1915년 어머니와 인연 있던 전라북도 정읍 내장사(內藏寺)의 백학명 스님에게 보내져 절에서 생활하다가 1920년 무렵에 기본 교육과정 이수를 위해 고향으로 내려왔다. 1924년 제주공립 보통학교를 졸

이세진 스님

업하고 1926년 12월에 이르기까지 한경면 저지리 한문 사숙(私塾)에서 사서를 배운 후, 18세가 되던 해인 1927년 11월 25일 내장사에서 백학명 스님의 상좌인 한고벽 스님을 은사로 출가하였다. 그리고 곧바로 1929년 7월까지 내장선원에 머물게 되는데, 내장선원은 하루 일하지 않으면 하루 먹지 않는다는 선농(禪農) 불교의 기본정신에 입각하여 왜곡된 불교 교단의 제반 문제를 해결하고자 백학명 스님이 일으켜 세운 선원이었다.

본래 선농 불교 운동은 중국의 초기 선종에서 비롯된 것으로 국가 권력의 보호와 상류층 신도들의 경제적 원조에서 벗어나 자체 경작과 자급자족의 생활 형태를 지향하며 모든 권력으로부터 자유로워지고자 했던 사상운동이었다. 이 중국의 선농 불교 사상을 이어받은 백학명 스님의 선농 불교운동은 일제 통치하의 사찰령에 맞서 한국 불교의 자립과 민족 종교로서의 위상을 지켜내기 위해 일어난 운동이었던 것이다. 세진 스님이 내장선원에 머물며 그의 부모나 다름없는 백학명 스님에 의해 주도된 이 운동에 영향을 받은 것은 어쩌면 당연한 이치라고 하겠다.

■강원생활과 수행

그러나 1929년 백학명 스님이 입적하자 세진 스님은 내장사 생활을 정리하고 대원강원으로 소속을 옮겨 그곳에서 사교과 · 대교과 그리고 수의과를 이수하게 된다. 대원강원은 근대불교 교육의 선구자로 불리는 한영정호(漢永鼎鎬, 1870~1948) 스님이 이끈 전문강원으로 일제의 침탈에 맞서 한국 불교의 전통을 계승하고자 탄생하였다. 이곳에서 교육을 통해 불교의 정통성을 회복하려는 스님의 사상은 더욱 확고해질 수 있었다.

1934년 6월에는 내장사로 돌아와 가까운 백양사(白羊寺)를 오가며 대선법계와 중덕법계를 받게 되었다. 그리고 이곳에서 이후 세진 스님의 든든한 후원자가 되어줄 일선 스님을 만나 깊은 인연을 맺게 되었다. 1937년 3월에는 금강산 표훈사(表訓寺) 중향강원 강주(講主)로 부임하였으나, 마침 이일선 스님이 제주에 파견되어 제주 불교의 미래를 개혁하기 위한 사업에 돌입하였다는 소식을 전해 듣고 귀향을 결심하게 된다.

■제주와의 인연

1939년 2월 이세진 스님은 마침내 한림 포교당 포교사로 부임받으며 제주에서의 활동을 시작하게 되었다. 그리고 이 해 4월 제주 불교 연맹이 발족되자, 스님은 이 불교 연맹에서 교육부장을 맡아 개혁의 전방에 나서게 되었다. 제주불교연맹은 관음사 시내 포교당인 대각사에서 승가 교육을 실시하며 50여 명의 학인을 배출하고, 제주 불교 통일 기구로서 다양한 성과를 거두었으나, 태평양 전쟁을 앞두고 일본이 정국을 전시 체제로 돌리면서 1941년에 비구 수계식을 끝으로 해체되고 말았다.

이처럼 대각사의 승가교육이 시대의 조류에 밀려 좌절되자, 스님은 불교가 시대와 권력의 한계를 극복하기 위해서는 정치적 · 경제적 자생력을 갖추어야 한다는 내장선원에서의 강령을 되돌아보게 되었다. 그리고 그 신념의 발로가 결실을 맺은 것이 1942년 제주시 도평리에 창건된 서관음사였던 것이다.

세진 스님은 본래 초가집이 있던 도평리 품 안에 법당과 객실 한 채를 짓고 나머지 터에 기와공장을 세워 운영에 들어갔다.

기와 공장은 세진 스님과 그의 뜻에 동참한 청년 스님들, 그리고 마을 주민들의 협력으로 운영되었으며, 스님은 이곳에서 생산된 기와를 직접 시장에 가지고 나가 판로를 개척하고 판매에 나서기도 하였다. 그리고 강원을 설립하여 교육에 나서, 경성 제국대학 의학부 출신인 고제선 스님이 이곳 강원에서 1942년 12월부터 1945년 9월까지 내전 초등과와 중등과를 수료하기도 하였다. 자체의 생산 활동을 통해 자립적 불교 강원을 세우고 승가의 자립을 이룩하고자 했던 스님의 꿈이 형상화된 것이다.

이렇게 서관음사(西觀音寺)의 개혁 운동이 불교계에 잔잔한 파급을 일으키는 가운데, 조국은 1945년에 해방을 맞이했고 조선 불교계는 사찰령 체제로 대변되었던 식민지 체질의 불교를 극복하고 자주적인 불교 발전을 도모할 새로운 기회를 맞이하였다. 불교 발전을 기하려는 다양한 움직임이 꿈틀대는 가운데, 1945년 8월 20일에는 조선불교혁신회가 구성되었으며, 그 혁신회를 중심으로 전국 승려대회가 1945년 9월 22~23일 태고사에서 개최되었다. 이 전국 승려대회의 탄생은 해방 이후 새로운 길을 모색하던 전체 불교계에 커다란 영향을 끼칠 수밖에 없었다.

■해방 후 제주불교 발전을 위한 헌신

제주 불교계 역시 그 영향 아래에서 1945년 11월 30일 제주도 불교청년단 결성대회를 개최하고, 같은 해 12월 2~3일에는 조선불교혁신 제주승려대회를 열게 되었다. 이 대회는 오이화 스님, 이일선 스님, 원문상 스님 등 서관음사에서 세진 스님과 함께 불교 개혁을 추진해 왔던 분들에 의해 주도되었다. 서관음사에서 결의한 강원 설치와 인재양성 등의 의안이 제기되고, 일제강점기 전라남도에 귀속되어 있던 제주 불교의 독자성을 확보하기 위해 제주 교구를 성립되었으며, 해방 직후 제주 불교계의 진로와 사업이 결정되는 등, 현대 제주 불교의 기초를 마련하는 큰 성과를 거두었다.

그러나 이 개혁 세력들은 이후 제주 4 · 3사건에 연루되어 모두 희생되어 제주 불교 혁신의 꿈은 수면 아래로 가라앉고 말았다. 해방 공간에서 제주 불교의 혁신을 꿈꾸었던 청년 스님들을 모두 앗아간 4 · 3사건은 대량 학살과 인간성 유린에서 우리 민족의 최대 참극인 6 · 25전쟁에 버금가는 사건이다.

이러한 시대 상황 속에서 1948년 봄, 세진 스님 역시 시위대 진압경찰의 무자비한 만행을 피해 마을 장정들과 함께 입산을 결행하였다. 입산 후 세진 스님의 활동은 알려진 바가 없으나, 1948년 김달삼으로 불리던 무장대장 이승진과 보좌관 7인이 세진 스님과 함께 관음사에 머물며 생활하는 모습이 목격되기도 하였다. 이때 이승진과 무장대원들은 스님에 대한 예의를 깍듯이 갖추었으며, 처소에 들 때도 세진 스님을 상석에 모시는 등 스님에 대한 태도가 남달랐다고 한다. 또한 도평리 주민들은 세진 스님을 산왕(山王)이라고 부르고 있었다. 이러한 모든 증언은 입산 후 스님의 행적을 짐작하게 하고도 남음이 있다.

1940년대 초 서관음사를 통해 제주불교의 제반문제를 극복하고자 노동현장도 마다하지 않았던 스님이었기에 4 · 3사건 발발 이후 고통받는 민중과 함께 산사람으로 변신한 그의 행로는 다소간 논란이 있을지라도 역사 속 인물로서 불가피한 선택이 아니었나 한다.

그러나 이세진 스님의 무장대 활동은 1948년 토벌대에 의해 포로로 잡히면서 막을 내리게 되었다. 이후 세진 스님의 후원자 역할을 마다하지 않았던 일선 스님의 도움으로 죽음을 모면하고 감옥에서 출소한 후 관음사에 기거하며 불타버린 조천 면사무소의 호적을 정리하는 작업을 맡기도 했다. 하지만 1949년 여름날 아침, 사복경찰에 의해 붙잡혀간 다음 총살당하고 말았다. 이때 스님의 세속 나이 40세였다.

운양 일선 스님

■출가와 수행

운양 일선(雲羊一鮮, 1895~1950) 스님은 1930년대 후반 백양사 제주포교사로 제주에 첫발을 내딛은 후 흐트러져 있던 제주불교의 활동력을 조직화하여 불교대중화에 기여한 대(大)포교사다. 이후 해방과 함께 왜색불교의 청산 등 불교혁신에 앞장서 헌신하였고, 제주 4·3사건의 소용돌이 속에서도 강직한 승려의 모습으로 제주불교계를 대표해 현실참여에 적극 앞장섰다. 그러나 예비검속이라는 국가권력의 횡포에 억울하게 희생당해 초로의 나이에 입적한 아까운 분이다.

스님은 1895년 전라남도 장성에서 태어났고 속성은 이(李)씨다. 형옥(衡玉) 스님을 은사로 하여 선운사에서 출가하였으며, 나중에 백양사에서 공부하고 활동하였다.

1910년 조선불교 원종의 종정이었던 회광 스님은 한국불교 원종을 일본의 조동종과 연합하려 하였다. 이를 조선불교 매종 행위로 규정한 한용운·박한영·송종헌 스님 등은 그 매종행위의 부당성을 폭로함과 동시에 임제종을 내세워 전통불교를 지키려 불교 청년운동의 불을 지폈다. 게다가 1911년 일제가 사찰령으로 한국불교계의 장악의도를 노골적으로 드러내자 한국불교는 민족의식을 결집하기 시작하였다.

백양사는 바로 일제의 사찰정책에 항거하며 불교발전을 위해 힘썼던 박한영 · 백학명 · 송종헌 스님 등의 근거 사찰이다. 백양사 문중인 일선 스님은 특히 한영 스님의 영향을 받았을 것으로 보인다. 한영 스님은 백양사에서 법회와 강론을 했고 1916년부터는 불교중앙학림 강의를 맡았을 뿐만 아니라 1920년 중앙학림 학생을 중심으로 조직되었던 조선불교청년회 산하의 불교유신회 대표를 맡았다. 일선 스님은 바로 이 불교중앙학림 학생이었으며 조선불교청년회 활동을 하였다. 백양사와 중앙학림, 조선불교청년회 활동의 인연으로 본다면 그 영향을 짐작할 수 있다.

■불교청년회 운동

일선 스님은 백양사에서 서울에 유학을 간 중앙학림 학생으로 신학문을 공부하고 조선불교청년회 활동을 하였다. 한용운 · 백용성 스님 등이 3 · 1운동 대표로 참여한 것과 더불어 중앙학림의 청년승려들도 3 · 1운동에 참여하고 지방학림 학승들도 사찰을 중심으로 만세운동을 주도하여 민족운동에 참여하였다.

이러한 분위기 속에서 1920년 회광은 다시 한 번 일본 임제종 묘심사파와 한국불교를 병합하려 하였다. 3 · 1운동에 참여하여 의식이 한층 고양되어 있던 중앙학림 학생들을 주축으로 1920년 6월 20일 청년 승려들은 조선불교청년회를 조직하였다. 「조선불교청년회 취지서」에 김상호 · 김태흡 · 도진호 스님을 비롯하여 일선 스님 등 모두 76명의 발기인 명단이 기록으로 남아 있다.

청년회는 회광의 망동에 동조하지 말 것을 촉구하는 활동 등 전국 각 지방사찰에 지회를 두고 대처식육(帶妻食肉)의 보편화와 산중공의제도(山中公議制度)의 퇴색 등 일본불교의 영향으로부터 피폐해진 전통불교를 수호하려는 활동을 전개하였다. 조선불교청년회의 불교청년들은 30본산 주지총회에 불교유신을 위한 8개항을 건의하고 사찰령 철폐를 주장하는 건백서(建白書)를 총독부에 제출하는 등 민족불교의 회복과 통일기관 설립을 통한 불교계의 개혁을 위해 꾸준히 활동하였다.

이러한 활동에 동참했던 당시 일선 스님의 사상과 활동을 보여 주는 자료가 있다. 바로 『조선일보』 1920년 7월 1일과 7월 2일자 기사로 이틀에 걸쳐 기고한 「조선불교 청년제군에게」라는 일선 스님의 글이다. 회광의 매종 행위를 규탄하면서 조선불교청년회 활동의 주요 목적을 설명해 주고 있다. 일제에 의해 왜곡된 불교의 위상과 청년으로서 새로운 시대를 맞이하는 자세가 강조되어 있어 변혁의 시대를 고민하고 행동해 나간 일선 스님의 면모와 조선불교청년회의 성격을 느낄 수 있다.

1921년에는 조선불교청년회 백양지회에서의 호남 학생 순강단(巡講團) 일행이었던 일선 스님의 활동이 동아일보 1921년 8월 9일자의 기사에 실려 있다.

– 불교유학생 강연회 –

경성에 유학하던 대본산 백양사 학생으로 금번 호남 학생 순강단(巡講團) 일행이 되었던 이일선(李一鮮), 김봉수(金鳳秀) 양군은 각기 목적지를 원만히 순회하고 금월 3일에 고토(故土)인 백양에 귀착하였는데 일반학우와 청년 제씨의 환영회가 있었고 익일 하오 8시부터 광활한 대강당에서 조선불교청년 백양지회 주최로 강연을 개최한바 이 군은 「시대의 변천과 종교가의 각성」으로, 김 군은 「선객에게」라는 연제로 각기 열변을 토하였는데 청중은 도속(道俗) 100여 인에 달하였으며 동 11시에 폐회하였다더라.

또한 재경 불교유학생 학우회 활동도 하였다. 다음은 1922년 3월 9일자 『동아일보』에 실린 관계 기사다.

– 불교학생학우 총회 –

재경 불교유학생학우회에서 제2회 정기총회를 지난 5일 오후 2시 30분

수송동 82번 본회관 내에 개최하고 김상기(金相琪) 씨의 사회 하에 제반사항을 토론하는 중 전(前) 「유심 학우회」를 「불교유학생학우회」로 변경하고 각부 임원을 개선한 바 다음과 같다.

총무부장 김광문(金光文), 부원 채재호(蔡在浩) · 김규하(金奎河), 체육부장 이일선(李一鮮), 부원 김영찬(金永鑽), 하선유(下善乳), 재무부장 정맹기(鄭孟起), 부원 한봉화(韓鳳華) · 오ㅁ권(吳ㅁ權)

■백양사 종파를 이어받다

일선 스님은 1924년 송종헌 스님으로부터 법파(法派)를 상속받는다. 송종헌 스님은 백양사 주지로 한용운 · 박한영 스님 등과 함께 임제종 운동에 참여하였다. 『조선불교』 창간호(1924. 5. 11)에 그 기사가 실려 있다.

■장성 백양사에 법파 상속식

- 승려 24명에게 수여식을 성대하게 봉행 -

전라남도 장성군 북하면에 있는 백양사(白羊寺)에서는 지난 4월 6일 오전 11부터 승려 24명에게 대하여 법파 상속식(法派相續式)이 있었는데 각처로부터 내참(來參)한 승려의 제불가시(諸佛加侍)를 비롯하여 취지 설명과 법어 수여식이 끝나자 본사 주지 송종헌(宋宗憲) 화상의 훈사(訓辭)와 법파 상속인 대표 이일선(李一鮮) 씨의 답사가 종료한 후 폐회를 고하고 다과회가 있은 후 하오 두 시에 폐회하였다더라.

백양사에서 24명에게 법파 상속식을 거행하였는데 일선 스님은 법파 상속인 대표로 송종헌 스님의 훈사에 대한 답사를 하였다. 그의 역량과 함께 주변어른들의 신망을 받고 있었음을 짐작할 수 있다. 1937년 송종헌 스님은 그를 백양사 포교사로 제주에 내려 보냈다. 일선 스님은 이들 박한영 · 송종헌 스님 등의 영향을 받아 불교 근대화를 위한 의지를 키우게 된 것으로 보인다.

■제주에서의 포교활동

1930년대에는 백양사로 내려가 식민통치 이후 피폐해진 농촌을 부흥시키기 위한 사회계몽운동에 참여하였다. 우리불교를 지키는 것이 곧 조국을 지키는 것이라는 민족의식으로 활동하였던 20대 청년 일선 스님은 그러나 우리나라의 1930년대 다수 지식인들이 겪은 좌절과 마찬가지로 일제 정책에 동조하는 변화를 보인다.

1930년대 후반 일선 스님은 백양사 포교사로 제주도 활동을 시작하였다. 백양사 서귀포포교소(정방사), 백양사 제주포교소(삼양리 원당사), 백양사 제주중앙포교당(제주시 운주당), 그리고 정광사(제주시 일도동)에 주석하였다.

제주도에서의 일선 스님의 활동은 제주불교를 활성화시켰다. 1939년에는 제주불교연맹의 포교부장으로 전도 순회강연을 주도하기도 하였다. 제주불교연맹은 제주불교계를 하나로 통합한 활동으로 근대에 있어 불교 활동을 가장 활성화시킨 기틀이 되었던 기구이다.

1930년대는 식민지 정책이 더욱 가혹하고 교묘해져 점점 희망을 잃고 좌절할 수밖에 없는 어려운 시기였다. 1930년대 중반 이후 제주불교의 포교활동은 사찰별로 또는 승려 개인별로 이루어지고 있었다. 제주불교연맹은 제주불교를 통합시키는 대표기구로 결성되었다. 연맹이 내건 목표는 제주불교 활동을 하나로 통일시키고 불교의 대중화를 실현하겠다는 것이었다. 연맹의 활동은 아주 성공적이어서 근대에 들어 가장 대중화되고 활성화된 불교계의 모습을 보여주게 되었다. 사찰이 증가하였고, 포교사도 늘어났으며, 신도수도 증가하였다. 외형적 성장은 물론이고 신앙의 내용 면에서도 불교의 근본 사상을 정립시키고자 하는 다양한 활동을 보여주었다.

■해방 후의 제주 불교정화 운동

해방을 맞아 일선 스님의 행로는 다시 한 번 변화한다. 그를 비롯한 제주 불교계 인사들은 스스로 친일의 행적을 반성하여 왜색화로 굴절된 불교 풍토와 불교계 정화에 노력한다. 일선 스님은 「조선불교 혁신 제주승려대회」를 마련하고 대회준비위원장으로 불교정화를 위한 의지를 보여 주었다. 승려의 대처식육(帶妻食肉)과 내연화주(內緣化主) 동거를 절대 금지하고, 사찰 내 제반 수입은 화주 및 주지 주관의 단독적 처리를 절대 엄금하자는 의견을 내놓아 만장일치로 가결시켰다. 그리고 속가(俗家)에서 용왕(龍王)·토신(土神)·산신(山神)·운표중창불(運表中唱佛)·구병시식(救病施食) 등을 폐지하며, 사찰 내에서는 금고(金鼓)·범음(梵音)·화청(和請) 등을 금지하여 전통불교사상을 정립시키려는 의지를 보여 주었다. 지나치게 민간신앙과 흡착된 신앙행로부터의 탈피는 근대 제주불교의 오랜 숙원이었다. 이제야말로 일제 하에서 왜곡되었던 불교의 위상을 바로잡아 제대로 된 불교사상을 실현할 수 있게 되었으며, 실력을 갖춘 제주불교의 단합된 노력으로 불교발전에 힘쓸 수 있는 기회를 갖게 된 것이라고 판단했던 것이다.

그러나 1948년 제주 4·3사건으로 인해 이러한 노력은 좌절되고 말았다. 제주도의 사회상에 적극 참여했던 일선 스님은 1947년 「3·1절 기념투쟁 제주도 위원회」의 선전동원부 활동과 「제주도 민주주의 민족전선」의 공동의장으로 정치활동에 앞장서면서 반외세를 통한 자주국가 건설 활동을 전개하였다. 새로운 국가 건설을 위해 몸살을 앓는 사회변화의 중심에서 승려이면서 사회 상황에 불교계의 대표로 적극 참여하여 불교의 발전은 곧 사회의 발전과 무관하지 않다는 인식을 보여준다. 이는 일선 스님의 청년기에서부터의 인식의 연장임을 쉽게 알 수 있다.

일선 스님은 그의 진보적 노선으로 말미암아 국민보도연맹에 소속되어 관리되었고, 끝내는 1950년 예비검속되면서 희생되었다. 4·3사건은 외세를 물리치고 자주적 국가를 건설하려는 움직임이 1947년 3 · 1절 기념대회로 모아지자 미군정과 당시 우리 정부가 무고한 양민에게 총을 겨누면서 시작되었다. 1950년 6 · 25전쟁이 일어나자 예비검속으로 불법적 감금과 수장 · 총살 등의 무법천지가 되었다. 1947년 3 · 1사건 등 제주 4 · 3사건의 일련의 사건들에 조금이라도 연관이 있는 사람들은 물론이고, 입산자 가족, 요시찰 인물, 그것도 아니면 불순분자라는 명목으로 무고한 많은 사람들이 무허가 집회, 폭동 음모 등의 구실로 토벌대에게 예비검속되었다.

예비검속 된 사람들은 1950년 7~8월 무렵에 총살이나 수장 등으로 희생되었다. 일선 스님은 제주시 칠성로 정광사에서 뒤로 포박 당한 채 끌려나가 제주시 산지포구에 수장 당하였다.

이일선 스님의 일생을 통해 일관된 불교의 위상정립과 적극적인 현실참여라는 현실인식은 온 생애에 걸쳐 그의 행동을 주관하던 기준이다. 불교와 조국의 근대화를 위해서는 실력배양이 급선무라고 인식했던 청년기의 인식은 제주에서의 활동에서 한때 친일로 굴절된 모습을 보였으나, 사회상에 대한 인식을 목적으로 한 계몽운동으로 사회발전을 의도하는 모습을 보인다. 해방 이후 4 · 3사건에의 참여로 반외세를 지향하는 또 한 번의 변화 역시 불교의 발전은 사회의 발전과 유리될 수 없다는 일관된 의식의 결과임을 알 수 있다. 청년기의 민족의식, 1930년대 후반의 심전개발운동 및 제주불교연맹 참여, 그리고 해방 후의 반외세 활동 등 그의 행적은 암울한 시대를 고민하던 근대 한국인의 모습 그대로라고 할 수 있다.

추사 김정희

■출생과 성장

흔히 추사(秋史) 김정희(金正喜, 1786~1856)를 말할 때 사람들은 '세상에는 추사를 모르는 사람이 없지만 추사를 아는 사람도 없다.'는 다소 반어적인 표현을 빌리기도 한다. 그도 그럴 것이 추사체를 완성시킨 우리나라 최고의 서예가이자 시와 문장의 대가, 금석학과 고증학에 있어 당대 최고의 석학, 문인화의 대가, 해동의 유마거사 등 그를 일컫는 수식어에서 보듯이 추사 김정희는 쉬이 오르기 녹록찮은 험준한 산에 비유할 만하기 때문이다.

그러나 금석학 · 고증학 · 경학 · 불교사상 등 각 분야에 걸친 깊고 폭넓은 학문 세계와 해탈한 듯 자유자재의 독창적인 추사체는 그가 제주에서 보낸 짧지 않은 유배기간이 없었다면 완성될 수 없었고, 결코 지금의 찬사를 받지 못할 것임은 분명해 보인다. 그만큼 추사가 초로(初老)에 제주에서 보낸 9년 간의 유배기간은 뼈를 깎는 고통의 시간이기도 했으나, 스스로의 학문과 예술세계를 훨씬 성숙케 하는 기회가 되기도 했던 것이다. 그가 제주에서 남긴 글씨 중 '수선화실(水仙花室)'에서 보듯이 수선화를 매우 즐겨했던 그는 금잔옥대(金盞玉臺)의 수선화처럼 차디찬 칼바람 속에서도 숭고한 꽃을 피워낸 인물이다.

추사는 조선시대 후기의 대표적 문신이자 서화가 · 문인 · 금석학자다.

본관은 경주, 자는 원춘(元春), 호는 가장 널리 알려진 추사를 비롯하여 완당(阮堂)·예당(禮堂)·시암(詩庵)·과파(果坡)·노과(老果) 등 100개가 넘는다고 한다.

1786년 6월 3일 충청남도 예산군 신암면 용궁리에서 영조의 부마인 월성위 김한신의 증손이며, 병조참판인 김노경의 아들로 태어났다. 어려서부터 재주가 뛰어나 연암 박지원(朴趾源)의 제자로 고증학의 신봉자였던 박제가(朴齊家)의 인정을 받아 그의 문하생으로서 학문의 기초를 닦았다. 1809년(순조 9) 생원이 되고, 1809년 아버지 김노경이 동지부사로 청나라에 갈 때 수행하여 연경(燕京)에 체류하면서 옹방강(翁方綱)의 경학(經學)·금석학(金石學)·서화(書畵)에 많은 영향을 받았다.

추사 김정희

1819년(순조 19) 문과에 급제하여 세자시강원설서(世子侍講院說書) · 충청우도 암행어사 · 성균관 대사성(成均館大司成) · 이조 참판 등을 지냈다. 24세 때 연경에 가서 당대의 거유(巨儒) 완원(阮元) · 옹방강(翁方綱) · 조강(曹江) 등과 교유, 경학 · 금석학 · 서화에서 많은 영향을 받았다.

■제주 유배생활

그러나 그 뒤 윤상도(尹尙度)의 옥사(獄事)에 연루되어 사형을 면하지 못하게 되었다가 우의정 조인영(趙寅永)의 도움으로 겨우 목숨만을 부지하여 1840년(헌종 6) 9월 27일 제주도로 유배되었다.

유배지 제주에서는 대정의 포교(捕校) 송계순 집에 적소를 정하여 지내다가 나중에는 강도순의 집으로 옮겨 살았다. 현재 남제주군 대정읍 안성리의 추사 적거지(謫居址)는 4 · 3사건으로 불타버린 강도순의 옛 초가집을 그 증손자의 고증으로 복원한 것이다. 유배기간의 대부분을 추사는 여기에 머물면서 지방유생과 교류하는 한편 학도들에게는 경학과 시문과 서도를 가르쳐 주었다.

한편 불교사상에도 해박한 지식을 지녀 '해동의 유마거사' 로 불렸던 추사는 대흥사에 주석했던 다성(茶聖) 초의 의순(草衣意恂, 1786~1866) 스님과 절친한 사이로 잘 알려져 있다. 제주도로 오는 유배 길에 얽힌 얘기 중에는 대흥사의 현판에 관한 이야기가 있다. 1840년 제주도로 귀양 오는 길에 추사는 초의 선사를 만나기 위해 해남 대흥사에 들렀다. 이때 추사는 호남제일의 명필가로 알려진 원교(圓嶠) 이광사(李匡師, 1707~1777)가 쓴 대웅전 편액을 보고 조선의 필체를 망가뜨리는 글씨라며 직접 자신이 대웅보전의 편액 글씨를 써주고 갔다. 그러나 9년 뒤 유배에서 풀려나 서울로 돌아가는 길에 다시 대흥사에 들른 추사는 과거 자신의 아집을 사과하고 초의 선사에게 원교 이광사의 편액을 다시 내다걸게 하였고, 대신 대웅전 왼편에 있는 무량수각의 편액을 써주었다 한다. 이 편액은 현재 대흥사에 있다.

김정희는 제주에 온 지 얼마 되지 않아 1841년(헌종 7) 4월에 구암사(龜岩寺)의 백파 긍선(白坡亘璇) 선사에게 「망증십오조(妄證十五條)」를 지어 보냈다. 당시 백파 선사가 『선문수경(禪文手鏡)』을 지은 것에 대해 초의 스님은 『선문사변만어(禪文思辨漫語)』를 펴내었다. 「망증십오조」는 불교사상이 깊었던 김정희가 두 스님의 논쟁에 대해 초의 스님의 의견을 뒷받침하는 내용의 글을 지어 보낸 것이다.

추사가 유배 온 지 4년 되던 해인 1843년 봄에는 부인 예안 이씨가 세상을 떠났다. 추사와 금란지교(金蘭之交)인 초의 스님은 부인을 잃은 추사를 위로하기 위해 문상차 제주도로 직접 건너와 6개월 간 벗했다 한다. 이 때 초의 스님은 남제주군 안덕면 사계리 산방산 산방굴사에서 수도하였고, 추사에게 청하여 『밀다경(密多經)』을 쓰게 하여 세상에 전하였다고 한다.

또한 추사의 작품 중 가장 많은 조명을 받고 있는 「세한도(歲寒圖)」는 바로 제주에서 완성되었다. 넓은 공간배치, 비쩍 마른 노송과 생생한 어린 소나무, 텅 비어 쓸쓸한 오두막집, 먹물을 털어낸 채 마른 붓질로 희망을 표현한 잣나무 등은 차라리 선(禪)의 지극한 경지이기도 하다. 이 「세한도」는 제주에 귀양 와 있는 추사에게 꾸준히 귀중한 책들을 보내 준 제자 이상적(李尙迪, 1804~1865)에게 그 뜻을 가상히 여겨 답신으로 그려 서울로 부친 그림이다. 추사가 59세 되던 1844년에 그린 것으로 오늘날까지도 문인화의 최고 정수로 꼽힌다. 이상적이 오위경을 비롯한 청나라의 명류 16명의 제발(題跋)을 받아 세한도 뒤에 발문(跋文)을 이어 붙인 것으로도 유명하다.

1848년(헌종 14) 유배에서 풀려 제주를 나왔고, 조정에 복귀한 지 2년만인 1851년(철종 2) 헌종의 묘천(廟遷) 문제로 다시 북청으로 귀양을 갔다가 이듬해 풀려났으니 말년 들어 도합 11년을 귀양살이로 지샌 셈이다.

70세에는 과천(果川)에 있는 선고묘(先考墓) 옆에 가옥을 지어 수도에

제주에 세워진 추사기념관 내부

힘쓰고, 이듬해에 광주(廣州) 봉은사(奉恩寺)에서 구족계를 받은 다음 귀가하여 얼마 지나지 않아 세상을 떠났다.

문집으로 『완당집(阮堂集)』, 저서에 『금석과안록(金石過眼錄)』·『완당척독(阮堂尺牘)』 등이 있고, 작품에 「세한도」를 비롯하여 「묵죽도(墨竹圖)」·「묵란도(墨蘭圖)」 등이 있다.

최근 제주도와 남제주군은 정부에 대정 성지(城址)와 추사적거지를 국가지정문화재로 지정 신청하였다. 이와 관련해 문화재청과 추사동호회 회원들이 2006년 4월 추사작품 47점을 제주도에 기증하는 뜻 깊은 일도 있었다.

축원 진하 스님

■수행정진

축원 진하(竺源震河, 1861~1926) 스님은 조선시대 후기 백파 긍선(白坡亘璇, 1767~1852), 초의 의순(草衣意恂, 1786~1866), 우담 홍기(優曇洪基, 1822~1881) 스님 등이 등장하며 치열하게 오갔던 선(禪) 논쟁이 빛을 잃어갈 즈음 꺼져가는 조선 선문 논쟁의 불씨를 되살려 낸 최후의 선사이자 대강백이다. 평소 제주와의 특별한 인연은 없었으나, 숙세의 인연인 듯 노년에 처음 찾은 제주도에서 3일 만에 입적하였다. 제주에서는 조선시대에 제주를 찾은 조선불교의 선지식 중 유배 와서 순교한 보우 · 지안 두 스님과 함께 삼성(三聖)으로 회자되고 있다.

진하 스님은 강원도 고성군 수동면 수잠리에서 서홍구(徐洪九)의 장남으로 출생했다. 1872년(고종 9) 12세 되던 해에 금강산 신계사에서 석주 상운(石舟常運) 스님에게 의지하여 득도, 사미계를 수지하였다. 이후 금강산 유점사의 벽암 서호(蘗庵西灝) 스님에게 구족계를 받고, 대응 탄종(大應坦鍾) 선사의 법을 이었다.

그 뒤 10여 년 간 제방에서 설두 · 용호 · 탄응 스님 등 선지식들로부터 경문을 사사하고 1886년(고종 23) 신계사 보운암에서 처음 강의를 열어 유명한 대강백이 되었다.

■제주에서 열반하다

1911년 속리산 법주사 주지를 맡기도 했으며, 이듬해인 1912년에는 중국으로 유학하여 절강성의 천암(天庵) 율사에게 다시 구족계를 받기도 하였다.

귀국하여 1914년 11월 25일 각황사에서 불교진흥회를 설립할 때 법주사 주지의 신분으로 해인사 주지인 회광 스님 등과 발기인으로 참여했다. 1926년 처음 제주에 왔다가 3일 만인 8월 6일에 제주도 포교당에서 입적하셨다. 이 때 속랍 66세, 법랍 54세였다.

1926년 『불교』 제17호에도 「진하노사(震河老師)의 이력」과 「오호! 진하노사(震河老師)! 그 성승(聖僧)이던가!」 라는 추모의 글을 통해 그가 제주에 와서 입적하였음을 기록하고 있다.

한라산 관음사의 2대주지를 지낸 오이화 스님도 「관음사 조사전 창립취지서」에서 조선시대 환성 스님과 보우 스님이 억울하게 모함을 받아 제주에서 열반한 사실과 숙세의 인연을 저버리지 않고 제주도에 들어와 입적하신 진하 스님 등을 종문(宗門)의 거벽(巨擘)으로 칭송하면서 세 스님의 법손으로서 조사전(祖師殿) 창립의 취지를 밝히기도 했다.

저술로 『선문재정록(禪文再正錄)』이 있는데 『조선불교통사』·『조선불교약사』·『이조불교』 등에 실려 있다. 이 글은 진하 스님이 30세 때에 지은 것으로 백파 스님과 초의 스님, 우담 홍기 스님 등에 이르기까지 선의 논쟁에 관해서 자신의 의견을 저술한 것이다. 그는 저술에서 초의와 우담이 분명히 밝힌 선사상을 세상 사람들이 이해하지 못하고 선문에 불이익이 난무하고 있음을 갈파하고, 이러한 현실을 극복하기 위해 이 논서를 썼다고 밝혔다. 그것은 당시까지만 해도 선가의 흐름은 백파 스님의 『선문수경(禪文手鏡)』에 나오는 견해가 지배적이었음을 시사하는 것이다. 선논쟁과 관련한 논서로는 이것이 마지막이라고 할 수 있다.

허응 보우 스님

■출생과 성장

흔히 허응 보우(虛應普雨, 1509~1565) 스님을 조선불교의 중흥조라 일컫는다. 보우 대사는 배불숭유라는 커다란 국가적 탄압과 유생들의 배척 앞에서 '요승'이라는 누명을 쓰고도 끝내 굴하지 않고 국가와 민족을 걱정하며 침체한 불교의 부흥을 위해 많을 일을 도모했던 조선시대 대표적인 고승이기 때문이다.

보우 대사는 1509년에 태어났는데, 그의 출생을 1506년 혹은 1515년으로 보는 학설도 있다. 호는 허응, 또는 나암(懶菴)이다. 1565년(명종 20), 제주도에서 유배생활 중 장살(杖殺)당하여 입적할 때까지 조선불교의 중흥기반을 다졌다.

조선은 개국 후 숭유억불 정책을 폈다. 본격적으로 태종대부터 배불정책은 매우 가혹했다. 사찰수의 제한과 승려도첩제의 폐지, 사찰토지의 환수 등 불교에 대한 국가적인 탄압의 강도는 매우 거세었다. 세조대의 일시적 호불정책이 있었으나, 다시 성종 대에 이르러 도성내의 염불소(念佛所)와 간경도감 폐지 등으로 불교는 다시 절체절명의 위기를 맞았다. 중종대에는 승단에 대한 탄압이 더욱 심해졌다. 전국적으로 많은 사찰을 철거하게 하고 그 철거된 사찰의 전답을 유교의 향교에 주어 유생들을 양성하는 비용으로 충당케 했다. 그 당시의 승단은 유생들로부터 얼마나 많은 행패와 무시를 당했는지는 중종실록에 나오는 여러 가지 기록에서 쉽게 찾아볼 수 있다. 이와 같이 중종 대의 불교는 완전히 국법의 보호 밖에 있었다. 이렇게 불교가 가장 쇠약했던 시기에 태어나 조선불교의 중흥조라 평가받는 인물이 바로 허응 보우 대사다.

보우 대사는 일찍 부모를 여의고, 1530년 금강산 마하연(摩訶淵)에서 출가하였으며, 이후 강원도 백담사(百潭寺) 등지에서 정진하였다. 어려서부터 총기가 뛰어나 한학과 유학에 정통하였으며, 출가 후에도 젊은 시절부터 경전 연구로 이름이 높았던 것으로 알려져 있다.

■보우 대사의 불교부흥 운동

당시 명종의 어머니인 문정왕후가 보우 대사를 봉은사(奉恩寺) 주지로 발탁하였다. 봉은사는 중종의 부왕인 성종의 원찰이었다. 봉은사의 주지였던 명곡 스님이 노병으로 봉은사를 떠나게 되자 회암사(檜巖寺)에 머물

허응 보우 스님 기념비(불사리탑사)

던 보우를 당시 섭정을 하던 문정왕후가 교지를 내려 봉은사의 새 주지로 초빙한 것이다.

봉은사 주지가 된 보우 스님은 문정왕후를 움직여 선교(禪敎) 양종을 다시 일으켰다. 그리고 도첩제를 통해 새로운 승단을 만들어 갔으며, 과거에 승과(僧科)를 설치하는 등 조선불교 중흥의 기틀을 다졌다. 서산 대사와 사명 대사도 이때의 승과를 통해 배출된 인물들이다. 이같이 문정왕후의 절대적 후원을 얻은 보우 스님의 모든 행보는 조선의 온 조정과 전국 유생들로부터 극도의 반감을 사 온갖 모략과 방해가 그치지 않았다.

1548년 봉은사의 주지 역임 후에도 1551년 선종판사(禪宗判事)가 되었다. 춘천 청평사의 주지에 이어 1559년 다시 봉은사의 주지를 맡았으며, 도대선사(都大禪師)에 오르기도 했다.

■순교

그러나 1565년 문정왕후가 세상을 떠나자 곧 승직을 박탈당하였다. 유생들의 '보우를 죽이라' 는 상소가 빗발쳤으나 명종은 끝내 응하지 않고 제주도로 멀리 유배를 보낸다. 당시 제주 목사 변협(邊協)은 보우 대사가 유배오자마자 제멋대로 스님을 장살해 버렸다. 변협은 전에 경기도 과천 현감으로 있을 때 보우 대사에게 개인적으로 감정이 있었다고 전해지는 인물이었다. 보우 대사는 현재 북제주군 애월읍 어도봉 근처에서 입적한 것으로 전해진다. 그러나 입적 일자가 정확히 언제인지는 모른다. 명종실록에 나오는 유생들의 상소기록으로 보아 명종 20년(1565) 8월 말이나 9월 초로 짐작된다. 왜냐하면 서울에 보우 대사의 살해 소식이 전해져 유생들이 상소가 중단된 것이 10월 중순이었기 때문이다. 그때 보우 대사의 나이는 50대 중후반이었다.

보우 대사가 입적한 이듬해, 문정왕후와 15년간이나 온 힘을 기울여 만든 선교양종과 승과 · 도첩제도 등이 바로 폐지되어 버렸고, 불교 승단과 승려들의 위상은 명종 이전의 배척당하던 시대로 되돌아가 버렸다.

보우 대사에 대한 당시 권력의 평가는 극단적이다. 유림을 비롯한 정치 세력권에서는 왕실과 밀착한 권력승(權力僧)이며 민심을 현혹한 요승(妖僧)으로 평가받고 있다. 『조선왕조실록』 명종 편에 보면 그에 대해, "민심을 현혹하였고 역적을 방조한 죄를 지었으므로 벌을 주어야 한다."는 상소가 명종 4년부터 20년(1565년)에 이르기까지 빗발치고 있다. 이러한 실록의 기록은 대사가 문정왕후의 도움으로 불교를 다시 일으킨 것에 대한 정치적 평가로 보아야 타당할 것이다. 문정왕후와 권문(權門) 윤씨 일가에 대한 역사적 평가에 대사가 희생양으로 함께 거론된 것으로 보이기 때문이다. 그러나 대사의 권력층 밀착은 당시 위기를 맞이한 불교의 현실에서 보면 어쩔 수 없는 선택으로 판단된다. 조선 전기, 불교는 그토록 철저하게 배척당하고 있었던 것이다.

대사의 입적 후 불교는 다시 암흑기를 맞이했다가 임진왜란 승군 참전 이후 꽃을 피운다. 이런 관점에서 보우 대사의 불교 중흥 노력은 암흑기 조선 불교의 명맥을 잇고, 장차 중흥의 기틀을 다진 것으로 높이 평가해야 할 것으로 보인다.

현재 제주도 북제주군 조천읍 조천리의 평화통일 불사리탑사(회주 도림스님) 도량 내에는 보우 대사의 순교비가 서있다. 이 절 바로 아래 바닷가에 보우 대사가 제주도에 유배 올 때 들어온 것으로 전해지는 조천포구의 연북정(戀北亭)이 있어 가까이에 자리한 평화통일불사리탑사에 세운 것이다.

보우 대사는 저 멀리 절해고도의 척박한 땅 제주에서 몰지각한 한 관료의 몽둥이에 맞아 생을 마감한다. 그는 '열반송'에서 50평생을 이렇게 요약했다.

허깨비로 와서
오십 여년 온갖 미친 짓
모든 영욕 다 겪고
이제 그 탈을 벗는다.

저술로는 『허응당집』을 비롯하여 『나암잡저(懶庵雜著)』·「수월도량 공화불사 여환빈주 몽중문답(水月道場空花佛事如幻賓主夢中問答)」·『권념요록(勸念要錄)』 등이 전한다.

혜일 스님

■고려시대의 시승

혜일(慧日) 스님은 고려시대에 제주에 머물며 여러 편의 시를 남겨 시승(詩僧)으로 불린다. 그러나 스님이 남긴 시를 제외하면 그의 행장을 살펴볼 수 있는 기록이 아주 드물다. 언제 어디서 출생했고, 어떻게 출가했는지, 그리고 어떤 경로로 제주에 내려온 것인지 자세하게 알기 어렵다.

다만 탐라가 고려에 본격적으로 병합된 이후 활발한 인적교류의 과정에서 혜일 스님도 제주에 와서 활동한 것으로 생각된다. 고려 왕실이 국가적으로 봉행했던 불교행사인 팔관회 등에 탐라의 호족들이 공물을 바치고 직접 참여하는 등 육지와의 교류가 잦아지면서 자연스럽게 육지의 불교가 유입되었고, 그에 따라 불교교세가 확산되었다는 사실이다. 이 과정에서 충혜왕 때 왕사(王師)를 역임했던 흑선 스님이, 충목왕 때 종범 스님이 탐라로 유배되고, 충렬왕 때 혜일 스님이 탐라에서 활동하는 등 본토와의 교류가 활발하게 전개되었음을 몇몇 문헌기록에서 살펴볼 수 있다.

대략 고려 충렬왕 무렵인 1275년에서 1308년 사이에 활동한 것으로 알려진 시승(詩僧) 혜일 스님이 남긴 시에는 제주의 사찰 여러 곳이 등장하는데, 1530년(중종 25)에 나온 『신증동국여지승람』 권38 「제주목」 〈불우조(佛宇條)〉에 묘련사 · 서천암 · 보문사 · 법화사 등 네 곳의 사찰을 유력하며 남긴 시가 소개되어 있다.

『탐라지』에도 '혜일이란 승려와 만덕(萬德)이라는 기생과 노정(盧正)이라는 말은 제주도의 삼기(三奇)' 라고 기록하여 혜일 스님이 비범한 인물임을 특별히 기록하고 있다.

그러나 김석익(1885~1956)이 쓴 「탐라기년(耽羅紀年)」에 보면, "우왕 14년(1388) 승려 혜일이 있었으니 이는 산방법사이며…"라고 그 활동시기를 기록하고 있어 충렬왕대와는 시기가 다소 차이가 있다. 그만큼 혜일스님에 관한 사료가 예전부터 정확하지 않았던 것 같다.

■제주에서의 활동

혜일 스님은 제주도 전역을 두루 다니며 수행을 하였는데, 유독 산방법사로 불릴 만큼 남제주군 안덕면 사계리의 산방산 산방굴사와 인연이 깊다. 산방산 계단을 따라 오르다 보면 해발 150미터 쯤에서 자연동굴 입구를 만난다. 여기가 산방굴사다. 길이 10미터, 너비와 높이가 약 5미터에 달하는 해식동굴이다. 동굴 입구에는 커다란 노송이 사찰 초입에 세워진 당간지주 마냥 우뚝 서 있고, 그 아래로 사이좋게 자리한 형제섬과 국토 최남단의 가파도와 마라도가 한눈에 들어오는 곳이다. 바로 이 자연석굴에 산방굴사를 창건한 것이 고려시대의 시승(詩僧) 혜일 스님에 의한 것이라고 구전되고 있다.

또한 제주도에 내려오는 전설 가운데 '산방산과 방철 스님' 이라는 이야기가 있는데 여기에도 혜일 스님이 등장한다.

"아주 오랜 옛날 안덕 사계 마을에 가난한 농부가 살고 있었다.

그들 부부는 매일 품팔이를 하며 알뜰하게 살아갔지만 결혼 7년이 되어도 자식이 없었다. 그래서 그들은 산방산으로 가서 백일기도를 드려 아들을 낳았는데 그가 바로 귀동이였다.

귀동이는 영특하였다. 7살이 되던 해 어머니가 갑자기 돌아가신 후 1년

이 안 되어 아버지까지 돌아가셔서 귀동이는 고아가 되고 말았다.

결국 걸인이 되어 밥 동냥을 하러 다니다 산방산 기슭에서 쓰러진 그는 무섭고 춥고 배까지 고파 그만 울음을 터뜨리고 말았다. 그때 산방산 암자에서 도를 닦던 혜일 법사가 아이의 울음소리를 듣고 가보니 보통 아이가 아닌 것 같아 스님은 아이를 키우기로 했다.

혜일 법사는 귀동이가 큰스님이 될 것이라 믿고 글은 물론 모든 행실과 법도를 가르쳐 주었다. 15년 동안 그는 혜일 법사 밑에서 불경을 배워 계를 받고 법명을 방철이라 하였다. 혜일 법사는 방철 스님에게 명산대찰을 두루 참배하며 수행할 것을 권하였다. 방철 스님은 은사의 권유대로 팔도를 돌아다니며 참배를 하고 다시 중국 만행을 하였다. 그리고 귀국한 후에 금강산으로 들어가 유점사에 거처를 정하고 천일을 기약하고 관음기도를 드리기로 하였다. 계획된 대로 수련을 시작한 지 꼭 1,000일이 되는 날 저녁 바닷가로부터 이상한 빛이 환하게 비추기 시작하였다.

그는 자리에서 일어나 바닷가 가운데 붉은 빛이 나는 곳으로 걸어갔다. 그 붉은 빛은 어떤 전복껍질 속의 진주에서 일어나는 것이었다. 그것을 집으려 하는 순간, 머리에 금관을 쓰고 소복단장한 부인이 나타나 이 전복은 생진주로 먹으면 만병을 고칠 수 있고, 백미 속에 넣어두면 그 수량이 날로 불어나서 그 부족함이 없게 되는 것이니 이 물건을 요긴하게 쓰라고 말하고는 사라져 버렸다.

방철 스님은 그 여인이 바로 관음보살이라 생각하여 그 생진주를 집어 한 알을 삼켰다. 그는 다시 제주도로 들어와서 산방굴사에 정착한 후 괴로운 사람들을 치료하여 주고, 배고픈 사람들을 구제하여 주며, 마음이 약한 자를 위하여 불공을 드려주면서 한평생을 보내었다. 그러다 나이 90이 되어 세상을 뜨니 세상 사람들이 그를 가리켜 생불이라고 일컬었다."

실제로 고려시대 혜일 스님에 의해 산방굴사가 창건되었는지 알 수는 없으나 그가 현재 알려진 인물 중 산방굴사와 가장 오랜 인연을 두고 있는 스님임은 분명해 보인다.

고려시대 이후에도 산방굴사에는 스님들의 발길이 끊이지 않았다. 1577년에 나온 임제(林悌)의 「남명소승」에 이 산방굴사에 대한 내용이 기록되어 있다. 그의 글을 보면 '감산을 지나 산방산으로 향해갔다. 산허리에 동굴이 있어 저절로 석실을 이루었다. 제법 크고 널찍한데 영원(靈源)의 한 가닥 물이 바위틈에서 뚝뚝 떨어져 스님들이 거기에 의지해서 두어 칸 암자를 지어 살고 있었다.' 고 전한다.

끝으로 『신증동국여지승람』에 소개된 혜일 스님이 묘련사 · 서천암 · 보문사 · 법화사를 읊은 시를 소개한다.

묘련사(妙蓮寺)

南荒天氣喜頻陰 남쪽 하늘은 황량하여 자주 흐려지던데
此夕新晴洗客心 이 저녁엔 맑게 개어 나그네 마음을 씻어 주네.
一夢人生榮與悴 꿈같은 인생은 피었다가도 곧 시들고 말지만
中秋月色古猶今 한가위 달빛은 예나 지금이나 다르지 않다.
迴臨渺渺烟汀闊 멀리 아득하기만 한 이곳에 다다르니 안개 낀 물가 참으로 넓고
斜影沈沈竹屋深 비스듬히 기운 그림자에 잠긴 대 집은 어둡기만 하구나.
賞到夜闌淸入思 밤이 깊도록 노니니 생각은 더욱 맑아져
不禁頭側動微吟 머리 기울일 때마다 가만가만 시가 흐르는 걸 막을 수가 없도다.

보문사(普門寺)

寺僻依荒徼 절은 초라하니 거친 지경에 의지하였으나
泉甘得夢中 샘물은 달디 다니 꿈속에서 얻었네.

蓮場逢勝事　연꽃 도량이 좋은 일을 맞았으니
佛隴嗣遺風　불법의 유풍이 이어졌음이라.
草過霜仍綠　풀은 서리를 맞고도 그대로 푸르지만
蘿因微未紅　담쟁이는 풍토병 때문인가 붉지 않구나.
圓通門自啓　원통문이 스스로 열린 이곳에
遠鴈叫長空　멀리 기러기가 넓은 하늘에서 울고 있어라.

서천암(逝川庵)

漢拏高幾仞　한라의 높이는 몇 길이던가.
絕頂瀦神淵　정상의 웅덩이는 신비로운 못
波出北流去　물결이 넘쳐 북으로 흘러가니
下爲朝貢川　저 아래 조공천을 이루었네.
懸瀑亂噴沫　내걸린 폭포에선 어지러이 물방울이 튀며
走若珠璣圓　둥근 구슬처럼 달아나는데
驚湍激群石　놀란 급류는 여기저기 바위에 부딪치다
間作甕盎穿　간혹 동이처럼 파이기도 한다.
安流得數里　잔잔히 흘러 몇 리에 이르니
澄淨涵靑天　맑고 깨끗함은 푸른 하늘을 적시는데
道人有宗海　종해라는 도인이 있어
卓庵向川邊　냇가를 향해 우뚝 암자를 세웠다.
旣從山水樂　이미 山水의 즐거움을 따랐고
且寄香火緣　또한 香火의 인연에 기대었는데
凉秋佳月夕　서늘한 가을, 달 고운 저녁이 와
掃石開客筵　바위를 쓸어 손님 맞을 자리를 마련하도다.
嘗新剝棗栗　새로움을 맛보려 대추와 밤을 따고
談古窮幽玄　옛 이야기하다 그윽함이 다하니

因思仲尼語　仲尼의 말을 떠올리고
頗憶小聖禪　자못 小聖의 禪도 생각한다.
由斯無生理　이런 까닭에 삶의 이치가 공한 것을
名以期遐傳　寺名으로 삼아 오래 전해지기를 기대하나니
如能高著眼　만약 그 뜻에 높이 着眼한다면
波波皆不遷　물결이 모두 떠나가는 일은 없으리라.

법화사(法華寺)

法華庵畔物華幽　법화암 가 경치가 화려하고 그윽하니,
曳竹揮松獨自遊　나는 대나무 솔가지 끌고 휘두르며 홀로 논다.
若問世間常住相　만일 세상에 常住하는 相을 묻는다면
梨花亂落水奔流　배꽃은 어지럽게 떨어지고 물은 분탕질하며 흐른다 말하리

환성 지안 스님

■출가와 수행

환성 지안(喚惺志安, 1664~1729) 스님은 배불숭유(排佛崇儒)의 조선시대 숙종 때 수많은 대중들을 교화한 선지식이다.

스님의 성씨는 정(鄭)씨로서 강원도 춘천에서 태어났다. 1725년 전라도 김제의 금산사(金山寺)에서 열린 화엄대법회에 대중 1,400여 명이 모이는 등 대단한 성황을 이루자 이를 시기한 유생들의 모함으로 1729년에 제주도에 유배되어 7일 만에 입적하였다.

환성 스님은 15세에 경기도 양평 미지산(彌智山) 용문사(龍門寺)로 출가하여 쌍봉정원(雙峰淨源) 스님에게서 구족계를 받은 뒤, 17세 되던 해에 월담(月潭) 스님에게 가르침을 구했다. 월담은 한눈에 환성의 됨됨이가 범상치 않음을 알아차리고 마침내 의발(衣鉢)을 환성에게 전하였다.

헌헌장부로 성장한 환성 스님은 용모부터 특이하여 사람들의 주목을 끌기에 충분했다. 27세 되던 해에 스님은 모운 진언(慕雲震言, 1622~1703) 대사가 금산(金山, 지금의 경상북도 김천)의 직지사(直指寺)에서 법회를 개설한다는 소문을 듣고 찾아갔다. 모운 진언 스님은 벽암 각성(碧巖覺性, 1575~1660) 스님의 제자로 당시 화엄학의 대종장(大宗匠)으로 이름을 떨치던 분이었다.

모운 스님은 환성 스님이 찾아와 법담을 나누자 그가 비범한 인물임을 단박에 알아보고 비록 자신보다 20여 년 아래였지만 그를 공경해 마지않으며 강석(講席)을 물려주고 자신은 홀연히 직지사를 떠났다고 한다. 이때부터 환성 지안 스님의 이름이 널리 알려졌다. 그날 모운 스님의 강석을 이어받은 환성 스님의 법문을 들은 수백 명의 대중들은 폭포수가 쏟아져 내리듯 거침없는 그의 설법에 크게 감화되어 막혔던 의문이 시원하게 뚫리고, 이 때문에 그 뒤로 환성 스님의 회상(會上)으로 많은 승려들이 구름처럼 몰려들었다고 전해진다.

■제주에서 입적하다

환성 스님은 앞서 말한 대로 금산사에서 있었던 화엄법회 영향으로 제주도로 귀양 와서 입적하였다. 1729년 화엄대법회의 일로 인하여 모함이 들어가서 지리산에 주석하던 중 체포되어 옥에 갇히게 되었다. 얼마 후 풀려났으나 다시 제주도로 유배가 7일만인 1729년(영조 5) 7월 7일에 어시오

환성 지안 스님 기념비(불사리탑사)

를 아래에서 부좌입적(趺坐入寂)하였다고 전해진다. 이때 스님의 세수는 66세, 법랍 51세였다. 일설에는 입적할 때 한라산이 울고 바다가 끓어오르기를 3일 동안 그치지 않았다고 한다.

현재 북제주군 조천읍 조천리 평화통일 불사리탑사에 환성 지안 스님을 기리는 순교비가 서있다. 스님의 부도는 전라남도 해남 대흥사에 있다.

지안 스님의 저술로는 『선문오종강요(禪門五宗綱要)』 1권이 있으며, 문집이 3권 있다. 『선문오종강요』는 임제종을 비롯하여 조동종 · 운문종 · 위앙종 · 법안종 등의 선문오종의 핵심을 요약하고 나름대로의 해설을 덧붙이고 있다. 환성 스님이 여러 종파를 두루 섭렵하였음을 알 수 있다.

환성 지안 스님에 관한 기록으로는 홍계희(洪啓禧)가 지은 「환성대사비명(喚惺大師碑銘)」 『금산사지(金山寺誌)』과 문인(門人) 해원(海源)이 지은 「환성화상행장(喚惺和尙行狀)」 『환성시집(喚惺詩集)』, 범해각안(梵海覺岸)이 지은 『환성종사전(喚醒宗師傳)』, 『동사열전(東師列傳)』 등이 있다.

현재 환성 지안 스님의 진영이 통도사와 동국대학교박물관에 있으며, 범어사에 있던 진영은 1990년에 도난당했다.

회명 일승 스님

■출생과 성장

회명 일승(晦明日昇, 1866~1951) 스님은 20세기 초 조선불교계를 이끌던 대표적 승려 가운데 한 분으로 전국적인 명망을 얻고 있던 대포교사이자 선사(禪師)다. 근대 제주불교의 중흥조로 추앙받는 안봉려관 스님과 초대 한라산 관음사 주지를 지낸 안도월 스님이 개척한 근대 제주불교의 토대 위에서 적극적 포교 활동을 펼쳐 제주 불교의 역사와 정통성을 회복시키고, 교세를 확장시키는데 커다란 역할을 다했다. 회명 스님의 포교활동 이후 제주 불교의 사회적 위상은 크게 높아져 제주 불교 중흥의 기틀이 확보되었고, 당시 제주에서 활동하던 대표적 승려들이 그의 문하에 의지하여 수행하기에 이르렀다. 그 결과 현재도 많은 제주도 승려들이 '회명문도회' 의 이름으로 스님을 기리고 있다.

이처럼 근대 제주불교 부흥의 큰 공로자로 평가받고 있는 회명 스님은 1866년 경기도 양주군 시둔면 직동리에서 아버지 이관석과 어머니 수원 백씨 사이에서 독자로 태어났다. 어렸을 때의 이름은 우경(牛庚)이다. 4살 때인 1869년 어머니가 돌아가시고 5살 때 외지로 나갔던 아버지마저 실종되자 할머니의 품에서 성장하게 되었다. 할머니는 상당한 학식을 지니고 있던 분으로 우경이 6세가 되자 한학을 가르쳤고, 8세 때에는 『논어』·『맹자』를 가르쳤다. 그러나 9세 때 할머니마저 별세하자 백부에게 의탁하였다가 11세인 1876년 할머니와 친분이 두터웠던 지순 스님에 의해 불가에 입문하여 경기도 양주군 노해면 학림암의 보하 선사를 은사로 출가하였다.

■수행과 정진

그 뒤 4년 동안 서울 근교를 유력하며 은사를 시봉하다가, 1883년 강원도 건봉사로 들어가 이듬해 하은 열가(荷隱列柯) 율사에게 비구계와 보살계를 받았고, 이어서 1893년까지 강원 공부에 매진하였다.

1897년에는 고종의 왕비인 엄비의 명을 받아 건봉사의 산내암자인 봉암암(鳳巖庵)의 준제보살 앞에서 백일기도를 하여 엄비가 왕세자를 낳게 되자 큰 상을 받는 등 왕실과도 인연이 깊었다. 1902년에는 대한제국 정부가 불교 교단을 관할하기 위하여 만든 국가 사찰인 원흥사(元興寺)의 서무로 임명되어 2년간 활동하면서 당시 조선불교계의 변화를 일찌감치 감지할

회명 일승 스님 추모비(관음사)

수 있었고, 1907년에는 불교계 최초의 근대 학교인 명진학교(明進學校)를 개교시키는 등 불교계의 근대 교육을 시도하던 '불교연구회'의 내무부장이 되어 조선 불교의 현실과 문명개화에 대한 남다른 의지를 실현시킬 수 있었다. 또한 사형인 회광(晦光) 스님이 조선불교 원종의 종정을 맡고 있는 인연으로 1908년에는 원종의 불교종무국 취지서 발기인 중에 13도의 사찰 대표로 활동하기도 하였다.

1914년 49세에는 대본산 영명사 주지에 취임하고, 1915년에는 30본산 연합포교당 설교사로 임명되어 30본산 연합사무소 감사원이라는 직책도 맡게 되지만, 1920년대로 들어서면서는 본산 주지로서의 활동이나 중앙 교단 내의 역할보다 지방 포교사를 자임하고 나서게 된다. 그것은 3·1운동 이후 조선불교청년회가 창립되는 등 일제의 사찰 정책을 비판하고 불교 혁신을 주장하는 세력들이 대거 등장한 것과 무관하지 않다. 특히 조선불교를 일본 임제종 묘심사파에 부속시키려 했던 그의 사형 회광 스님이 교단 내에서 비판의 대상이 되고 몰락하게 된 것이 결정적 계기였을 것으로 보인다. 이러한 조선 불교의 변화와 각별했던 사형과의 관계 때문에 회명 스님 자신도 자유롭지 않았을 것이다. 결과적으로 이러한 상황은 회명 스님으로 하여금 중앙 교단을 떠나 지방 포교사로서의 일생을 살게 하는 계기를 마련해 주었다. 최근에도 대표적 친일승려로 지목받고 있는 회광 스님은 사실 범해 각안(梵海 覺岸) 선사가 쓴 『동사열전(東師列傳)』에서 조선의 마지막 대강백으로 극찬할 만큼 뛰어난 학덕과 명성을 떨치던 분이다. 그러나 조선의 원종을 일본의 조동종에 부속시키는 이른바 종단을 팔아먹고 조상을 바꾸는 '매종역조(賣宗易祖)'를 획책하여 큰 오명을 남기고 말았다.

본격적으로 지방을 순회하며 포교 활동을 시작한 회명 스님은 자신의 열정을 증명이라도 하듯 제주도는 물론, 두만강 건너 용정을 비롯하여 북청·청진·원산·강계 등을 오가며 포교에 나섰을 뿐만 아니라, 각 지역 사찰의 신행 단체 조직에도 매우 적극적으로 참여하였다.

■제주에서의 포교활동

이처럼 포교사로서 전국적 명망을 얻고 있던 회명 스님은 1921년, 1922년 두 차례의 제주 방문을 시작으로 1924년 본격적으로 입도하여 1927년에 이르기까지 적극적인 포교 활동을 펼치게 된다. 이후에도 몇 차례 더 제주를 방문하지만, 1920년대 제주에서의 행적이야말로 회명 스님을 제주 불교 중흥의 공로자로 불리게 하는 가장 중요한 요인이다.

회명 스님이 처음 제주도에 들어온 것은 안봉려관 스님과 안도월 스님의 요청에 의한 것이었다. 즉 1921년 9월 29일 서귀포 법화사에서 동안거 설법을 개최하면서 처음 제주 불교와 인연을 맺게 되었다. 이 날 회명 스님의 설법이 대중들의 큰 호응을 얻게 되자 1922년 1월 한 차례 더 제주를 방문하였고, 1924년 이후에는 제주에 상주하며 본격적인 포교 활동에 나서게 된 것이다.

1924년 이회명 스님의 입도는 한라산 관음사의 불사에 참여해 달라는 안도월 스님의 청을 받고 이루어진 것으로, 이회명 스님은 당시 최고의 화사(畵師)로서 이름을 얻고 있던 금강산의 문고산(文古山)·박사송(朴寫松), 계룡산의 김보응(金普應) 등 3인을 먼저 보내어 제주 불교계를 지원하고, 얼마 후 본인이 직접 입도하여 불사의 증단(證壇)에 참석하였으며, 마침내 초파일 관음사 중창 낙성식을 성대하게 치러 내게 되었다.

1924년 4월 초파일을 맞아 거행된 이날 관음사 중창 낙성식에는 경성에서 이회광, 본산 대흥사 주지대리 감선월(甘船月), 나주 다보사 주지 김금담(金錦潭) 등이 참석하고 제주도 행정 책임자들을 비롯하여 만여 명에 이르는 신도들의 운집하여 과거에 찾아볼 수 없던 대성황을 이루었다. 또한 관음사 초대 주지에 임명된 안도월 스님과 이후 2대 주지가 되는 오이화 스님은 건당(建幢)하여 각각 이회명 스님의 법사(法嗣)와 법손(法孫)이 되었고, 나아가 제주의 명망 있는 스님들이 모두 이회명 스님의 문도임을 자처하게 되었다.

1924년의 관음사 중창 낙성식은 근대 제주불교 역사에 있어서 매우 중요한 의의를 지니는데, 이 행사를 계기로 관음사는 제주 지역 사회는 물론, 조선 불교계의 주목을 한 몸에 받게 되었기 때문이다.

■제주불교협회의 창립

그 뒤 회명 스님은 경성, 곧 지금의 서울로 돌아갔다가 같은 해 8월 8일 그를 모시기 위해 제주도에서 경성까지 찾아온 법손 오이화 스님과 함께 다시 제주로 내려왔다. 그리고 같은 해 11월 제주도 유지들이 중심이 된 불교단체인 제주불교협회를 탄생시키는 데 주도적 역할을 하게 된다. 제주불교협회는 창립 후 불과 4~5개월 후 남녀 회원이 수천 명에 달하는 등 큰 호응을 얻었고, 불교부인회와 불교소녀단 등 신행 단체가 결성되는 계기를 마련하였다.

이후 1925년 2월에는 제주포교당 상량식을 거행하고 5월에는 전 도에 걸친 순회 강연회를 개최하였으며, 제주포교당에 계단을 설치하여 신도들에게 계를 주기도 하였는데 이때 계를 받은 수계자만도 367명에 달하였다. 1927년 8월 16일에는 홍수로 제주 성안의 가옥 50여 호가 범람한 빗물에 떠내려가는 수해가 발생하자 8월 24일 불교협회와 관공서 연합으로 수륙 천도재를 거행하기도 하였다. 근대 제주 불교가 오랫동안 미미했던 교세를 떨치고 불붙듯 일어서게 된 데에는 회명 스님의 이러한 노력이 있어서 가능한 것이었다.

■끝없는 제주 사랑

이후 회명 스님은 제주를 떠나 부산 · 목포 지역은 물론, 두만강 건너 중국의 용정과 청진 · 원산 · 영변 등지를 만행(卍行)하며 설교에 나섰다. 그러나 제주를 떠나 있으면서도 제주를 잊지 못했던 스님은 1936년 안도월 스님이 입적하자 1937년 그를 애도하는 비문을 지었고, 1941년에는 관음사 법당의 상량문을 지어 내렸다. 그리고 1943년에는 근대 제주 불교 중흥조로 불리는 안봉려관 스님의 공덕비명을 지으며 다사다난했던 제주 시대를 조금씩 정리하고 있었다. 1946년 81세라는 고령의 나이에 다시 관음사를 찾아, 많은 대중이 운집한 가운데 보살계 법회를 집전하며 제주 불교와의 깊은 인연을 마무리한 스님은 그로부터 5년 후인 1951년 12월 22일 세수 86세 법랍 75세로 전라북도 임실군 삼계면 대원암에서 입적에 들었다. 스님의 부도는 젊은 시절 10여 년 간 정진했던 강원도 건봉사 부도밭에 모셔져 있다.

회명 스님은 제주 불교가 재래의 신앙 형태에서 벗어나 근대 종교로 탈바꿈할 수 있는 계기를 마련하였을 뿐만 아니라, 제주 불교의 사회적 위상과 권위를 확고히 하는데 신명을 다 바쳐 오늘날까지 제주 불교 중흥의 지대한 공헌자로 존경받고 있다.

제V부 제주의 절터

제주의 폐사지

현재까지 제주도 내에는 50여 곳의 폐사지가 있는 것으로 보고되고 있다. 1530년에 나온 『신증동국여지승람(新增東國輿地勝覽)』에는 총 15개의 사찰이 있었던 것으로 기록되어 있다. 제주목에 있던 사찰로 수정사(水精寺)·존자암(尊者庵)·월계사(月溪寺)·묘련사(妙蓮寺)·문수암(文殊庵)·해륜사(海輪寺)·만수사(萬壽寺)·강림사(江臨寺)·보문사(普門寺)·서천암(逝川庵)·소림사(小林寺)·관음사(觀音寺), 정의현에는 영천사(靈泉寺)·성불암(成佛庵), 대정현에는 법화사(法華寺)가 그것이다.

그리고 1653년(효종 4)에 쓰인 이원진의 『탐라지(耽羅志)』에는 총 22개의 사찰이 기록하고 있다. 제주목에 소재한 사찰로 존자암·월계사·수정사·묘련사·문수암·해륜사·만수사·강림사·보문사·서천암·소림사·관음사·안심사(安心寺)·곽지사(郭支寺)·돈수사(頓水寺)·원당사(元堂寺), 정의현에는 영천사·성불암, 대정현에는 존자암·법화사·굴암(窟庵) 등이다.

이 가운데 제주의 대표적 사찰이면서 지금까지 본격적 발굴이 이루어진 법화사지·수정사지·원당사지·존자암지 등의 4곳을 상세하게 소개한다.

법화사지

■위치와 창건

법화사지(法華寺址)는 서귀포시 하원동 1071번지 일대에 자리하고 있으며, 1971년에 제주도지방기념물 제13호로 지정되었다.

법화사는 수정사(水精寺)·원당사(元堂寺)와 더불어 고려시대에 창건된 제주도의 대표적 사찰 중 하나로 알려져 있으며, 조선시대 초에는 비보사

법화사지 전경

건물지

찰로 보호되어 노비 280인을 두고 있었다고 전해진다.

법화사의 창건을 밝힐 만한 기록과 자료는 남아 있지 않고, 발굴과정에서 출토된 기와편에서 중창에 대한 단편을 확인할 수 있을 뿐이다. '지원육년기사시중창십육년기묘필(至元六年己巳始重創十六年己卯畢)' 이라는 문자가 새겨진 기와를 보면, 법화사 중창공사는 1269년(원종 10)에 시작되어 1279년(충렬왕 5)에 끝났다는 사실을 알려준다. 당시의 중창공사가 11년 간에 걸쳐 이루어졌다는 사실은 이때에 사세(寺勢)가 상당히 확장되었음을 짐작케 한다.

그 후의 문헌기록에 따르면 1406년(조선 태종 6)에 법화사에 안치되었던 미타삼존(彌陀三尊) 불상을 중국 명(明)나라에게 넘겨주면서부터 사세가 약화되기 시작하여 태종~세종대에 걸친 억불책에 의해 더욱 가속화되었다. 이후 1530년에서 1653년에 이르는 시기에 초가암자(草家庵子)로 유지되었으나, 결국 18세기 초에는 그것마저 사라지게 되었다.

법맥이 끊겼던 이곳에 1920년대 후반 안도월(安道月) 선사가 포교소를 창건하였으나 1947년 4·3사건 당시 중산간 일대의 소개령으로 인해 포교소도 불에 타고 말았다. 또한 이곳은 1950년 6·25전쟁으로 인근 모슬포에 훈련소가 세워지면서 임시 가건물을 지어 숙영소(宿營所)로 이용되기도 하였다.

1970년에 법화사지 일대는 지방기념물 제3-13호로 지정되어 법화사에 의해 관리되어 오다가, 간단한 발굴조사를 통해 1987년에 현재의 대웅전 건물이 복원되었다. 그 후 서귀포시와 법화사 측의 문화재복원계획에 따라 꾸준한 학술연구와 발굴조사를 통해 요사 등 6동의 건물이 순차적으로 복원되었다. 지난 2003년말에는 구품연지가 대규모로 복원되었으며, 앞으로도 일주문·종루 등이 건립될 예정이다.

■발굴조사와 출토유물

법화사지는 1982년부터 1997년까지 총 7차에 걸쳐서 발굴조사되었다. 발굴지의 범위는 크게 건물이 들어섰던 구역과 연지가 조성되었된 구역으로 구분되며, 발굴조사 결과 건물지 구역은 총 4번에 걸쳐서 조성된 것으로 조사되었다.

제1기는 원(元)나라 지배 이전인 초창(初創)과 관련되어 조성된 영역이나, 이 시기의 건물의 흔적은 확인되지 않는다.

제2기는 원의 지배와 관련된 건물이 조영된 시기로 현 대웅전 복원지가 여기에 포함된다. 대웅전지의 건물은 용과 봉황이 새겨진 암·수막새와 특수한 주름장식이 가미된 기와로 치장된 건물로서, 이들 막새와 주름기와는 이 건물지의 발굴과정에서 많이 출토되었으나, 제3기의 건물이 조성될 당시에 건물외부의 바닥시설에 재사용되었다.

제3기는 원과 관련된 건물이 폐한 이후에 이루어진 사역이다. 이 건물군은 원과 관련된 건물과 배치방향이나, 사역을 달리한다. 금당지·승방지·부속건물 등 총 6동 이상의 건물이 확인되었다.

제4기는 제3기의 건물이 폐기된 이후에 조성된 것이다. 대략 그 시기는 15세기 중엽 이후로 판단되며, 계단상(階段狀) 유구, 외곽 담장, 약간의 배수시설과 초가 관련시설 등이 확인되었다.

연지(蓮池)는 고려 말의 고승 혜일(慧日)의 시가 전해져 와 그 동안 존재 유무가 비상한 관심을 끌고 있었다. 그러나 두 차례에 걸친 발굴조사결과 인공적 석축이나 시설물은 확인되지 않았지만, 자연적으로 물이 스며들어 고이는 지형임이 확인되었다.

출토된 유물 중에 주목할 만한 것은 '지원육년기사시중창십육년기묘필(至元六年己巳始重創十六年己卯畢)' 명문기와로 문장을 조합해서 읽을 수 있는 2점이 출토되어 법화사의 중창사실을 밝혀주는 귀중한 자료로 평가되고 있다. 또한 용과 봉황이 새겨진 막새가 출토되는데, 용과 봉황을 막새면에 조각하기 시작한 것은 조선시대에 들어서면서 부터이고 그 사용처도 궁궐건축에만 한정되었다는 사실에서 주목된다. 원나라의 수도였던 카라코롬 유적지에서 법화사의 그것과 같은 조각을 한 막새가 출토된다는 사실은 시사하는 바가 크다. 그 밖에 이형(異形)기와로 분류되어 한반도에서의 제작예를 찾아볼 수 없는 기와류도 다량 확인되었으며, '대(大)' · '대문(大門)' · '기묘(己卯)' 등의 글자가 새겨진 명문기와가 다수 출토되었다. 도자기류 중에는 청자가 다량으로 확인되며, 압인(押印)기법의 청자가 많은 점으로 볼 때 13세기 중반 이전에 다수가 유입된 것으로 판단된다. 특이한 사실은 청자에 비해 분청이나 백자의 출토량이 적다는 점인데, 이것은 사세의 변화와 관련지어 생각해 볼 수 있을 것이다.

이외에도 중국도자기 3점과 도기류, 개원통보(開元通寶) 등이 출토되었다.

■관련 문헌자료

『태종실록(太宗實錄)』 6년(1406) 4월 경진조

임금이 (태평)관에서 연회를 열었다. 술이 취한 황엄(黃儼)은 취한 것을

핑계되어 먼저 방으로 들어갔다. 첩목아(韓帖木兒)가 말하기를,

"제주의 법화사에 있는 미타삼존(彌陀三尊)은 원나라 때 양공(良工)이 만든 것입니다. 저희들이 곧바로 가서 취(取)하는 것이 마땅합니다."

하였더니 첩목아 등이 모두 크게 웃었다.…황엄 등이 친히 제주에 가서 동불상(銅佛像)을 맞이하려 하였다. 혹자가 말하기를,

"황제가 황엄 등으로 하여금 탐라의 형세를 보게함은 뜻이 있을 것입니다."

하니 임금이 걱정하여 군신과 의논하고 급히 김도생(金道生)과 사직(司直) 박모(朴謨)를 선차(宣差)하여 제주에 급히 가서 법화사의 동불상을 가져오게 하였다. 대개 말하기를 만약 불상이 먼저 나주에 이르면 황엄 등이 제주에 들어갈 필요가 없기 때문이다.

『태종실록(太宗實錄)』 8년(1408) 2월 정미조

의정부에서 제주의 법화사와 수정사의 두 절에 있는 노비의 수를 정하도록 아뢰었다. "제주목사의 정문(程文)에 따르면, 주경(州境)에 비보사찰(裨補寺刹)이 두 곳이 있는데 수정사에는 현재 노비가 130명이 있고 법화사에는 현재 노비가 280명이 있다고 합니다. 바라건대 두 사찰의 노비를 다른 사찰의 예에 따라 각각 30명만 주고, 그 나머지 382명은 전농(典農寺)에 부치십시요"하니, 왕은 그대로 따랐다.

『신증동국여지승람(新增東國輿地勝覽』(1530) 「대정현(大靜縣)」 불우조(佛宇條)

법화사(法華寺) : 대정현의 동쪽 45리에 있다. 중 혜일(慧日)의 시(詩)에 '법화암가에 물화가 그윽하니, 대를 끌고 솔을 휘두르며 홀로 스스로 논다. 만일 세상 사이에 항상 머무르는 모양을 묻는다면, 배꽃은 어지럽게 떨어지고 물은 달아나 흐른다.' 고 되어 있다.

이원진(李元鎭), 『탐라지(耽羅志), 1653』, 대정현(大靜縣) 불우조(佛宇條)

법화사(法華寺) : 대정현의 동쪽 45리에 있었으나 지금은 없어졌다. 절터와 나한전(羅漢殿) 자리의 주춧돌과 섬돌을 살펴보면 모두 크고 정밀하게 다듬은 석재를 사용하였으니 그 전성시에는 굉장하였을 것임을 생각할 수 있다. 지금은 단지 초가암자 몇 칸만 있다. 그 서쪽에 물맛이 좋은 샘이 있는데 절 앞 논에 물을 댄다.

수정사지

■ **위치와 창건**

수정사지(水精寺址)는 제주시 외도동 499번지 일대에 위치한다.

수정사지의 발굴 이전 이곳에는 외도초등학교의 서쪽 울타리를 따라 남쪽으로 약 200m 지점에 위치한 완만한 구릉지대가 넓게 펼쳐져 있었다. 수정사지에는 10여 기의 민가와 함께 수정사라는 근대사찰이 있었고, 사

수정사지 전경

찰 경내에는 옛 수정사지의 주춧돌로 여겨지는 10여 기의 석재가 방치되어 있었다. 1988년에 간행된 『수정사 · 원당사 지표조사보고서』에도 이러한 내용이 실려 있다.

1990년대 후반에 수정사지가 자리한 외도동에 대한 택지개발 계획이 본격화되면서 당시 수정사의 사역을 관통하는 4차선도로 개설계획이 세워졌고, 사업에 앞서 발굴조사를 실시하여 문화재의 존재여부에 따라 도로의 개설여부, 우회도로 개설 등이 결정되기에 이르렀다.

발굴결과 사역의 중심구역과 함께 다수의 건물지와 다량의 유물이 출토되었으나, 도로의 중요성에 밀려 발굴구역을 복토한 후 그대로 공사가 진행되면서 수정사지는 사라져 버렸고, 현재는 도로주변에 이곳이 과거 수정사지터였음을 알려주는 안내판만이 있을 뿐이다.

1530년에 나온 『신증동국여지승람(新增東國輿地勝覽)』 「제주목(濟州牧)」 〈불우조(佛宇條)〉에는 당시 제주목 관내에 있던 12개소의 사찰명과 소재지가 명기되어 있다. 수정사(水精寺) · 존자암(尊者庵) · 월계사(月溪寺) · 묘련사(妙蓮寺) · 문수암(文殊庵) · 해륜사(海輪寺) · 만수사(萬壽寺) · 강림사(江臨寺) · 보문사(普門寺) · 서천암(逝川庵) · 소림사(小林寺) · 관음사(觀音寺) 등이 그것이다.

그 가운데 수정사지는 고려시대에 창건되어 조선시대까지 존속했고, 조선시대 초에는 130여 명의 노비를 보유했던 비보사찰로서 법화사와 더불어 가장 사세(寺勢)가 큰 사찰이었다. 각종 문헌자료를 토대로 추정해 볼 때 수정사는 고려 전기에 창건되었을 가능성이 높은데. 이후 수정사가 1521년(중종 25)에 중수되었다는 사실이 충암(沖庵) 김정(金淨, 1486~1521)이 지은 「도근천수정사중수근문(都近川水精寺重修勤文)」에 남아 있다. 김정은 1519년 조광조(趙光祖) 등과 함께 기묘사화에 연루되어 이듬해 제주로 유배되었다가 1521년에 제주에서 사약을 받고 죽은 문신이다. 수정사가 이 시기에 중수되었다는 사실은 어느 정도 사격(寺格)을 유지하고 있었던 것으로 생각된다. 그 뒤 김상헌(金尙憲, 1570~1652)의 『남사록(南槎錄)』과 이원진(李元鎭)의 『탐라지(耽羅志)』(1653년)에도 수정사는 그 명맥이나마 유지했던 것으로 나타난다. 수정사의 폐사와 관련된 기록은 이익태(李益泰, 1633~1704)의 문집인 『지영록(知瀛錄)』에서 찾을 수 있다. 당시 제주 목사로 부임했던 이익태는 연무정(演武亭)을 새로 고쳐 짓기 위하여 도근천(都近川)의 폐사된 절의 재료를 실어다가 사용하였는데, 이때의 도근천의 폐사가 곧 수정사다.

■발굴조사와 출토유물

수정사지의 존재는 1987년 제주대학교 박물관에서 실시한 지표조사를 통해 알려지기 시작하였다. 당시 초석과 각종 유물의 존재가 수집 보고되었고, 이를 바탕으로 1998년에는 시굴 및 발굴조사가 연속 이루어졌다. 조사대상지는 제주시 외도1동 495번지외 21필지였으며 대상면적은 13,707㎡(4,146평)였다.

수정사지 부근의 도근천

발굴조사를 통해서 사찰의 규모는 남북 120~150m, 동서 50~60m 정도이며, 축대를 단으로 쌓은 3개의 단지 위에 건물지 12동, 도로와 보도, 탑지, 석등지, 담장지, 폐와무지, 적석유구 등이 확인되었다. 금당지가 가장 높은 곳에 배치되었고, 금당지를 중심으로 한 중정(中庭)형태의 건물이 회랑식으로 배치되었다. 중정 안에는 탑과 석등이 마주보고 배치된 형태였다.

지금까지 제주도내 사찰에서 발굴된 유물 출토상황과 비교하면 가장 화려한 유물들이 출토되었다. 도자기류는 9~10세기 순청자에서 18세기 중엽의 백자류까지 골고루 출토되었으며, 기와류는 「만호겸목사봉익대부김중광(萬戶兼牧使奉翊大夫金仲光)」명의 명문기와류와 연화문막새 등이 확인되었다. 특히 금동제품과 점판암제 탑신재와 화강암제 우주석(隅柱石)·심초석(心礎石) 등의 탑재와 탑지가 확인되었다. 점판암은 판(板)의 형태로 가공하기 수월하고, 가볍기 때문에 이동이 쉽다. 점판암재를 이용하여 만든 석탑을 일명 '청석탑(靑石塔)'이라고도 하는데 이것은 석재색깔에 기인한 것이다. 현존하는 가장 오래된 것은 통일신라 말기에 건립된 합천 해인사의 원당암(願堂庵) 다층석탑이다.

수정사지에서 출토된 기단면석과 탑신면석을 모아 석탑을 추정 복원하면 2층 기단위에 11층의 청석탑이 올려진 것으로 추정된다. 1층 탑신은 탑신 가운데에 문을 사이에 두고 그 옆에 인왕상을 음각하였다. 탑의 문 양옆에 인왕상을 배치한 것은 신라시대 경주 분황사 모전석탑을 비롯하여 많은 석탑에서 그 예를 찾을 수 있다. 2층부터는 판재로 결구된 탑신마다 광명진언(光名眞言)을 새겨 탑을 외호하는 상징으로 삼았고, 뒷면에는 날카로운 도구로 '동·서·남·북'이 음각되어 있어서 타지에서 제작된 후 이곳으로 이동되어 재조합되었음을 알 수 있다. 또한 초층탑신 면석에 음각된 연화좌를 밟고 서서, 두 손에는 화염(火焰)을 발산하는 역동적인 인왕상은 고려시대 최고의 걸작품으로 보아도 손색이 없을 정도다.

■문헌자료

『고려사(高麗史)』「공민왕 22년(1373)」 12월 계묘

교서에, "석기(釋器)는 서자일 뿐만 아니라 단양대군(丹陽大君)의 집 계집종이 낳은 자다. 전에 손수경(孫守卿) 등이 그에 의거하여 반역을 도모하다가 이미 처단되었다. 그때 뭇 신하들이 모두 재화의 근원을 없애야 한다고 말하였으나 나는 차마 곧 형벌을 가할 수 없었으므로 이안(李安)과 정보(鄭寶) 등에게 명하여 제주의 수정사에 보내어 안치케 하였다."고 하였다.

『태종실록(太宗實錄)』 권3, 태종 2년 4월 갑술

의정부(議政府)에서 제주의 법화사(法華寺)·수정사(修正寺)의 두 절에 있는 노비(奴婢)의 수를 정하도록 하뢰기를, "제주 n목사의 정문(程文)에 따르면 주경(州境) 비보사찰(裨補寺刹)이 두 곳이 있는데, 수정사에는 현재 노비가 130인이 있고, 법화사에는 현재 노비 280인이 있다고 합니다. 바라건대 두 절의 노비를 다른 사찰의 예에 의하여 각각 30인만 주고 그 나머지 382인은 전농(典農)에 부치십시오" 하니, 그대로 따랐다.

김정(金淨), 도근천수정사중수근문(都近川水精寺重修勤文), 『충암선생집(沖庵先生集)』 권4

'생각컨대, 원조(元朝)의 구물(舊物)로 우뚝하게 홀로 남아 있는 것은 오직 도근천의 수정사뿐이다.'

김정, 『제주풍토록』

"원조(元朝)의 구물(舊物)로 우뚝하게 홀로 남아 있는 것은 오직 도근천(都近川)의 수정사 하나뿐이다. 여러 해 동안 비바람을 맞아 용마루와 서까래가 썩고 벗겨졌는데, 애석하게도 그 또한 마침내 허물어져서 남아 있

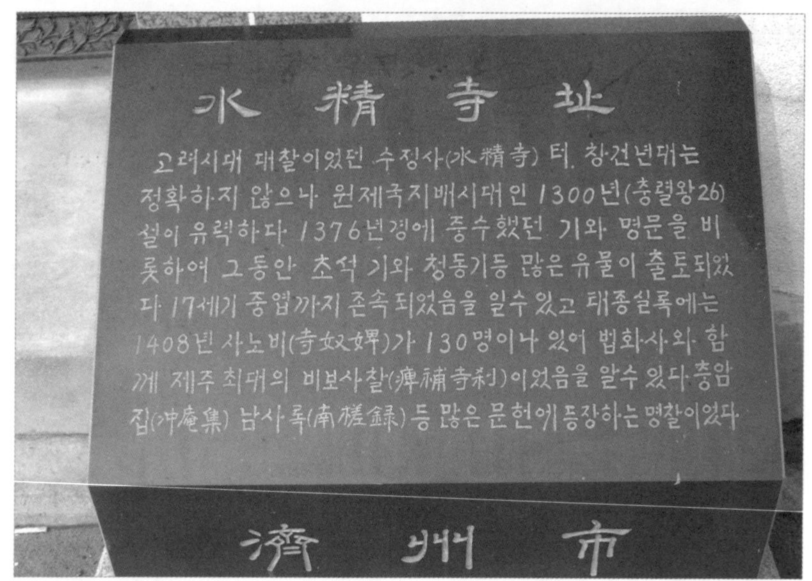

수정사지 표지석

는 것이 없다. 이에 개연히 생각을 불러 일으켜 뜻을 같이하는 사람들과 예전 그대로 이를 중수하여 무너지지 않기를 바라면서, 곧 나에게 찾아와 매우 간절하게 글을 청하였다. 이에 찾아온 손님에게 답하는 글을 짓고 써서 주는 바다."

『신증동국여지승람』, 「제주목」 〈불우조(佛宇條)〉

수정사(水精寺) : 도근천(都近川) 서쪽 언덕에 있다. 이제현(李齊賢)의 해가시(解歌詩)에, "도근천에 물 막는 둑이 무너지면 수정사 안은 또한 바다가 되리라."고 하였는데 이는 곧 이 절의 고사(古事)다.

김상헌, 「남사록」 권3. 선조 34년(1601) 10월 18일자 김정의 『제주풍토록』 인용문

"수정사는 곽지악 서쪽에 위치하며, 제주읍성에서의 거리가 15리다. 곧 원나라 때 황후가 세운 것이며, 절의 규모가 매우 크고 화려하다. 충암기(沖庵記)에도 또한 이르기를 원조(元朝)의 옛 건물로서 우뚝 높이 서서 남아 있는 것은 오로지 도근천의 수정사뿐이라고 하였다. 지금은 퇴폐하였으나 수선하지 아니하였다. 다만 비가 새는 집 여러 칸이 있어서 따로 지붕을 덮고 그 곳에 불상 두 개가 있었는데, 원나라에 의해 만들어진 것이라고 하였다."

김상헌(金尙憲), 『남사록(南槎錄)』 권3, 선조34년(1601) 10월 18일

"(수정사는) 원나라 때에 황후(皇后)의 소원에 의해 세운 것이다."

김상헌, 『남사록』 권1, 선조 34년(1601) 9월 22일

"도근천에 사찰이 있다는 말을 듣고, 마침 날이 어두웠으므로 숙박하기 위하여 이르렀다. 그러나 초가집 수 칸으로 바람과 비를 가릴 수가 없었고, 기거하는 중들이 모두 부인을 거느려 자식을 두고 있어서, 좁아서 가히 들어 갈 수가 없었다."

이원진(李元鎭), 『탐라지(耽羅志)』 (1653), 「제주목」 〈불우조〉

"수정사는 조공천 서쪽에 있다. 이제현의 해가시에 도근천의 물 막는 둑이 무너지면 수정사 안이 또한 큰 바다가 된다. 곧 이 절간의 옛 기록이다."

이익태, 『지영록』, 숙종 20년(1694) 9월 27일

"연무정에서 갑시재를 하기로 정하였다. 연무정은 남문 밖 5리 광양에 있다. 몇 년 전부터 너무 헐었지만, 촌에 있는 기와가 고쳐 지을 만큼은 못되어서 지금까지 허물어지는 대로 방치되어 있었다. 마침내 여러 장사들과 의논하여 도근천의 폐사된 절의 재료를 실어다가 윤번군을 보충하여

목수가 하는 일을 돕게 하고, 명월면의 옛 가마터에서 기와를 굽게 하였다. 그 근처의 각 반 하인들에게 번을 면제하여 일을 시켰다."

김석익(金錫翼), 『탐라기년(耽羅紀年)』 권1

"충렬왕 26년(1300)에 도근천에 수정사가 창건되었다."

원당사지

■위치와 창건

원당사(元堂寺)는 제주시 삼양1동 696번지에 있었던 사찰이다. 창건연대와 훼철연대는 알 길이 없으나 1653년(조선 효종 4)에 쓴 이원진(李元鎭)의 『탐라지(耽羅志)』에 '재주동이십리(在州東二十里)' 라고 기록되어 있는 것으로 보아 당시까지는 훼철되지 않았던 것으로 보인다.

옛 원당사지인 지금의 불탑사 경내

원당사는 고려시대인 1300년(충렬왕 26)에 창건되었으며, 원(元)나라에 의해 창건되었다. 법화사 · 수정사와 같이 『조선왕조실록』에는 보이지 않고, 『탐라지(耽羅志)』 · 『탐라기년(耽羅紀年)』에서도 원찰(元刹)이란 기록은 찾아볼 수 없으나, 창건의 동기가 원나라 기황후의 지시에 의하였다는 내용의 전승과 원당(元堂)이라는 사찰의 이름도 원나라와 모종의 관련이 있었음을 짐작케 한다.

현재의 원당사지에는 원당 불탑사(佛塔寺)라는 조계종파의 근대사찰이 들어서 있다. 불탑사는 1914년 안봉려관 스님과 안도월 스님에 의해 창건된 후 4 · 3사건으로 폐허된 것을 1953년 이경호 스님이 재건한 절이다. 현재 법당과 요사 및 기타 4동의 건물이 지어져 있다. 구 원당사지의 유물로는 보물 제1187호로 지정된 원당사 오층석탑이 유일하게 남아 있으며, 수정사 · 원당사 지표조사를 통하여 알려지게 되었고, 2004년에 원당사지의 사역을 확인하는 발굴조사가 실시된 바 있다.

■발굴조사와 출토유물

원당사지에 대한 조사는 1988년과 2004년에 이루어졌다.

1988년의 조사는 지표조사의 성격을 띠고 있었으며, 사역 내의 일부 구역에 국한하여 트렌치조사를 실시하였다. 트렌치조사에서는 명확한 유구의 확인은 없었으나, 주변지역에 대한 지표조사를 통해 상당량의 유물이 확인되었다. 특징적 유물로는 8엽연화문수막새, 14엽연화문수막새, 일휘문암막새, 명문기와류, 기타 도자기류 등이 확인되었다. 이 조사를 통해 정확한 가람배치나 절의 규모를 확인하기란 불가능하고, 단지 주춧돌을 비롯한 석재가 확인되지 않기 때문에 사역이 많이 훼손되었으며, 유물이 분포하는 정황으로 보아서는 과거의 사역과 현재 사찰의 사역이 상당부분 중첩되지 않았을까 하는 결론을 도출하였다.

1990년대 말부터 시작된 법화사 · 존자암 · 수정사 등 일련의 사지 발굴

조사를 통해 정비계획에 의한 복원과 잠재적인 관광자원으로서의 역할이 새롭게 부각됨에 따라 원당사지의 조사 필요성이 제기되었다. 2003년의 발굴조사는 원당사지의 사역을 확인함과 동시에 탑지주변에 대한 발굴을 통해 사찰의 중심을 확인하는 작업이었다. 이를 위해 현 원당불탑사의 북쪽 능선상의 사면과 오층석탑 주변, 오층석탑 동편 경작지에 대한 발굴을 실시하였다. 발굴조사 결과 과거 원당사 사역의 동쪽 경계석으로 짐작되는 담장이 확인되었고, 담장 안쪽으로는 건물지가 확인되었다. 건물지는 내부의 적심축조수법으로 보아 3차에 걸쳐 중복되었음을 확인하였다. 내부에서 출토되는 유물은 고려시대의 와편과 청자, 조선시대의 도자기류 등이다. 아직 발굴조사보고서가 간행되지 않아 그 상세한 내용을 알 길이 없다.

■원당사지 오층석탑

현재 보물 제1187호로 지정된 원당사지 오층석탑은 기단부와 5층의 탑신부로 구성되어 있다. 상륜부에는 철제 찰주(刹柱)를 꼽고 여기에 보주(寶珠)·용차(龍車) 등의 장식을 세워 꾸몄을 것으로 보인다.

기단면석에는 후면을 제외한 3면에 안상(眼象)을 새겼다. 안상내부에는 밑으로부터 솟아오르는 꽃을 조각하였다. 이처럼 솟은 꽃을 표현한 예로는 천흥사지 오층석탑, 사자빈신사지 석탑, 정토사지 오층석탑 등 고려시대 석탑에서 흔히 볼 수 있는 특징이다. 그러나 원당사지 오층석탑은 다른 석탑이 안상 둘레를 화려하게 조각하는 데 비하여 기단면석에 사각형의 테두리만을 돌렸고, 꽃 장식도 형태만을 단순화시킨 특색을 지니고 있다. 초층탑신 정면에는 건물의 문(門)을 표현하기 위해 돋을새김으로 문틀을 상징적으로 내고 안쪽을 파내어 이곳에 사리를 봉안했을 것으로 여겨진다.

옥개석 지붕 네 귀에는 풍탁을 달았던 풍탁공이 있다. 5층의 옥개석 위에 노반석이 올려져 있으며, 현재 상륜으로 올려 있는 석재는 훗날 보완한

원당사지 오층석탑(보물 제1187호)

것으로 보인다. 이 석탑은 제주에서 직접 만들어 현지화된 석탑이란 점에서 중요한 의의가 있다.

■문헌자료

이원진, 『탐라지』

"원당사(元堂寺) : 제주목(濟州牧) 동쪽 20리에 있다."

존자암지

■위치와 창건

존자암지(尊者庵址)는 서귀포시 하원동 산1번지 한라산 영실 서북쪽의 불래오름(佛來岳) 남사면 능선 해발 1,200m에 위치한다.

국립공원 영실사무소의 주차장 한쪽에서 숲 속으로 오솔길이 나 있다. 외줄기 숲길을 따라 1km 남짓 오르다 보면, 옛 표고재배장이던 못을 두엇

존자암지 전경

거치고 졸졸 물이 흐르는 작은 골짜기를 건너면 숲이 훤하게 트인 산허리에 존자암 옛터가 나타난다. 시간상으로는 주차장에서 걸어서 30분 가량 걸린다.

최근 존자암지에는 금당과 요사 및 부도 등이 신축되거나 복원되어 스님이 상주하며 법맥을 이어가고 있다.

존자암지의 초창과 폐사에 대한 문헌기록을 찾아 볼 수 없지만 16세기말 이전에 원래의 위치에서 현재 사지가 있는 대정현 지경으로 옮겨졌고, 1593년(선조 26) 중수되었을 때의 규모는 암사(庵舍) 9칸이었다는 사실을 확인할 수 있다. 또한 임진왜란 직전까지 존자암에서는 매년 4월에 삼읍(三邑) 수령 중 한 사람의 주관 하에 국성재(國聖齋)를 지낸 사실이 밝혀졌다.

■발굴조사와 출토유물

발굴조사는 1993년과 1994년 두 차례에 걸쳐서 이루어졌다. 발굴조사된 면적은 동서 40m, 남북 80m이다. 건물지는 모두 5동이 확인되었으며, 시기적으로는 두 번에 걸쳐 존속했던 것으로 확인되었다.

건물이 자리한 지형은 원래 심한 경사면이어서 무너짐을 방지하기 위해 크게 4단의 석축단을 쌓고, 그 대지위로 사찰이 자리하고 있었다. 건물지 외에도 부도(浮屠), 탑지추정지, 국성재단, 석축시설, 부석(敷石)시설, 적석(積石)시설 등이 확인되었다.

존자암지에는 제주도 내에서 유일한 부도가 1기 남아 있다. 부도는 4단 석축 위에서 하대석과 중대석이 남아 있었다. 하대석은 모두 8개의 현무암제 할석으로 8각으로 접합되어 있었으며, 중대석의 상부에는 사리공이 뚫려 있었다. 부도의 탑신부는 종형(鍾形)으로 옥개석과 함께 3단 석축상에 굴러 떨어져 있었다. 부도는 승려의 묘탑이며, 종형의 긴 탑신은 조선시대에 성행했던 형식으로 알려져 있다.

출토된 유물은 '이월수정선사대부김중광, 만호겸목사봉익대부(二月修

正禪師大夫金仲光, 萬戶兼牧使奉翊大夫' 명와, '天丑開啓' 명와 및 각종 기와류, 청자류, 분청사기, 명문백자 등이다. 또한 청동제 신장상(神將像)과 청동개(靑銅蓋)도 출토되었는데, 청동제 신장상은 오른쪽에 칼을 들고 왼손을 허리를 짚고 있는 형태이다. 하반신 아래는 남아 있지 않아 정확한 도상을 알 수는 없으나 사리장엄구의 표면장식이었을 가능성이 크다.

존자암지는 발굴된 정황을 토대로 문화재적 가치를 인정받아 1995년 7월 제주기념물 제43호로 지정 보호되고 있다.

■문헌자료

『신증동국여지승람』, 「제주목」 〈불우조〉. 1530년

"존자암(尊者庵) : 한라산(漢拏山) 서쪽 기슭에 있다. 그 곳 동굴에 마치 중(僧)이 도를 닦는 모습과 같은 돌이 있어 세상에 수행동(修行洞)이라 전해졌다."

이원진(李元鎭), 『탐라지(耽羅志)』 「제주목」 〈불우조〉. 1653년

"옛날에는 한라산 영실에 있었다. 그 곳 동굴에 마치 승려가 도를 닦는 모습과 같은 돌이 있어 세상에 수행동(修行洞)이라 전해졌다. 지금은 한라산 서쪽 기슭에서 밖으로 10리쯤 옮겼는데 곧 대정(大靜)지경이다."

"한라산 서쪽 기슭에 있는데 대정현에서 동쪽으로 60리 거리다. 암자 동쪽에는 샘이 있어 물이 솟는데 백 보쯤 흘러 땅속으로 스며든다."

이경억(李慶億, 1620~1673)의 시(詩). 1651~1654년 무렵에 지은 것으로 추정

존자암이 이름난 절로 알았더니	尊者知名寺
황량한 반 조각의 옛터일세	荒凉伴舊墟

천 년 묵은 탑은 외로이 서 있는데 千年孤塔在
한 방은 두어 개 서까래만 남아 있다 一室數椽餘
해객(海客)이 지나가는 일 적으니 海客經過少
미개한 중(僧)은 예법(禮法)도 소루하다 蠻僧禮法疏
가을 밤에 남극(南極)을 바라보니 秋宵望南極
속세(俗世)의 걱정이 어느새 사라졌네 ?慮已全除

이형상(李衡祥), 『남환박물(南宦博物)』. 1702년

"(상략) 위에는 수행동(修行洞)이 있고 동굴에는 칠성대(七星臺)가 있어 이를 좌선암(坐禪巖)이라 하는데, 이는 옛날 승려의 팔정지허(八定之墟)로 이를 존자암(尊者庵)이라 한다."

김상헌(金尙憲), 『남사록(南槎錄)』 중 김정(金淨)의 「존자암기(尊者庵記)」 인용문

"존자암은 고 · 양 · 부 삼성이 처음 일어났을 때에 비로소 세워졌는데, 삼읍이 정립된 후에까지 오래도록 전하여졌다."

"존자암의 암사(庵舍)는 아홉 칸인데, 지붕과 벽은 기와와 흙 대신에 판자를 사용하였다고 하였다. 또 그 까닭을 중들에게 물었더니, '산중의 토맥(土脈)은 점액(粘液)이 없고 또 모래와 돌이 많아서 벽을 바르기에는 적합하지 않습니다. 그리고 기와는 반드시 육지에서 사와야 하기 때문에 재력(財力)이 그리하기에는 어렵습니다. 중간에 여러 번 일으켜 세웠다 폐했다 하다가 계사년(癸巳年, 선조 26, 1593)에 강진(康津)에 사는 중이 아버지를 대신하여 방호(防護)를 서기 위해 제주에 들어왔다가 임무를 마치자 곧 재물을 내어 중수(重修)하였습니다.' 하고 답하였다는 것이다."

"존자암에 도착하여 조금 쉬웠는데, 산밑에서 존자암까지 30여 리가 되고, 존자암에서 영곡(靈谷)까지 역시 30여 리다. 또 수행굴(修行窟)을 지났는데, 굴 속에는 넉넉히 20여 명은 들어갈 만하며, 옛적에는 고승 휴량(休粮)이 들어가 살던 곳이라고 하였다."

"또 전하기를, '4월에 점을 쳐서 좋은 날을 택하고 삼읍(三邑)의 수령(守令) 중 한 사람을 보내어 목욕재계하고 이 암자에서 제사를 지내게 하였는데, 이를 국성재(國聖齋)라 한다.' 고 하였다. 그리고 '지금은 그것을 폐한 지 8, 9년 된다.' 고 하였다."

김치(金緻), 「유한라산기(遊漢拏山記)」

"장악(獐岳)을 거쳐서 삼장동(三長洞)에 이르고 삼장에서 포애악(浦涯嶽)을 넘어 멀리 남쪽으로 한 정사(精舍)에 이르렀는데, 높이 구름 속에 있어 푸른 바다를 누르고 있으니, 이것이 곧 존자암이다. 판잣집은 8, 9칸이며 띠로 지붕을 덮었는데 사치스럽지도 않고 추하지도 않았다.

한 늙은 스님이 문 밖에 나와 절하며 맞이하여 선당(禪堂)으로 안내하게 하니, 겹친 언덕과 포개진 산등성이에 길이 매우 위험하였다. 말을 타기도 하고 걷기도 하며, 앞서거니 뒤서거니 하여 숲이 빽빽한 곳을 지나 깊숙이 들어가니 경치가 점점 더 아름다워졌다.

6~7리를 가 영실(瀛室)에 다다르니 골짜기가 자못 넓고 앞이 확 트였다. 여기가 바로 옛날 존자암터다. 천 길 푸른 절벽이 병풍처럼 둘러 있으며 위에는 이상스럽게 생긴 바위가 있는데 모양이 나한(羅漢)과 같은 것이 5백 개가 넘었다.…골짜기 동남쪽 산허리에 한 석굴이 있는데 이름을 수행(修行)이라고 하였다. 옛날 어느 도승(道僧)이 그 속에서 살았었다고 하는데 무너져 내린 굴뚝이 아직도 남아 있었다고 하였다."

부 록

전통사찰총서㉑ 제주의 전통사찰 수록 사암 주소록

■ 제주시

이름	주　소	전화번호(064)	비 고
관음사	제주시 아라1동 산387	722-2829	전통사찰
고관사	제주시 조천읍 조천리 2238	783-6024	
극락사	제주시 애월읍 상귀리 786	796-2852	
금강사	제주시 한림읍 옹포리 4	796-2312	
금붕사	제주시 구좌읍 하도리 995	783-3202	
덕림사	제주시 조천읍 함덕리 1279	783-8074	
문강사	제주시 삼양1동 산1-2	755-8355	
백련사	제주시 구좌읍 김녕리 3959	783-4246	
보덕사	제주시 도남동 80-2	753-2183	전통사찰
보림사	제주시 건입동 388	722-4767	
불사리탑사	제주시 조천읍 조천리 2268-1	783-8801	
불탑사	제주시 삼양1동 696	755-9283	전통사찰
사라사	제주시 건입동 345-5	757-2895	
석굴암	제주시 노형동 산20	748-5333	
옹포포교당	제주시 한림읍 옹포리 252	796-2267	
용화사	제주시용담1동 385	757-2203	
원당사	제주시 삼양1동 647	755-9905	
원명선원	제주시 화북1동 4684	755-3322	
월성사	제주시 한경면 고산리 2923	773-0054	전통사찰
월영사	제주시 애월읍 상귀리	713-2553	전통사찰
월정사	제주시 오라2동 656-2	742-6655	전통사찰
정토사	제주시 조천읍 함덕리 960-4	783-8160	

이름	주 소	전화번호(064)	비 고
제석사	제주시 이도2동 1014-3	725-2123	전통사찰
천왕사	제주시 노형동 산20	748-8811	전통사찰
화천사	제주시 회천동 2390	721-2755	
황룡사	제주시 한림읍 동명리 2046	796-6104	

■ 서귀포시

이름	주 소	전화번호(064)	비 고
관통사	서귀포시 표선면 표선리 1636	787-0209	
광명사	서귀포시 중문동 2273	722-0019	
기원정사	서귀포시 대정읍 마라리 산12	792-8518	
남국선원	서귀포시 상효동 산39	733-2278	
동암사	서귀포시 성산읍 성산리 116	782-229	
법정사	서귀포시 중문동 1686	738-6435	
법화사	서귀포시 하원동 1071	738-5225	전통사찰
보문사	서귀포시 안덕면 사계리 181	794-3088	
봉림사	서귀포시 호근동 186번지	739-5968	
산방굴사	서귀포시 안덕면 사계리 142-7	794-2306	
산방사	서귀포시 안덕면 사계리 184	794-3087	
서산사	서귀포시 대정읍 동일리 319	794-3598	
선광사	서귀포시 남원읍 남원리 2439-4	764-0316	전통사찰
선덕사	서귀포시 상효동 86-15번지	732-7677	
약천사	서귀포시 대포동 1165	738-5000	
월라사	서귀포시 신효동 579번지	767-0269	
존자암	서귀포시 하원동 산1-1	732-5757	
혜관정사	서귀포시 보목동 388	733-3918	

濟州三縣圖
日本国
對馬島
一岐島
女国
旌義縣
九所
一所
二所
三所
山場
別防
古城
城山
三島

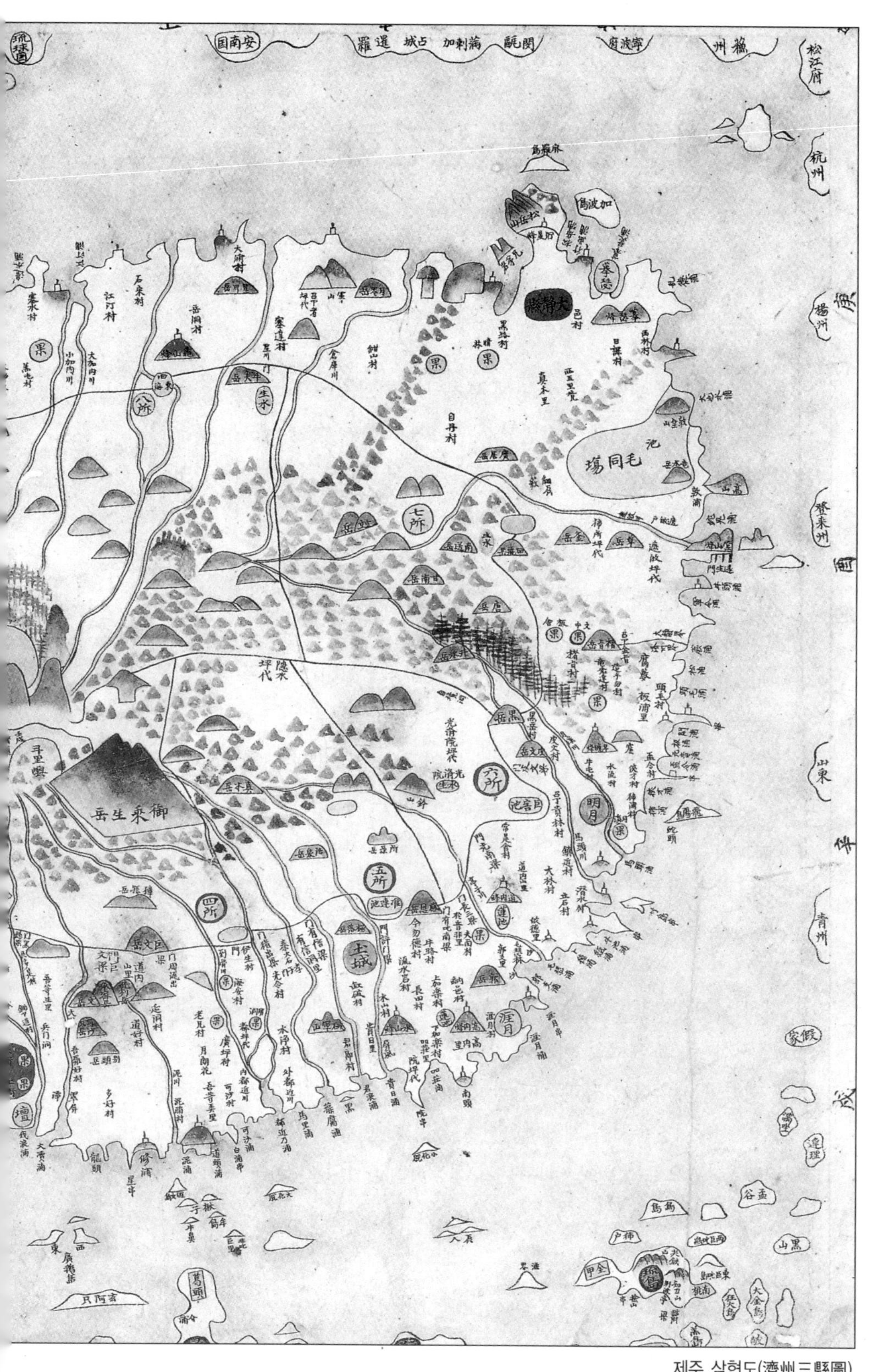

제주 삼현도(濟州三縣圖)

전통사찰총서를 완간하며

사찰에는 오랜 옛날부터 이 땅에 부처님의 가르침을 전하여 왔던 역사가 숨 쉬고, 부처님의 세계를 장엄하기 위하여 조성한 숱한 성보문화재가 우리와 함께 하고 있어 가히 우리 전통문화의 보고이자 종합문화공간이라고 할 수 있습니다.

저희 사찰문화연구원에서는 이러한 소중한 공간의 역사와 문화 그리고 그곳에 머물다 간 여러 고승들의 발자취를 통해 지금 우리의 모습을 되돌아보고자 하였습니다. 그러한 작업의 일환으로 전통사찰에 관한 모든 것을 책으로 엮어내는 전통사찰총서를 기획하였던 것입니다.

처음 강원도의 전통사찰을 책으로 엮어 전통사찰총서 제1·2권을 내면서 출발한 것이 1992년이니 햇수로 어언 15년이 되었습니다. 그 동안 전국의 전통사찰을 지역별로 모아서 책으로 펴내어 전 21권에 걸쳐 약 900여 개에 달하는 전통사찰을 담아내었습니다. 그리고 이 책 『제주의 사찰과 불교문화』를 끝으로 전통사찰총서 전 21권을 드디어 완간하게 되었습니다.

저희는 전통사찰총서를 제작하면서 모든 사찰을 직접 답사하여 촬영하고 조사한 뒤 그 자료를 기초로 하여 집필하였습니다. 그러다 보니 한 권을 제작할 때마다 상당한 시간과 경비가 들 수밖에 없었습니다. 이것은 저희가 전통사찰총서를 제작하면서 느꼈던 가장 힘든 일 가운데 하나였습니다만, 한편으로는 바로 이 부분이 전통사찰총서의 가장 큰 미덕이 아닐

까 자평해 보기도 합니다. 지금까지 이렇게 우리의 대표 사찰이랄 수 있는 전통사찰을 한 곳에 모은 책자도 없었을 뿐더러 모든 사찰을 다 직접 찾아가 조사한 적도 없었기 때문입니다.

그 동안 도움을 주셨던 문화관광부와 각 종단의 관계자 분들께 이 자리를 빌려 감사의 말씀을 드립니다. 또 좋은 원고를 보내 준 집필자 여러분께도 고마움을 전합니다.

무엇보다도 저희에게 커다란 힘을 주었던 것은 이 책에 소개된 사찰들에서 생활하고 계신 분들의 도움이었습니다. 자랑스러운 우리의 불교문화를 대중들에게 알리는 작업에 공감하여 기꺼이 산문을 열어 주었을 뿐만 아니라, 사진 촬영 등의 번거로운 일에도 많은 협조를 해 주었습니다.

저희는 사찰 한 곳 한 곳을 다니면서 오랜 전통을 오늘에 전해 주는 이 소중한 공간을 지키며 한편으론 청정수행에 전념하는 여러 스님들의 모습들을 보았습니다. 또 힘든 길을 마다 않고 산사를 찾아와 부처님 앞에 정진하며 마음을 닦는 이름 모를 사람들의 맑은 신심도 보았습니다. 저희는 전통사찰총서를 펴내는 이런 과정을 통해서 우리의 불교가 앞으로도 끊임없이 이어지고 발전하면서 중생 깨침의 법등을 환하게 밝혀나가리라는 것을 확신할 수 있었습니다.

아무쪼록 전통사찰총서가 이 땅을 인연처로 하여 곳곳에 스며 있는 우리 불교사를 밝게 비추는 등불이 되기를 기원하며, 또한 독자 여러분들이 우리 불교를 이해하는 데 많은 도움이 되기를 바랍니다.

전통사찰총서가 발간된 이후에 추가 지정된 전통사찰은 해당 지역의 증보판을 낼 때 수록할 것입니다. 2006년 말 강원도편을 시작으로 개정증보판이 계속 발간될 예정이니 독자 여러분들의 많은 관심과 질정을 부탁드립니다.

2006년 7월

寺刹文化研究院

집 필

悟 性 제주불교사연구회
韓錦順 제주불교사연구회
韓錦實 제주불교사연구회
金俸鉉 제주불교사연구회
朴容範 제주도청 학예연구사
李炳喆 제주불교신문 기자, 사진 협조

金相永 중앙승가대학교 교수
韓相吉 동국대학교 연구교수

申大鉉 사찰문화연구원 연구위원
安尙賓 사찰문화연구원 연구위원

전통사찰총서 ㉑
제주의 사찰과 불교문화

펴낸이/사찰문화연구원
펴낸곳/사찰문화연구원

2006년 7월 25일 초판 제1쇄 찍음
2006년 7월 31일 초판 제1쇄 펴냄

주소/서울특별시 종로구 수송동 58번지
두산위브 파빌리온 1213호
전화/(02)396-5318
E-mail/sachal@chol.com
등록/제16-616호(1992년 11월 26일)

ISBN 89-86879-21-2 04220

가격/15,000원